Didem Ozan

Parteiliche Kommunikation am politischen Wendepunkt

Didem Ozan

Parteiliche Kommunikation am politischen Wendepunkt

Der EU-Beitritt der Türkei
in deutschen und türkischen
Parlamentsdebatten

VS VERLAG FÜR SOZIALWISSENSCHAFTEN

Bibliografische Information der Deutschen Nationalbibliothek
Die Deutsche Nationalbibliothek verzeichnet diese Publikation in der
Deutschen Nationalbibliografie; detaillierte bibliografische Daten sind im Internet über
<http://dnb.d-nb.de> abrufbar.

1. Auflage 2010

Alle Rechte vorbehalten
© VS Verlag für Sozialwissenschaften | GWV Fachverlage GmbH, Wiesbaden 2010

Lektorat: Katrin Emmerich / Marianne Schultheis

VS Verlag für Sozialwissenschaften ist Teil der Fachverlagsgruppe
Springer Science+Business Media.
www.vs-verlag.de

Umschlaggestaltung: KünkelLopka Medienentwicklung, Heidelberg
Druck und buchbinderische Verarbeitung: Rosch-Buch, Scheßlitz
Gedruckt auf säurefreiem und chlorfrei gebleichtem Papier
Printed in Germany

ISBN 978-3-531-17029-9

Inhalt

Vorwort

Diese Arbeit hat der Philosophischen Fakultät der Westfälischen Wilhelms-Universität Münster vorgelegen und wurde im Sommersemester 2008 als Dissertation angenommen. Mit ihrer Veröffentlichung geht ein bedeutsamer Lebensabschnitt zu Ende. Bereits zu Beginn meines Studiums der Deutschen Philologie standen Fragen zum Wesen des Menschen, zu Humanität, Dialog und Völkerverständigung im Mittelpunkt. Diese Fragen spannen sich wie ein roter Faden durch die Arbeit.

Der Bereich der Rhetorik war besonders wichtig, da Sprache ein wesentliches Element menschlichen Miteinanders ist. Die Dissertation untersucht die Funktion rhetorischer Mittel im parlamentarischen Dialog. Der komplexe Gegenstand wird erschlossen mit der Theorie des Dialogischen Handlungsspiels. Diese erlaubt, gegensätzlich erscheinende soziale Phänomene wie Kooperation und Konflikt, Eigeninteresse und Respekt mit großem Erkenntnisgewinn in neue Beziehungen zueinander zu setzen. Mein besonderer Dank gilt hier der Betreuerin der Arbeit, Frau Prof. Edda Weigand. Ihren Anregungen habe ich intensive Fortschritte im eigenen wissenschaftlichen Denken zu verdanken. Sie gab mir außerdem die Möglichkeit, mit dem Beitrittsprozess der Türkei zur Europäischen Union ein spannendes interkulturelles Politikfeld linguistisch zu bearbeiten. Ich danke Prof. Thomas Bauer für die Erstellung des Zweitgutachtens.

Meine besondere Ehre erweisen möchte ich an dieser Stelle dem im Juni dieses Jahres unerwartet verstorbenen Literaturwissenschaftler Prof. Detlef Kremer, dessen brillante Forschung und erfrischende Lehre mich vom ersten Semester an bis zu meiner mündlichen Promotionsprüfung hin begleitet hat.

Den roten Faden immer wieder aufzunehmen galt es auch, da ich während der Promotion als freie Publizistin tätig war. Großer Dank deswegen an viele Freundinnen, Freunde sowie Kommilitonen für ihre Unterstützung bei der Realisierung dieses persönlichen Projektes 'Promotion', einigen ganz besonders: Dr. Stefanie Schnöring für einen immer konstruktiven Dialog, Dr. Jörn Bollow für fachliche Anregungen, Esther Machhein für ausgezeichnetes Korrekturlesen, Marco Söte und Sibel Karakuş für ihre kritische Meinung, Julia Reuter und Britta Schulte für die Hilfe bei Transkription und Formatierung, außerdem Dr. Michael Bähr und Dr. Kirsten Juhas für ihre Inspirationen zur mündlichen Prüfung.

Den Faden nicht zu verlieren habe ich durch meinen Sohn Can Julian gelernt. Ich danke der Familie Fürst. Meinen Eltern Yücer und Cahide Ozan, meinem Bruder Devrim danke ich von ganzem Herzen. Ich widme diesen Text allen, die sich für Verständigung, Frieden und den Fortbestand dieser einen Welt und ihrer Kulturen einsetzen.

> *Uzun ince bir yoldayım*
> *gidiyorum gündüz gece*
> *bilmiyorum ne haldeyim*
> *gidiyorum gündüz gece*
> *gündüz gece gündüz gece.*

Aşık Veysel, 1894 – 1973

Didem Ozan, 27. Juli 2009, Münster

1 Einleitung

Dass die Sicht auf die Zusammenhänge unserer menschlichen Welt nur eine begrenzte Perspektive ist, die sich jedoch mit der Welt weiterentwickeln kann, ist eine grundlegende Voraussetzung für den Erfolg von Demokratien. Als demokratische Teilsysteme haben Parlamente die zentrale Aufgabe, auf einer sachlichen Grundlage die für das zukünftige Wohlergehen einer Gesellschaft vorteilhafteste Weltsicht mit sprachlichen Mitteln durchsetzbar zu machen. Dafür werden die unterschiedlichen Perspektiven, die es in Gesellschaften gibt, in der Institution herausgearbeitet und durch argumentativen Sprachgebrauch abgestützt.

Diese Bedingungen stellen für Politiker[1] eine *rhetorische* Herausforderung dar, denn die Positionen, die sie vertreten, sind von parteilichen und politischen Interessen geprägt, die in Konkurrenz zu anderen Interessen stehen. Der Politiker bewegt sich dabei im Spannungsfeld zwischen Institution und Gesellschaft, dessen Variablen von der politischen Kultur bestimmt werden. „*Wie* prägen politische Interessen Argumentationen?" – die Beantwortung dieser zentralen Fragestellung *aus linguistischer Perspektive* ist für den parlamentarischen Bereich besonders spannend, weil dort Entscheidungen durch Argumentationen vorbereitet werden. Sie wird in der vorliegenden Arbeit anhand eines Sprach- und Kulturvergleichs für den Deutschen Bundestag und die Türkische Große Nationalversammlung beantwortet. Um zu kontrastieren, *wie deutsche und türkische Politiker die Mittel ihrer nationalen Sprache unter den kulturellen Gegebenheiten ihrer Parlamente einsetzen*, um Parteiinteressen effektiv durchzusetzen, werden zwei Parlamentsdebatten zum Thema *Geplanter Beitritt der Türkei in die Europäische Union* exemplarisch verglichen.

Dialog findet immer zwischen Menschen statt. Deswegen geht diese Arbeit von menschlichen Fähigkeiten aus und wendet das offene *Mixed Game Model* (MGM) an, das sich an elementaren Handlungsantrieben und an kultureller Differenzierung orientiert (vgl. Weigand 2009). Im Zentrum unterschiedlicher *Prinzipien der Rhetorik* steht Persuasion als *universeller* Versuch, Plenum und Öffentlichkeit zum eigenen Vorteil zu beeinflussen. Dazu werden sprachliche,

---

[1] Um eine leichtere Lesbarkeit des Textes gewährleisten zu können, wurde auf die Unterscheidung des Femininums und Maskulinums (*Gendering*) bei Personengruppen verzichtet. So handelt es sich z. B. bei Politikern gleichermaßen um Politikerinnen.

perzeptive und kognitive Fähigkeiten eingesetzt, *Argumente* und rhetorische Techniken als kommunikative Mittel gezielt ausgespielt. Der Persuasion entgegengesetzt ist das kulturell variable *Prinzip des Respekts*. Die Durchführung rhetorischer Strategien ist umso effektiver, je geschickter Politiker dabei unter Berücksichtigung institutioneller Grenzen vorgehen. Diese durch den *Parlamentarischen Respekt* vorgegebenen institutionellen Grenzen verlaufen im Deutschen Bundestag anders als in der Großen Nationalversammlung.

Parlamentarische Debatten sind eine wichtige Komponente des Dialogs zwischen Parlament und Öffentlichkeit, deren Interessen und Weltsichten von Parteien und Politikern antizipiert werden. Politische Legitimation ist ein „*demokratisches Obligo*" (Sarcinelli 1996: 34, Hervorh. i. O.), eine institutionelle Ordnungsaufgabe. Sie muss jedoch durch rhetorische Effektivität erkämpft werden, da politische Positionen und Entscheidungen zustimmungsabhängig und begründungspflichtig sind. D. h. politischer Sprachgebrauch ist notwendigerweise persuasiver und somit erfolgsorientierter Sprachgebrauch. Da es für Laien nur sehr schwer möglich ist, hinter das Zusammenspiel von Interessen, Argumenten und rhetorischen Strategien zu blicken, wird dieses oftmals als versuchte Manipulation und somit als Respektlosigkeit verurteilt. Dem liegt eine konsensorientierte Auffassung von Demokratie zugrunde.

Dabei ist gerade die dialogische Aushandlung von Interessen, die in einem Konfliktverhältnis stehen, ein Charakteristikum, das Demokratien von anderen Regierungssystemen unterscheidet. Trotz ihrer Allgegenwart im Alltag, Politik und Gesellschaft bleiben Interessen „eine im Kern versteckte Kategorie" (von Alemann 1983: 117). Für die Linguistik eröffnen sich mit ihrer Berücksichtigung neue Perspektiven, wie es beispielsweise Schnöring im Bereich der internen Unternehmenskommunikation aufgezeigt hat (2007). Demokratie bedeutet *Dialog zwischen Parteien*, der durch deren Antagonismus geprägt ist. Argumentationen und Strategien sind auch Ergebnisse der Auseinandersetzung mit der gegnerischen Position. Hier findet der Kampf von Parteien um Macht ebenso wie die Konkurrenz von Persönlichkeiten um Positionen statt.

Sachliche Argumentation, parteilicher Durchsetzungsdrang und parlamentarische Kultur sind keine Gegensätze, sondern miteinander verwoben.

Um eine gute Grundlage für eine kontrastive Analyse mithilfe linguistischer Methoden zu schaffen, muss deswegen in die theoretischen Vorüberlegungen der allgemeine Wissensstand über Komponenten und Mechanismen demokratischer Systeme, insbesondere über die unterschiedlichen kulturellen Bedingungen in den beiden nationalen Parlamenten, einbezogen werden. Politische Rhetorik als praxisorientiertes Forschungsfeld befindet sich auch im Blickfeld der empirisch orientierten Kommunikations-, Sozial- und Politikwissenschaften (vgl. Kirchner 2005: 211, für einen kommunikationswissenschaftlichen Zugang vgl. Siegel 2007). Die Erkenntnisse dieser Disziplinen werden für die vorliegende Arbeit in dem Maße einbezogen, wie sie hilfreich sind, den linguistischen Gegenstand Dialogische Interaktion im Parlament zu erschließen.

Zur Einführung in die Thematik wird in Kapitel 2 der Arbeit die bisherige Sicht auf Argumentation und Rhetorik dargestellt. Der Forschungsüberblick konzentriert sich vor allem auf allgemeine Argumentationstheorien sowie die Erforschung politischer Persuasion. In Kapitel 3 werden die Grundzüge des *Mixed Game Model* von Edda Weigand dargestellt. Hier wird das Interesse als Prädikat menschlicher Handlungen eingeführt. An die allgemeinen Prämissen schließt sich die kontrastive Grundlegung zu parteilicher Argumentation im parlamentarischen Rahmen in Deutschland und der Türkei an. Für ein besseres Verständnis, wie kollektive Antriebe wie Parteiinteressen Eingang in den Dialog zwischen politischen Subjekten finden und durch kulturelle Faktoren beeinflusst werden, werden hier die Funktionen politischer Parteien sowie universelle Parteieninteressen herausgearbeitet. Nach der anschließenden Darstellung der Dimensionen politischer Kultur sowie der Gemeinsamkeiten und Unterschiede zwischen dem deutschen und türkischen Raum in Kapitel 3.5 wird in Kapitel 4 die *parlamentarische Debatte* als komplexes Handlungsspiel beschrieben. Prinzipien des Dialogs werden anhand von *Beispielen* verdeutlicht, die sich auf den vorliegenden Weltausschnitt *Geplanter EU-Beitritt der Türkei* beziehen. Das 5. Kapitel beschreibt die Auswahl und Erfassung der Debatten sowie Bemerkungen zur Vorgehensweise der kontrastiven Analyse. Im 6. und 7. Kapitel werden die ideologischen Weltsichten der beteiligten Regierungs- und Oppositionsparteien dargestellt, die ihre Positionierung und Kernargumente beeinflussen. Daran schließt sich die kontrastive Analyse der beiden Debatten im Deutschen Bundestag sowie in der Großen Nationalversammlung an.

Zentral ist hier die Fragestellung, *wie Argumentationen von Politikern rhetorisch gestaltet werden*, um eigene Positionen zu stärken bzw. gegnerische Positionen zu schwächen, und *wie dabei verbale, perzeptive und kognitive Mittel integriert werden*. Kulturelle und sprachliche Besonderheiten, die das Verhältnis von Individuum und Nation, Rhetorik und Respekt, Konflikt und Kooperation bestimmen, werden in der praktischen Realisierung genauer untersucht und in Kapitel 8 verglichen.

2 Forschungsüberblick

2.1 Allgemeine Theorien zur Argumentation und Rhetorik

Wesentliche sprachliche Elemente parlamentarischer Debatten sind die *Reden* von Politikern im Plenum. Sie setzen Argumente und rhetorische Mittel ein, um das Kollektiv der Parlamentsmitglieder und die Öffentlichkeit für ihre Standpunkte zu gewinnen. Die maßgeblichen Werke zur Argumentation und Rhetorik beziehen sich auf diese klassische Dialogkonstellation mit der Ausrichtung *Individuum → Kollektiv*. An den Endpunkten des Spektrums finden sich Arbeiten, die *Argumentation als Mittel der Rhetorik* einordnen sowie Ansätze, die umgekehrt *Rhetorik als Mittel der Argumentation* ansehen. Da sich die maßgeblichen rhetorischen Arbeiten des 20. Jahrhunderts sowie die linguistische Forschung immer wieder auf antike Vorbilder beziehen, soll zu Beginn kurz auf die Anfänge der wissenschaftlichen Beschäftigung mit Rhetorik und Argumentation in der Antike eingegangen werden.

Die Frage, ob Argumentation der Rhetorik unterzuordnen ist oder umgekehrt, hat ihren Ursprung in der Antike. Die Anfänge der analytischen Beschäftigung mit Argumentation und Rhetorik finden sich bei Aristoteles (384-322 v. Chr.), der Rhetorik als *Fähigkeit* des erfolgsorientierten Sprechens dem rationalen Fundament der Argumentation gegenübergestellt. Aristoteles beeinflusste die Rhetorik als wissenschaftliche Disziplin durch eine erste systematische Darstellung maßgeblich. Er analysiert diese als kognitive Kunst: „Die Rhetorik sei also als Fähigkeit definiert, das Überzeugende, das jeder Sache innewohnt, zu erkennen" (Aristoteles 1999: 1355b). Als Zweck der Rede macht Aristoteles die rational fundierte Überzeugung aus: „Durch die Rede endlich überzeugt man, wenn man Wahres oder Wahrscheinliches aus jeweils glaubwürdigen Argumenten darstellt" (1999: 1356b).

Aristoteles selbst grenzt seine Theorie von der antiken Philosophie der Sophisten ab: „Die sophistische Kunst nämlich liegt nicht in einer Fähigkeit, sondern in einer Absicht" (1999: 1355b). Für die Sophisten liegt der rhetorische Antrieb nicht in der sachlichen Überzeugung, sondern in den Zielen des Individuums. Zu den Überzeugungsmitteln gehören die Plausibilität der Rede (*logos*) und die Glaubwürdigkeit des Redners (*ethos*). Der Philosoph misst der Affektauslösung (*pathos*) zwar ebenso Bedeutung bei, ordnet diese jedoch in seiner

Lehre der Überzeugungsmittel der sachbezogenen Argumentation nach (vgl.
Ottmers 1996: 118f.). Diese Definition der Rhetorik als Kunst, das Überzeugende zu erkennen und darzustellen, bezieht zwar das Publikum als wichtigen Faktor mit ein, stellt jedoch klar die Fähigkeiten des Redners ins Zentrum. Diesen
funktional monologischen Blickwinkel verlässt Aristoteles in seiner „Dialektik",
die er als Kunst des Streitgesprächs definiert. Der Versuch, das Publikum aus der
je eigenen Perspektive persuasiv zu beeinflussen, machen Rede und Gegenrede
zu einem Prozess, der zur Entscheidungsfindung und zum Handeln befähigen
soll (vgl. Ottmers 1996: 10). Die Dialektik wird eher als Methode zur Vermei-
dung von Denkfehlern und zur Entlarvung von Trugschlüssen verstanden (Aristoteles 1928: 100a):

> Our treatise proposes to find a line of inquiry whereby we shall be able to reason
> from opinions that are generally accepted about every problem propounded to us,
> and also shall ourselves, when standing up to an argument, avoid saying anything
> that will obstruct us.

Diese Spiegelung des Standpunktes eines Redners durch den eines Gegenred-
ners, mit dem dieser in ein Streitgespräch tritt, ist von einer echten *dialogischen
Interaktion* zwischen Individuen mit unterschiedlichen Interessen noch weit
entfernt. Aristoteles Beschreibung der *Entwicklungsstadien* einer Argumentation
weist Kognition und sprachlichem Handeln Bedeutung bei der Entstehung eines
persuasiven Textes zu. Sie untersucht jedoch weniger das Zusammenspiel der
Komponenten, sondern trennt die Bereiche zur Erkenntnisgewinnung voneinander. „Inventio" als das Suchen und Finden der passenden Argumente und „Dispositio" als Anordnung in eine plausible Reihenfolge setzen im Denken an,
„Elocutio" als sprachliche und stilistische Ausarbeitung bildet die erste Brücke
zur redneischen Performance, „Memoria" ist als gedankliche Verinnerlichung
wieder ein kognitiver Prozess und mit „Actio" wird der Vortrag einschließlich
der gestischen, mimischen, körpersprachlichen und stimmlichen Präsentation
bezeichnet. In der Inventio werden Argumente aus bestimmten Bereichen erschlossen. Die *generelle Topik* setzt sich mit abstrakten Prinzipien des argumentativen Schließens auseinander, die spezielle Topik behandelt bereichsspezifische
Prinzipien, z. B. das allgemeine ethische Ziel der Glückseligkeit („Eudaimonia").
Für das Streitgespräch beschreibt die *dialektische Topik* dialogische Strategien,
mit denen in einer Diskussion eine These angegriffen oder verteidigt werden
kann (zur Aristotelischen Topik vgl. Garssen 2001: 82).

Die aristotelische Rhetorik ist auch in der zeitgenössischen islamischen
Welt rezipiert worden (vgl. Heinrichs 1987: 188). Hier entwickelte sich jedoch
eine von der abendländischen Tradition unabhängige Standardtheorie der Rhetorik im 13. Jahrhundert, genannt „'ilm al-balāġa" – „Wissenschaft der Beredsam-
keit" (vgl. Gibb 1900: 111; Heinrichs 1987: 175). Das arabische Lexem *balaġa*

bedeutet „[ein Ziel] erreichen" (vgl. Bauer 2005: 283). Das Herz der „'ilm al-balāġa" besteht in der handlungsorientierten Unterteilung der kommunikativen Funktion der Sprache. Drei Bereiche werden abgegrenzt: „'ilm-al maānī", (Wissenszweig von den Bedeutungen), „'ilm-al bayān" (Wissenszweig von der Deutlichkeit) und „'ilm-al badī" (Verschönerungsmittel) (vgl. Bauer 2005: 292f.). Die *Argumentation* wird durch die Funktion des Beweisführens und die Struktur des Schließens von anderen Kommunikationsformen abgegrenzt (vgl. Bauer 2005: 292). Diese Standardtheorie hat die orientalische Redekunst und damit auch die türkische Rhetoriktradition bis zum Ende des Osmanischen Reiches beeinflusst (vgl. Bauer 2005: 299).

Im 20. Jahrhundert lebt im westlichen Kulturkreis die wissenschaftliche Beschäftigung mit Rhetorik und Argumentation insbesondere mit der *New Rhetoric* wieder auf. Ein Charakteristikum dieser neuen Strömung ist das Aufgreifen antiker Begriffe und Techniken, die in neue Ansätze eingebunden wurden. Dabei gewinnt die Frage der praktischen Anwendung große Bedeutung. Zu den einflussreichsten Arbeiten zählen Toulmins *The Uses of Argument* und Perelmans / Olbrechts-Tytecas *Nouvelle rhétorique: traité de l'argumentation*.

Toulmin leitet aus dem antiken Epicheirem eines der einflussreichsten Strukturmodelle der Argumentationsforschung ab: Eine gesicherte Tatsache D stützt eine Konklusion K nach einer meist nicht explizit formulierten *Schlussregel* SR insofern, dass die Schlussfolgerung den Schritt vom Argument D zu der Konklusion rechtfertigt (vgl. Toulmin 1975: 89f.). Mit dieser Schlusseinheit können auch komplexere Argumentationsschemata zerlegt werden:

Abbildung 1:   Schlussschema

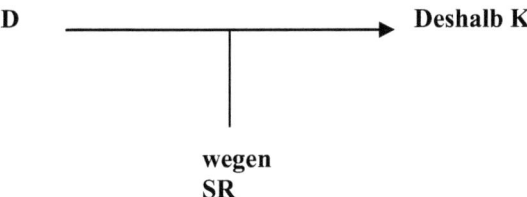

Der Aufbau des Modells ist so elementar, dass eine Argumentation sowohl als Folgerung als auch als Rückschluss gelesen werden kann:

- D, deshalb K; wegen SR
- K, weil D, wegen SR

Toulmin verwendet hier ein kognitives Schema und arbeitet nicht mehr mit einem formal-logischen, sondern mit einem bereichsorientierten Gültigkeits-
Begriff. Der funktionalen Ausrichtung entsprechend gewinnen die Tatsachen
bzw. Argumente ihre Kraft daraus, dass sie aus einem vertrauten Feld stammen
(vgl. Toulmin 1976: 89). Praktischer Argumentation liegt eine „working logic"
zugrunde, sie wird nicht determiniert von formaler Korrektheit, sondern vom
Gebrauch in der menschlichen Lebenswelt, von der Unterschiedlichkeit ihrer
Bedingungen, verfolgten Zwecke und eingesetzten Mittel (vgl. Toulmin 1975:
17). Somit setzt Toulmin den Menschen und seine Handlungsbereiche ins Zentrum seiner Argumentationstheorie.

Weiter wird dem Konzept der Rationalität, das der formalen Logik zugrunde liegt und vor allem auf Allgemeingültigkeiten basiert, das praxisorientierte,
komplementäre Konzept der Vernunft entgegengesetzt, die sich ohne absolute
Notwendigkeiten und Sicherheiten innerhalb der menschlichen Lebenswelt fort-
bewegt (vgl. Toulmin 2001: 1). Der formalen Validität (*Validity*) von Argumenten, "whose conclusions are determined by the starting points from which they
are deduced" (Toulmin 2001: 15) steht die Solidität (*Soundness*) einer substan-
tiellen Argumentation gegenüber, „which has the body and force needed to carry
conviction" (Toulmin 2001: 15).

Perelman grenzt ebenfalls die Argumentation von der formal korrekten Beweisführung ab. Ziel ist das Hervorrufen oder Verstärken von *Übereinstimmung*
eines universalen Publikums zu den Thesen des Redners, d. h. wer argumentiert
versucht vor allem, die allgemeine Zustimmung zu vertrauten Prämissen auf die
verhandelten Behauptungen möglichst geschickt zu übertragen (vgl. Perelman
1980: 18). Conditio sine qua non ist die *communion,* die Ideengemeinschaft, die
der Redner zwischen sich und dem Publikum etabliert, z. B. mithilfe eines spezifischen Sprachstils oder von Zitaten, die auf das kollektive Wissen Bezug nehmen (vgl. Eggs 2006: 142).

Es wird eine Einteilung in vier Argumentationsarten vorgenommen: *quasi-*
logische Argumente, die auf abstrakten Gesetzmäßigkeiten basieren, Argumente,
die sich aus der *Struktur des Wirklichen* ableiten, *Argumentation durch Beispiel*
und die *Dissoziation* (Trennung). Dieses Konzept ist neuartig, da es die Argumentation herausholt aus der traditionellen Zuordnung in die Logik und den
Bezug auf ein Publikum in den Mittelpunkt rückt. Das Verständnis von Rhetorik
und Persuasion unterscheidet sich wesentlich von anderen Ansätzen: So stellt
bereits die *Auswahl* von Argumenten – im Bereich der Inventio - einen persuasiven Vorgang dar, da sie Präsenz verleiht und das Verharren auf einem bestimmten Thema eine emotionale Wirkung auf den Zuhörer erst ermöglicht (vgl. Perelman 1980: 45). Die Auffassung von Argumenten und rhetorischen Mitteln
orientiert sich am effektiven Sprachgebrauch: Wirken rhetorische Figuren auf die

Zuhörer, so sind sie argumentativ, findet die Rede jedoch keine Zustimmung, „dann wird die Figur als Schmuck, als Stilfigur wahrgenommen, da sie als Mittel der Persuasion keine Wirkung erreicht hat" (Perelman 1980: 46). Die Argumentation wird durch den Bezug auf den wesentlichen Faktor *Publikum* lebensnah rekonstruiert. Perelman bezieht jedoch keine Opponenten ein. Somit droht aus dieser Perspektive die Überredung des Kollektivs das vorrangige Charakteristikum für eine Argumentation zu werden. Dies ist jedoch nicht ausreichend. Ohne einen logischen Kern verliert eine Kommunikation den argumentativen Charakter. Die Ansätze von Toulmin und Perelman befassen sich vor allem mit der Frage, wie ein Redner mit einer Argumentation die Zustimmung eines Publikums gewinnt. Sie bedeuten einen enormen Fortschritt für eine handlungsorientierte Auffassung von Argumentation, sind jedoch funktional monologisch strukturiert und beschreiben Argumentation als erfolgsorientierte Kommunikation und somit als *Mittel der Rhetorik.*

Linguistische Ansätze orientieren sich zwar an der Neuen Rhetorik, viele greifen jedoch wieder antike Ansätze auf, *kombinieren* diese mit sprechakttheoretischen Ansätzen und *trennen* die Bereiche der Rhetorik und Argumentation. Der Textlinguist van Dijk setzt bei der Argumentation an: Er legt für die funktionale und formale Beschreibung von Argumentationen Toulmins Schema zugrunde und hebt dabei den *Kontextbezug* sowie die *Transformierbarkeit* der verschiedenen Komponenten einer Argumentation hervor (vgl. 1980: 147). Die Argumentation wird jedoch nicht als Mittel, sondern als *Superstruktur* beschrieben, auf die hin sich ein Text anpasst. Sie wird bezeichnet als „eine Art abstraktes Schema, das die globale Ordnung eines Textes festlegt und das aus einer Reihe von Kategorien besteht, deren Kombinationsmöglichkeiten auf konventionellen Regeln beruhen" (ebd.: 131). Die *argumentative Struktur* steht als Ebene der Textorganisation über den rhetorischen Strukturen, die den Text auf morphophonologischer, syntaktischer und semantischer Ebene gestalten (vgl. ebd.: 119).

Ebenso wie van Dijk konzentriert sich auch Kienpointner auf argumentative Mittel. Er versucht den Gebrauch von Argumenten im Verhältnis zu ihrem rationalen Hintergrund neu zu systematisieren. Seine Typologie „alltagslogischer" Argumentationsschemata bezieht sich auf die argumentative Kompetenz der Sprecher einer natürlichen Sprache (vgl. Kienpointner 1992: 166). Die Schlussregeln von Toulmin sind die Ausgangsbasis für den elementaren „Prototyp" argumentativer Muster (Kienpointner 1992: 7). Unterschieden werden Schemata, die Schlussregeln benutzen, die Schlussregeln etablieren (z. B. Kausal- oder Gegensatzschemata) oder Schemata, die auf Konventionen beruhen (z. B. das Autoritätsargument). Kienpointner bezieht neben kognitiven Schemata auch die Konventionalität von Argumentationen ein. Obwohl der Titel „*Alltags*logik" darauf schließen lassen könnte, dass hier ebenso auf individuelle und emotionale

Anteile eingegangen wird, ist der Blickwinkel *reduziert* auf den rational-logischen Aspekt von Argumentationen.

Kopperschmidt verbindet Sprechakttheorie und soziologische Kategorien. Grundlage ist die Diskurstheorie von Jürgen Habermas, dessen Diskursbegriff von der rationalen Überwindung von Meinungsverschiedenheiten durch die argumentative Rede ausgeht (Habermas 1981: 28):

> in der verschiedene Teilnehmer ihre zunächst nur subjektiven Auffassungen über-winden und sich dank der Gemeinsamkeit vernünftig motivierter Überzeugungen gleichzeitig der Einheit der objektiven Welt und der Intersubjektivität ihres Lebens-zusammenhangs vergewissern.

In diesem Ansatz führt die Argumentation über den interaktiven Überzeugungs-zweck zu einem ethisch fundierten *sozialen Konsens*, der über den einzelnen Positionen steht. In der Tradition der Aufklärung postuliert er die kognitive Überwindung überholter, „falscher" Vorstellungen sowie die Aneignung neuen Wissens mit den Mitteln der Vernunft. Leitlinien für ein technisch effizientes Argumentationsverfahren formuliert Kopperschmidt als „Grammatik des vernünftigen Redens" (vgl. 1976: 17).

In diesem Sinn ist auch sein Begriff von Persuasion eingeschränkt auf den Zweck der rationalen Überzeugung (vgl. 18)[2]. Aus diesem Blickwinkel wird Rhetorik als Manipulationsinstrument verstanden und als *illegitimes Mittel* dis-qualifiziert. Den „persuasiven Sprechakt" beschreibt er angelehnt an Searles Sprechaktregeln. Hier werden beispielsweise die ehrliche eigene Überzeugung, die „Überzeugungsfähigkeit" des Gegenübers oder der gegenseitige Respekt einbezogen (zu den Regeln vgl. 85-98).

Der „pragma-dialektische Ansatz" von van Eemeren et al. kombiniert aris-totelische Logik und Dialektik mit den Kategorien der Sprechakttheorie. Zwei Parteien tauschen nach aristotelischem Vorbild in methodischer Form Diskussi-onszüge aus (vgl. van Eemeren/Grootendorst 2004: 22). Argumentation wird als komplexe *Handlung* definiert (van Eemeren/Grootendorst 2004: 1; Hervorh. i. O.):

> **Argumentation** is a verbal, social, and rational activity aimed at convincing a rea-sonable critic of the acceptability of a standpoint by putting forward a constellation of propositions justifying or refuting the proposition expressed in the standpoint.

Mit ihrem Begriff der *reasonableness* weisen van Eemeren et al. die rhetorisch orientierte Gültigkeitsauffassung von Argumentationen von Perelman und Toul-

---

[2] In diesem Zusammenhang ist erstaunlich, dass Kopperschmidt zur Illustration der Trennung über-zeugender und überredender Strategien ein Beispiel heranzieht, in dem Rationalität und Emotion offensichtlich ineinander übergehen: Ein Schüler und ein Hausmeister haben aufgrund einer Papiertü-te auf dem Schulhof eine argumentative Auseinandersetzung, die zu einer emotionalen Eskalation führt (vgl. 68).

min ab (vgl. van Eemeren/Grootendorst 2004: 128). In der Tradition des dialektischen Dreierschritts von These – Antithese – Synthese spannt das Modell den
dialogischen Rahmen einer "critical discussion" um die argumentativen Komponenten (van Eemeren/Grootendorst 2004: 21):

> The pragma-dialectical theory of argumentation regards each argumentation as part
> of an explicit or implicit discussion between parties who try to resolve a difference
> of opinion (that may be implicit) by testing the acceptability of the standpoints con-
> cerned.

Der zentrale interaktive Zweck von Argumentationen ist die konfrontative Auflösung unterschiedlicher Standpunkte. Der Persuasion sind im Rahmen dieses
normativen Argumentationskonzepts sehr enge Grenzen gesetzt: Da es um die
Überwindung einer Meinungsverschiedenheit geht, besteht die Stärke der Argumentation in ihrer Effektivität, in einer intersubjektiv akzeptierbaren Form zur
Problemlösung beizutragen (vgl. van Eemeren/Grootendorst 2004: 132). Die
Verfolgung eigener Interessen ist nur im Rahmen der dialektischen Selbstver-
pflichtung der Parteien möglich (vgl. van Eeemeren/Houtlosser 1999). Rhetorik
ist als Mittel der Argumentation untergeordnet (vgl. van Eemeren/Houtlosser:
483).

Innerhalb dieses regelgeleiteten Modells beschreiben Van Eemeren und
Grootendorst mit Bezug auf Searles Sprechakttypologie Diskussionszüge als
Sprechakte, die in einer spezifischen Situation bzw. einem spezifischen Kontext
ausgeführt werden (vgl. van Eemeren/Grootendorst 2004: 62). Den Sprechakten
werden feste Rollen für die Auflösung der Meinungsdifferenz zugewiesen: In
den verschiedenen Stadien (z. B. opening stage) haben sie in differierenden Bezügen (z. B. clarification, specification) Relevanz für den Argumentationspro-
zess (vgl. van Eemeren/Grootendorst 2004: 81f.).

Die normative[3] Modellierung dieses Ansatzes zeigt sich neben der rationalen Grundlegung in der rigiden Struktur der Argumentationsphasen, denen
sprachliche Handlungen fest zugewiesen werden. Dieses Modell geht von festen
Regeln aus, deren Verletzung zur Disqualifikation führt: „Every violation of any
of the rules of the discussion procedure for conducting a critical discussion (by
whichever party and at whatever stage in the discussion) is a fallacy" (van Eem-
eren/Grootendorst 2004: 175). Der Begriff *critical* ist in dem geschlossenen
Modell sehr eng gefasst. Einerseits soll es zur kritischen Diskussion gehören,
argumentative Schwächen und Fehlschlüsse in dem jeweiligen Standpunkt des
Gegners zu finden. Andererseits gefährden diese nach Auffassung von van Eemeren et al. den Verlauf der Argumentation.

---

[3] Diese Perspektive begründen van Eemeren/Houtlosser wie folgt: „Argumentation theorists are not
only interested in the effectiveness of argumentation in convincing people of a certain viewpoint, but
also in the standards argumentative discourse should ideally comply with" (1999: 480).

Die aktuelle Forschung *erweitert* in der Tradition der *New Rhetoric* wieder den Wirkungsbereich der Rhetorik. Der Auffassung von Perelman, dass nicht nur rhetorische Mittel, sondern bereits die Auswahl von Argumenten ebenso wie ihre Präsentation persuasive Funktion haben, folgt beispielsweise Lumer, wenn er die Auffassung einer argumentativen Rhetorik vertritt, die Argumentation als Mittel der Persuasion sieht (Lumer 2007: 16):

> Derartige Mittel zur Persuasion gibt es viele: Das wichtigste sind Argumentationen i. w. S., also Redestücke, in denen eine Rede aufgestellt wird und Argumente zu ihrer Unterstützung vorgebracht werden.

Die Kombination unterschiedlicher Ansätze und der Aufgriff antiker Begriffe reicht nicht aus, um das komplexe Verhältnis von Rhetorik und Argumentation zu erklären. Im Zentrum steht hier die Frage des Verhältnisses von *überzeugendem* und *überredendem (persuasiven) Reden*. Die Funktionen der Überzeugung und Überredung werden vorschnell analytisch getrennt, ohne den wissenschaftlichen Gegenstand hinreichend reflektiert zu haben. Dem kann nur ein integrativer Ansatz beikommen, der den Stellenwert von Argumentation und Rhetorik nicht rein regelhaft herausarbeitet, sondern Regeln und Konventionen als Teile übergeordneter und bereichsspezifischer Prinzipien der Orientierung im tatsächlichen Dialog versteht.

Argumentationen haben eine rational begründete *Struktur*, die sich kognitiv erfassen lässt, sie *entfalten* sich jedoch in dialogischer Interaktion. Hier spielen Emotionen und Wahrnehmungen ebenso wie die sozialen Beziehungen zwischen Dialogpartnern eine wichtige Rolle. Dem Dialog liegen immer die *Interessen* der Teilnehmer und somit Persuasion als *Versuch* zugrunde, diese zu verfolgen und durchzusetzen. Somit ist eine Argumentation kein Mittel der Rhetorik, sondern das *dia-logische Gerüst*, an dem sich *alle Beteiligten*, ob Redner und ihr Publikum, Disputanten usw. bei der Verhandlung von Weltsichten orientieren müssen und auf dem - individuellen Fähigkeiten und kollektiven Normen entsprechend - rhetorische Mittel zum Einsatz gebracht werden können.

2.2 Linguistische Ansätze für den politischen Bereich

Aus der linguistischen Forschung sind für die untersuchte Thematik Ansätze hinzuzuziehen, die sich entweder mit *Argumentation und Rhetorik in der Politik* oder mit dem etwas enger eingegrenzten Bereich *Argumentation und Rhetorik im Parlament* befassen. Diese befinden sich an der Schnittstelle zur Forschung zum Sprachgebrauch in der Politik, die sich seit den 1980er Jahren als *Politolinguistik* etabliert hat. Die Forschung im deutschsprachigen Raum orientiert sich sehr stark an der politischen Praxis, was sich in der empirischen Ausrichtung und der

Konzentration auf authentische Texte zeigt. Dabei nimmt die Politolinguistik die dominanten sprachwissenschaftlichen Theorien und Modelle ihrer Zeit auf. Dies hat methodische Uneinheitlichkeit und eine Behaftung mit theoretischen Defiziten zur Folge (vgl. Mikołajczyk 2004: 14).

Im türkischsprachigen Raum liegt noch keine wissenschaftliche Veröffentlichung vor, die sich einer linguistischen Fragestellung folgend mit Argumentation und Rhetorik im politischen Bereich beschäftigt.

Für die linguistische Forschung zur *Argumentation und Rhetorik in der Politik*[4] spielt *Macht* als die individuelle und kollektive Fähigkeit der Beeinflussung eine besondere Rolle. Da es in der Politik um unterschiedliche Interessen geht, sind daran orientierte sprachliche Strategien und die Aushandlung von Konflikten von großem Interesse. Dementsprechend geht die Linguistik hier interdisziplinär vor: politik- und sozialwissenschaftliche Arbeiten, die sich mit den bereits genannten Themen befassen, werden unter detailbezogenen Gesichtspunkten herangezogen, jedoch nicht hinreichend durch ein einheitliches theoretisches Gerüst gestützt. Somit können die gewonnenen Erkenntnisse keine weitreichende Gültigkeit beanspruchen.

Die Arbeit „Politikerrede als kommunikatives Handlungsspiel" von Johannes Volmert (1989) steht für einen Versuch semantisch-pragmatischer Integration unter Beachtung des sozialpsychologischen Hintergrunds. Betrachtet werden Syntax und Wortschatz: Etikettierungen, Attribuierungen, syntaktische Aspekte der Redestrategie und die Behandlung des Wahrnehmungsraums über deiktische Ausdrücke. Mit dem Begriff *Handlungsspiel* rekurriert Volmert auf den in der politischen Rede eng gesetzten Spielraum für individuelle Ausdrucksmöglichkeiten, wie sie durch die soziale Rolle des Politikers gesetzt werden (vgl. Volmert 1989: 47). Politisches Sprechen wird als ritualisiert und monologisch angesehen. Sprachliche Strategien sind intentional und situationsbezogen strukturiert (vgl. Volmert 1989: 33).

Nach der Modellanalyse einer Rede Wolfgang Mischnicks resümiert Volmert, hier würde auf konventionelle rhetorische Mittel verzichtet und der Sprecher baue „die Techniken einer 'sanften', personalisierenden und privatisierenden Redestrategie" geschickt eine erfolgreiche „Antirhetorik" auf (vgl. Volmert 1989: 286). Dass in der Mischnick-Rede durchaus konventionelle rhetorische Mittel wie Übertreibungen, Metaphern usw. effektiv gebraucht werden, noch dazu in einem argumentativ strukturierten Debattenbeitrag, übersieht Volmert aufgrund seines engen theoretischen Ausgangspunktes.

Eine neuere textlinguistische Arbeit zur politischen Rhetorik hat Mikołajczyk vorgelegt: Ihre kontrastive Untersuchung „Sprachliche Mechanis-

---

[4] *Rhetorik im politischen Bereich* umfasst alle Äußerungen professioneller Politiker mit dem Zweck, eine politisch interessierte Öffentlichkeit zu gewinnen.

men der Persuasion in der politischen Kommunikation. Dargestellt an polnischen und deutschen Texten zum EU-Beitritt Polens" bezieht sich vor allem auf textlinguistische Modelle. Sie vergleicht deutsche und polnische Presseartikel im Hinblick auf Mechanismen der persuasiven Beeinflussung (2004: 12). Als typisch für politische Sprache hebt sie den persuasiven Charakter heraus, der Priorität vor den anderen sprachlichen Funktionen hat (Mikołajczyk 2004: 32)[5]. Sie hebt die appelative Funktion von Persuasion besonders hervor (Mikołajczyk 2004: 39f.; Hervorh. i. O.):

> Als Persuasion werden alle **intendierten** Versuche aufgefasst, den eigenen Willen durchzusetzen, wobei sie sowohl als Überzeugung als auch Überredung eingestuft werden können. Persuasion kann dann als eine vielschichtige d.h. *informative, argumentative, emotive* und *ästimative* Handlung mit *appelativem* Charakter definiert werden.

Dabei versucht Mikołajczyk, die Grenze zwischen legitimer politischer Rhetorik und täuschender sprachlicher Manipulation auszumachen. Einerseits gebe es eine offen zutage tretende persuasive Funktion parteilicher Rede, die sich leicht identifizierbarer sprachlicher Mittel bediene (z. B. Schlagwörter wie *Reform*, Stigmawörter wie *Terrorismus*). Dieser wird die verdeckte Manipulation mithilfe rhetorischer Mittel, wertender Elemente oder Präsuppositionen gegenübergestellt. Wer manipuliert, bedient sich demnach sprachlicher Mittel, um Interessen durchzusetzen, unter der Voraussetzung, dass die Manipulation nicht wahrgenommen wird. Rationales Argumentieren wird hier künstlich von Persuasion getrennt und dabei eine „Realität als solche" vorausgesetzt: „Eine ehrliche, auf Tatsachen beruhende Überzeugungsart besteht im Argumentieren. Es ist kognitiv und auf Rationalität ausgerichtet" (Mikołajczyk 2004: 65).

Die Stärke einer Argumentation bestimme ihre Wirksamkeit hinsichtlich eines bestimmten Adressatenkreises, so dass Argumente in die kulturelle, politische, historische, soziale Situation einer Zielgruppe eingebettet seien (Mikołajczyk 2004: 72). Das Emotionalisieren von Aussagen mit dem Ziel der Sympathiegewinnung wird mit unterschiedlichen Mechanismen erzeugt, zu denen auch sprachliche Mittel zählen. Für ihren Sprachvergleich konzentriert sich Mikołajczyk auf den persuasiven Teilbereich der *Ästimation*. In diesem Zusammenhang beschreibt sie *Bewerten* als konzeptuellen Prozess, eine Denktätigkeit, die von Gefühlen begleitet wird und nicht allein durch Sprache determiniert ist (vgl. Mikołajczyk 2004: 74). Sie unterscheidet Bewertungen, die als Sprechhandlungen gelten: ANERKENNEN; LOBEN; MISSBILLIGEN; RÜHMEN; TADELN; BEDAUERN; EMPFEHLEN; WARNEN von Bewertungen, die unter bestimmten Bedingungen bewertend gebraucht werden können: BE-

---

[5] Hier folgt Mikołajczyk ebenso wie Tillmann (s.o.) Grünerts Auffassung von Persuasion im politischen Bereich (1974).

HAUPTEN; BESCHREIBEN; EINRÄUMEN; FESTSTELLEN; SCHLUSS-FOLGERN; VERGLEICHEN; VERMUTEN (vgl. Mikolajczyk 2004: 90). *Bewerten* kann sich jedoch meiner Meinung nach nicht auf einzelne Sprechakte festlegen lassen. Bewertung ist eine *mentale Fähigkeit*, die unterschiedlich in die dialogische Interaktion hineinspielt.

Abschließend ist zu diesem Ansatz anerkennend festzuhalten, dass die Funktionen politischer Texte im Zusammenhang mit kognitiven, emotionalen und perzeptiven Funktionen integriert betrachtet werden. Die Gegenüberstellung der deutschen und polnischen Pressetexte dient der Ausarbeitung der funktionalen Äquivalenz gemeinsamer sprachlicher Mechanismen auf Ebene der Kompetenz. Diese wird jedoch von der Performanz getrennt. Die kontrastive Untersuchung konzentriert sich auf die *rhetorischen Mittel* der nationalen Stereotype und Metaphern und vernachlässigt kulturell bedingte Handlungsvoraussetzungen von politischen Pressetexten.

Einen besonderen Fokus auf den *Machtkampf* demokratischer Parteien setzt Wolf. Er verfolgt in seiner dialoggrammatisch und konflikttheoretisch orientierten Dissertation das Ziel, zu beschreiben und zu bewerten, wie politische Parteien handeln, um in konfliktären Auseinandersetzungen erfolgreich zu sein (vgl. 1998: 1). Wolf entwickelt ausgehend von der Sprachspiel-Konzeption Ludwig Wittgensteins ein Analyseinstrumentarium für *rhetorische Strategien*. Dabei wird besonderes Augenmerk auf soziale und kulturelle Faktoren des politischen Dialogs gelegt (1998: 1):

> Politische Kommunikation vollzieht sich unter bestimmten sozialen und kulturellen Rahmenbedingungen, die für die politische Wirklichkeit konstitutiv und daher auch in eine linguistische Beschreibung einzubeziehen sind.

Politische Konflikte werden als „mögliche und legitime Spielarten politischer Interessendurchsetzung" (1998: 2) und somit als ein Teil politischer Kultur beschrieben. Neben der kulturellen Orientierung spielen Interessen als konstitutiver Faktor des politischen Dialogs eine besondere Rolle (1998: 2):

> Die in politischen Konflikten verfolgten Interessen, deren sprachliche Darstellung und kommunikative Durchsetzung sind Hauptaspekte der linguistischen Beschreibung politischer Konfliktkommunikation.

Der Interessenbegriff wird hier jedoch mit dem Zielbegriff gleichgesetzt (1998: 2):

> Strategien bilden gewissermaßen eine Brücke zwischen den jeweils verfolgten Interessen bzw. Zielen einer Konfliktpartei und den schließlich unter Erfolgskalkül ausgewählten sprachlichen Handlungsmitteln.

Politische Äußerungen, die von den Konfliktparteien gemäß Annahmen über mögliche Reaktionen des politischen Gegners konzipiert werden, sind trotzdem im Sinne einer unidirektionalen Äußerungsfolge „nach Kriterien der Monologizität zu untersuchen" (vgl. Wolf: 35). Dialogbeiträge sind *Texte-im-Gebrauch*, die im Zusammenhang mit anderen sprachlichen und nichtsprachlichen Handlungen zu betrachten sind. Der Beschreibungszusammenhang zwischen den kommunikativen Phänomenen und deren strategischer Motivierung dient der Durchdringung der Performanz mit dem Ziel, an die Regularitäten einer angenommenen strategischen Kompetenz zu gelangen. Kompetenz und Performanz werden analytisch *getrennt*.

Auch das Strategiekonzept ist geschlossen und regelgeleitet: Kommunikative Strategien werden zwar in Abhängigkeit vom Verhalten des Gegenübers dynamisch ausgeführt, unterliegen jedoch als „Muster zur Auswahl und Organisation der zweckmäßigsten Sprechhandlungsmuster" (Wolf 1998: 27) regelhaften Bedingungen. Zur Ausführung solch eines Strategie- oder Handlungsmusters dient die vage Kategorie „kultur- und gruppenspezifische Inferenzen" sowie ein starres Labyrinth von „Festlegungen, die die Sprecher im regelgerechten Vollzug von Sprechhandlungen eingehen" (Wolf 1998: 27) als Orientierungspunkte für *Ego* und *Alter ego* innerhalb von Gesprächssituationen. Wolf untersucht *politische Rhetorik* mit Hilfe sprechakttheoretischer Mittel. Das argumentative Schema in den untersuchten politischen Dialogen wird ausgeblendet. Offen bleibt damit die Frage, wie sich Interessen argumentativ niederschlagen. Für die Analyse der Politikerbeiträge geht Wolf vor allem vom Machtinteresse politischer Akteure und den Ausprägungen dieser politischen „Zentralkategorie" (vgl. 58) aus und konzentriert sich auf machtsichernde und –fördernde kommunikative Strategien (vgl. 69).

Mit der Frage, „wie politische Interessen in einer öffentlichen Auseinandersetzung vorgebracht und durchgesetzt werden bzw. mit welchen Kontroll- und Steuerungshandlungen PolitikerInnen ihre Ziele verfolgen" (Thimm 1996: 124), setzt sich die politolinguistische Forschung auch mithilfe des Konzepts des „Power-related talk" (PRT) auseinander. Kontrollbeanspruchende und –gewährende Handlungen werden auf Grundlage ihres interaktiven Zwecks Sprechhandlungsmustern zugeordnet und in Beziehung zueinander gesetzt. Die Übernahme bzw. Abgabe von Kontrolle wird mit dem PRT-Konzept auch quantitativ erfasst (vgl. Thimm: 140). Die Charakterisierung argumentativer Interaktion allein anhand der sprachlichen Kennzeichnung von Machtstrukturen ist jedoch nur einer oberflächlichen Analyse sprachlicher Strategien dienlich, wobei man vom kompetitiven Charakter parteilicher Kommunikation ohnehin ausgehen kann.

Das Verhältnis von politischer Kultur und politischem Sprachgebrauch wird generell eher punktuell behandelt und orientiert sich oftmals an politikwissenschaftlichen oder gesellschaftlichen Trends. So bezeichnet seit den späten 1980er Jahren das Schlagwort „Politikverdrossenheit" das gesellschaftliche Phänomen des zunehmenden Ansehensverlustes von Parteien und Politikern (vgl. Huth

2004: 325). In der Forschung wird zur selben Zeit die Integration unterschiedlicher kommunikativer Strategien als „Doppelspiel der Politiker" bewertet (Köpf 1989: 60). Einerseits wird die rhetorische Fähigkeit mit Faszination betrachtet, andererseits wird der Politiker dem Verdacht ausgesetzt, aufgrund seiner Orientierung an parteilichen Interessen per se unaufrichtig zu handeln.

Neuere Arbeiten beschäftigen sich zunehmend mit der *Integration menschlicher Fähigkeiten* in die politische Interaktion. So hat Bollow auf der Grundlage des Modells des *Dialogischen Handlungsspiels* von Edda Weigand exemplarisch herausgearbeitet, wie Emotionen kommunikative Strategien in einem politischen Fernsehduell beeinflussen (2004).[6] In seiner kontrastiven Dissertationsarbeit zu politischen Fernsehinterviews in Deutschland und Großbritannien identifiziert Bollow u. a. rhetorische Strategien, mit denen Politiker ihre Interessen in politischen Fernsehinterviews verfolgen. Er vergleicht dabei, wie kooperativ bzw. konfrontativ sich die Gesprächspartner verhalten (vgl. Bollow 2007: 103). Vom regulativen Prinzip der Rhetorik, das zwischen dem Eigeninteresse und dem Interesse des Anderen vermittelt (vgl. 39), leitet Bollow das Kooperations- sowie das Konfrontationsprinzip ab.

Dabei geht seine Analyse davon aus, dass das politische Fernsehinterview als *Form*kategorie einzuordnen ist und Raum für unterschiedliche Handlungsspiele bietet. Die von der Forschung bisher angenommene Rollenverteilung zwischen Interviewer und Befragtem ist nicht festgelegt, sondern kann von den Gesprächspartnern unterlaufen werden. Neben explorativen Handlungsspielen mit einem Wissensanspruch können Interviews dann auch die Funktion *argumentativer Handlungsspiele* annehmen, in denen Interviewer versuchen, alternative „Interpretationsmöglichkeiten der von Politikern gezeichneten Realität" (58) aufzuzeigen und damit aus der Rolle des Fragenden in die Rolle des Antagonisten zu schlüpfen. Die Orientierung am Kooperationsprinzip ist gekennzeichnet durch „die Verfolgung kommunikativer Zwecke *unter Berücksichtigung* der Interessen des Kommunikationspartners" (63, Hervorheb. i. O.). Die Ausrichtung am Konfrontationsprinzip ist demgegenüber durch die *Behinderung* des Kommunikationspartners an der Verfolgung seiner kommunikativen Ziele zu charakterisieren. Da Politiker generell neben institutionellen Interessen auch Parteieninteressen verfolgen, ist davon auszugehen, dass auch parlamentarischen Debatten ähnlich strukturierte Handlungsantriebe zugrundeliegen. Das von Bollow angewandte offene Modell des dialogischen Handlungsspiels bzw. seine Erweiterung zum *Mixed Game Model* bietet einen großen Vorteil gegenüber den im

---

[6] Nach Bollow besteht ein bedeutender Faktor für die kommunikative Ausrichtung von Politikern in den antizipierten Gefühlen des Publikums bzw. *public emotions* (2004: 235). Die Duellanten orientieren sich so stark an emotionalen Prinzipien, dass die formalen Regeln des Fernsehformats in den Hintergrund treten (Bollow 2004: 233ff).

Folgenden vorgestellten regelgeleiteten Modellen zum parlamentarischen Sprachgebrauch.

2.3 Linguistische Ansätze für den parlamentarischen Bereich

Die aus dem parlamentarischen Bereich stammende Untersuchung von Grünert ist prägend für weitere Arbeiten, die sich insbesondere mit parlamentarischer Rhetorik befassen. Grünert untersucht den Sprachgebrauch während der ersten deutschen Nationalversammlung in der Frankfurter Paulskirche. Ausgangspunkt ist die folgende These (1974: 2):

> Politisches Handeln bedeutet in erster Linie Kampf um Macht und Herrschaft, um Teilnahme an der Machtausübung und ihre Sicherung zur Durchsetzung bestimmter Vorstellungen und Interessen.

Grünert betont die „Instrumentalfunktion" von Sprache in der Politik (1974: 2). Sie ist das wichtigste Mittel der parlamentarischen Debatte, die er definiert als „geregelte[n] Streit zwischen Parteien mit bestimmten politisch-ideologischen Grundpositionen, mit bestimmten Wertvorstellungen und Zielsetzungen" (1974: 18). Mit „Sprache in der Politik" bezeichnet Grünert den Einsatz sprachlicher Mittel auf Grundlage eines binären Zeichensystems, das über die Artikulation der Differenz des eigenen und des gegnerischen Standpunktes strukturiert ist. Das „Zeicheninventar" der parlamentarischen Sprache wird eingebettet in ein Modell politischer Argumentation, das den Dimensionen *Destination* (Intention in Bezug auf politische Einheiten und Gegenstände), *Fundation* (politische Grundsätze), *retrospektive Kausation* (Begründung aus der Vergangenheit) und *prospektive Konsekution* (Antizipation der Zukunft) folgt (vgl. 1974: 31). Dieser strukturalistische Ansatz konzentriert sich vor allem auf die *Systematisierung lexikalischer Mittel* innerhalb politischer Kontexte.

Als Hauptfunktion politischer Sprache wird Persuasion als *versuchte Beeinflussung anderer anhand Information und Affektion* herausgearbeitet. Argumentative Strukturen bleiben gänzlich unberücksichtigt. Grünert unterteilt die persuasive Funktion in einen kognitiven und emotionalen Bereich. Dieser Persuasionsbegriff ist einflussreich für die weitere politolinguistische Forschung über den parlamentarischen Bereich hinaus (vgl. Tillmann (1989)). Die Affektion wird dabei analytisch in Emotion, Appelation und Ästimation zerlegt (vgl. 9). Die emotive Funktion bezieht sich auf den Ausdruck von Gefühlen, Emotionen, Affekten oder Empfindungen. Die Appellation wird in die präskriptive Anweisung und die evokative Handlungsvorbereitung aufgespalten (vgl. 1974: 8). Grünert legt die Persuasion im Rahmen eines regelgebundenen Dialogbegriffs fest und systematisiert lexikalische Mittel lediglich auf der Ebene der Sprach*kompe-*

tenz. Er bleibt weit entfernt von der dialogischen *Performanz*, denn die Bedeutung lexikalischer Einheiten wie z. B. politischer Schlagwörter entfaltet sich erst in ihrem Gebrauch innerhalb rhetorischer Strategien.

Diskursanalytisch geht die Arbeit „Funktionen parlamentarischer Rhetorik in der Französischen Revolution" von Gumbrecht (1978) vor. Mit der soziologisch orientierten Fragestellung der *sprachlichen Konstruktion von Identitäten* nähert sich Gumbrecht rhetorischen Strategien in parlamentarischen Reden an (vgl. ebd.: 80). Aus der soziologischen Perspektive resultiert die Konzentration auf die sprachliche Interaktion innerhalb der sozialen Gruppe der Parlamentarier. Ebenso finden die *Rollenanforderungen* der Plenumsredner unter dem Aspekt der Gesichtswahrung besondere Beachtung. Die Reden zur Zeit der Französischen Revolution sind historische Gegenstände, die sich durch hohe Konfliktorientierung für eine rhetorische Analyse gut eignen. Dem Wechsel von Strategien, die durch den großen Handlungsdruck der damaligen Redner begründet waren, wird als kreatives Element bei der Erzeugung von Gruppenidentitäten Rechnung getragen.

Jedoch werden argumentative Strukturen der klassischen Einteilung folgend ohne differenziertere Reflexionen der *argumentatio* zugeordnet (vgl. Gumbrecht 1978: 49). Entlang der konstituierenden Funktionen von *Aktion* und *Reaktion* wird ein dialogischer Rahmen mit erweiterbaren Grenzen abgesteckt, in dem unterschiedliche Handlungskomplexe möglich sind: Erst die *initiative Adressierung des Grafen Mirabau* und die *reaktive Diskussion*, später die *Rede* und die *Replik*, dann die *Rede* und ihre *kollektive Rezeption*.

Kalivoda untersucht den Sprachgebrauch des 1. Vereinigten Landtags in Berlin 1847. Sein empirischer Ansatz setzt sich zum Ziel, das Verhältnis von Argumentation und Rhetorik im parteilichen Umfeld und somit die „Reflexion der rhetorisch-argumentativen, parteilich-oppositiven und diskursiv-intertextualen Eigenschaften" des parlamentarischen Sprachgebrauchs herauszuarbeiten (1986: 18).

Das strukturalistische Modell beschäftigt sich mit Strategien, Stilmitteln und dem ideologischen Zeichenrepertoire, das die Redner einsetzen, um ihre Positionen voneinander abzugrenzen und zu werten. Trotz der Prämisse „Politisches Sprechen ist zugleich politisches Handeln und Einwirkung auf politisches Handeln" (1986: 17) erfolgt keine Integration in ein sprechakttheoretisches Modell. Die Analyse orientiert sich vor allem an antiken Modellen wie z. B. dem Drei-Phasen-Modell des Redeaufbaus (*Dispositio, Exordium, Peroratio*). Kalivoda rekurriert in einem synthetischen Ansatz auf die antike Auffassung des Menschen im politischen Bereich, „den vernunft- und gefühlsmäßig beteiligten Menschen als das zoon politikon" (vgl. 1986: 16). Emotion und Kognition spielen im Bereich der parlamentarischen Sprache eine wichtige Rolle. Das rhetori-

sche Argumentieren habe deswegen eine ambivalente Wirkungsrichtung (vgl.
1986: 24),

> da es dem Redner nicht nur darum geht, mit rational-sachlogischen Ableitungen
> zwingende Gründe zu präsentieren (Kognition), sondern auch darum, emotive
> sprachliche Mittel zur Interessensdurchsetzung zu verwenden (Affektion).

Der „oppositive Diskurs" (vgl. 1986: 30) als Widerstreit parteigebundener Interessen ist ein parlamentarisches Konstitutivum bzw. ein der Institution notwendig
inhärenter *dialogischer Prozess*, der nicht über eine Synthese aufgelöst wird,
sondern zur institutionellen mehrheitlichen Entscheidungsfindung führt (vgl.
1986: 27). In dem *Parteienkampf* manifestiert sich „der Streit um politische Ord-
nungsvorstellungen als Streit um Worte und Bedeutungen" (1986: 29).

Eine Kombination aus Dialoggrammatik und Textsortenlinguistik stellt die
Dissertation von Tillmann (1989) dar. Er systematisiert parlamentarische Reden
in einer Taxonomie politischer Textsorten, die zwischen den sprachlichen Handlungen und ihren Bedingungen navigiert. Der regelgeleitete Handlungsbegriff
findet seine Anwendung in einer textsortenlinguistischen Verfahrensweise, die
vom Text als *zentraler funktionaler Einheit* sprachlichen Handelns ausgeht. Hinter dem Text steht die Realisierung der Intention(en) bzw. Ziele von Sprechern,
die sich im politisch-institutionellen Bereich an den Handlungsbedingungen
parteilicher Interaktion orientieren (Tillmann 1989: 35):

> Als 'politische Textsorte' soll eine Klasse in Hinsicht auf das Handlungsziel und die
> Handlungsbedingungen vergleichbarer Texte bezeichnet werden, die von politisch
> Handelnden im Rahmen der parteilichen Auseinandersetzung in Gebrauch genom-
> men werden.

Tillmann folgt Grünerts Unterscheidung von Persuasion in informative und af-
fektive Funktionen (vgl. Grünert 1974: 9). Er unterteilt funktional PROKLA-
MATIVE (Artikulation politischer Positionen und Beeinflussung der rationalen
Meinung des Rezipienten) und PROPAGANDISTISCHE (Werbung für politische Positionen und Beeinflussung der Emotionen des Rezipienten) Textsorten
(vgl. Tillmann 1989: 79f.). Propagandistischen Textsorten werden die Kanzler-,
Minister- und Abgeordnetenreden im Parlament zugeordnet, die als parlaments-
bezogen und argumentativ klassifiziert werden, der argumentative Charakter
wird jedoch nicht weiter berücksichtigt.

Die Problematik dieser rigiden Dichotomisierung offenbart sich, wenn
Tillmann der proklamativen Textsorte „Parteiprogramm" das propagandistische
Hauptziel „Durchsetzung der Imagepflege" zuordnet (vgl. 137). Weitere propagandistische Textsorten sind die Parteitagsrede und die Wahlkampfrede, nicht
jedoch die parlamentarische Anfrage (interrogativ) oder die Regierungsantwort
(replikativ) (vgl. 98). Zur Beschreibung der unterschiedlichen Textsorten unterg-
liedert Tillmann das politische Hauptziel *Machterwerb/Machterhalt*, das im

Rahmen einer parteilichen Auseinandersetzung stattfindet, in die Durchsetzung der eigenen Imagepflege sowie die Durchsetzung der Diskreditierung des Gegners (vgl. 123). Der Sympathiegewinn wird über die Teilziele PROFILIERUNG (bzw. Selbstdarstellung) und POLARISIERUNG (verstanden als Reduktion nach dem Freund-Feind-Schema) erreicht, analog dazu die Diskreditierung über die Teilziele ENTLARVUNG und DISKRIMINIERUNG (vgl. 127). Mit diesen vier emotional-persuasiven Teilzielen korrespondieren kommunikative Strategien, die ihrerseits funktional aufeinander bezogene Systeme sprachlicher Techniken darstellen (vgl. 129). Die Strategien sind geplant und regelgeleitet. Sie werden als Äußerungen im Sinne von „aktualisierten Erscheinungsformen sprachlicher Handlungsmuster bzw. Untermuster" (Tillmann 1989: 23f.) realisiert.

Dabei hängt die Verfolgung der Teilziele von der *Rolle der Redner im parlamentarischen Kollektiv* ab. Die Profilierungs-Sequenz von Abgeordneten fällt beispielsweise schwächer aus, weil diese einen geringeren Kompetenzbereich als Minister haben. Dass die monologisch strukturierten Reden eine dialogische Funktion haben, wird mitbedacht, indem „rekonstruktiv auf deren idealtypische dialogische Form rückzuschließen" ist (vgl. 1989: 134). Die Strategien werden jedoch nur auf Grundlage einer künstlich erschlossenen emotionalen Kompetenz beschrieben. Vom authentischen Material werden die Strategien abgeleitet, vernachlässigt wird dabei jedoch die Durchführung (vgl. ebd.: 268). Die textlinguistische Arbeit von Tillmann orientiert sich sehr stark an *Handlungsmustern* und vernachlässigt bei deren Systematisierung die Realisierung von argumentativen und rhetorischen Mitteln in der parlamentarischen Performanz.

Zur Beschreibung des dialogischen Gebrauchs von Argumenten in parlamentarischen Debatten kombiniert Buri (1992) das Schema von Toulmin mit einem gesprächsanalytischen Dialogkonzept. Mit der schematischen Vorlage rekonstruiert Buri *implizite argumentative Elemente* wie z. B. unausgesprochene Schlussregeln und macht damit „virtuelle Argumentationsstrukturen" (vgl. Buri 1992: 2) sichtbar. Der Kritik an Toulmins Konzept, dem „Rückbindung einer Argumentation an Sprechsituationen/Dialogsituationen fehle" (1992: 57), versucht Buri dadurch zu begegnen, dass er die Rekonstruktion der Argumentationsstrukturen und ihre Einbettung in Kontexte bzw. „globale Konstellationen" (1992: 32) zur Grundlage seiner Analyse macht.

Das monologische Konzept Toulmins will Buri zu einem dialogischen Ansatz erweitern. Sein Begriff von Dialog bezeichnet jedoch lediglich eine formale Kategorie: „Konstituens für 'Dialog'" (59) ist das Bezugnehmen auf Äußerungen der Gesprächspartner. Die Achse der gegenseitigen Bezugnahmen ist die thematische Kategorie des Strittigen, in Anlehnung an Kopperschmidt verstanden als rechtfertigungsbedürftiger Geltungsanspruch (vgl. 47). Die Handlungsbezüge werden hergestellt durch besondere rückverweisende sprachliche Mittel sowie unterschiedliche Formen der Redeerwähnung und Redewiedergabe (vgl. 63f.). Anknüpfungspunkt für die Beschreibung parlamentarischer Argumentation ist die Beobachtung, dass Parlamentsdebatten hinsichtlich der vom „Prinzip von Rede und Gegenrede" zweiseitig strukturierten parlamentarischen Binnenkommunikation dialogisch sind. Die Bekundung gegensätzlicher Standpunkte diene dazu, die fraktions- und parteienspezifisch eruierten und bereits vor den offiziellen Debatten vorliegenden Positionen für die Öffentlichkeit „rational nachvollziehbar zu machen" (1992: 29f.).

Argumentation wird auf ein sachliches und konsensorientiertes Verfahren reduziert, das von politischen Kontrahenten als Matrix genutzt wird, um ihre Gegner zu disqualifizieren bzw. die eigene Position zu stärken. Seine *performanzorientierte* Methodologie zur Beschreibung dialogischer Argumentationsformen im Deutschen Bundestag wendet Buri bei der exemplarischen Analyse von Sequenzen der sog. „Nachrüstungsdebatte" an. Dialogisches Bezugnehmen findet jedoch entsprechend der zugrunde liegenden formalen Definition von Dialogizität in den Debatten nur in Zwischenrufen, Zwischenfragen und Bezügen auf Redeteile von Vorrednern statt. Im Materialkorpus vorgefundene konfrontative Elemente wie die Diffamierung des Gegners erscheinen als nicht-argumentative Strategien, die der Parteienkonkurrenz geschuldet sind.

Diese antagonistische Grundkonstellation wird jedoch nicht als regulative Komponente in die Beschreibung des Gegenstands *Parlamentsdebatte* integriert, die die Zwecke und Mittel der Argumentation in diesem Bereich wesentlich verändert. Auch bleibt unklar, inwiefern die Argumente, Schlüsse und Positionen der Redner mit den Interessen der Parteien zusammenhängen. Aufgrund der Einschränkungen, die sich aus dem rational orientierten Blick auf Argumentation sowie aus der formal orientierten Perspektive auf Sprache ergeben, vermag der Ansatz seinen Gegenstand nicht hinreichend zu beschreiben.

Burkhardts Untersuchung „Das Parlament und seine Sprache" (2003) ist interdisziplinär angelegt. Die Untersuchung versteht sich als pragmatisch orientierte Sprachkritik, parlamentslinguistische Propädeutik und historisch ausgerichtete Beschreibung des Wandels parlamentarischer Verhandlungsstile (vgl. 2003: 8). Burkhardts Ausführungen gehen von zwei parlamentstypischen Argumentationsidealen aus (vgl. 187):

1.   Die *rational-vernünftige Argumentation*, die geprägt ist von Kompromissbereitschaft und deren Rhetorik sich allein auf die Effektivität der sachlichen Argumente bezieht.

2. Die *kooperative Ausrichtung der Rede* in dem Sinn, dass die Abgeordneten nicht als Partner- und Gegnerkollektive angesehen werden, sondern als homogenes Publikum, das aus einzelnen Politikerpersönlichkeiten besteht, die allein ihrem Gewissen verantwortlich sind.

Parlamentarischen Maximen der Freiheit von partikularen Interessen, der Rationalität und der kollektiven Zweckausrichtung auf Wahrheitsfindung und Konsensbildung stellt Burkhardt die vermeintliche „Realität" des deutschen Parlaments gegenüber, in der die Verfolgung parteilicher Interessen Priorität genießt und in der sich kommunikatives Handeln nach Gesichtspunkten der Logik medialer Inszenierung verhält. Kernthese der Monographie: Der argumentative Plenumsdiskurs ist im modernen Parlamentarismus zur „sowohl rational-argumentativ als auch emotional-persuasiv ausgetragenen public-relations-Veranstaltung" (2003: 279) bzw. zu einer „Erscheinungsform von Propaganda" (2003: 350) verkommen. Die Debatten folgen nur oberflächlich dem dialogischen Zweck des Überzeugens (319):

> Die Entfremdung des Parlaments von der öffentlichen Diskussion als seinem ursprünglichen Wesen ist so weit fortgeschritten, daß das tatsächlich dominant gewordene Aushandeln von Interessen zur Wahrung des 'wesensgemäßen' Scheins durch die demonstrative Zur-Schau-Stellung des Diskursiven in der Plenardebatte übertüncht werden muß.

Die parteiliche Ausrichtung der Interaktionen zwischen Politikern bewirke, dass die Debatten meistens nur das Publikum bzw. die Interessenklientel und Bevölkerung adressieren. Die Praxis der informellen verbalen und nonverbalen Reaktionen auf die Reden breche allenfalls in untergeordneter Form „den monologischen Charakter der Parlamentskommunikation z. T. auf" (2003: 287). Burkhardt legt hier ein monologisches und sehr einfaches *Sender-Empfänger-Modell* zugrunde: Redner und Zwischenrufer senden als kollektive Sender für ihre Partei und Fraktion, wobei die Kollektivbotschaft als Gespräch für die Wähler inszeniert wird (vgl. 278). Argumentative Entscheidungsvorbereitung und Abstimmungen im Plenum des Deutschen Bundestages werden als größtenteils *ritualisierte öffentliche Inszenierung* betrachtet, da die eigentlichen Argumentationen und Entscheidungen bereits in den Fraktionen und Ausschüssen stattfinden.

Mithilfe der Institutionentheorie und Ritualforschung bringt Burkhardt Argumente dafür ein, dass sich das ursprüngliche parlamentarische Element der vermittelnden *Repräsentation* in kaschierende *Präsentation* gewandelt habe. Der Glaube der Mitglieder einer Institution an deren Verfahrenssicherheit bzw. Verlässlichkeit könne mit der Zeit zur Gewohnheit werden (vgl. 2003: 152). Auf diese Weise hat sich zwar die Funktion des Plenums zweckrational zu einer bloßen öffentlichen und symbolischen Spiegelung der eigentlichen diskursiven

Arbeit hinter den parlamentarischen Kulissen gewandelt, die gruppenbindende
institutionelle Leitidee des öffentlichen Diskurses hat sich jedoch erhalten (zum
Parlament als Institution. Im Zentrum dieses Funktionswandels steht die parlamentarische „Diskussion als Ritual" (2003: 294). Der parlamentarische Diskurs
wird zu einem kollektiv akzeptierten Gerüst, auf dem sich die neue Funktion der
Überredung des öffentlichen Publikums nahezu parasitär angesiedelt hat. Weitere Unterstützung für diese Sichtweise zieht Burkhardt aus Erkenntnissen der
Architektursemiotik und psychologischen Proxemik (vgl. 257). Die Beschreibung der Parlamentsdebatten als „komplexe Formen des Gesprächs" (2003: 337)
folgt sprechakttheoretischen Kategorien. Komplexität bezieht sich hier insbesondere auf die Intentionen der Debattierenden, die geprägt sind durch den Versuch,
widerstreitende Interessen, Meinungen und Weltanschauungen durchzusetzen
(vgl. ebd.: 120).

       Der Persuasionsbegriff wird hier in eingeschränkter Weise verwendet. Die
Beobachtung, politische Kommunikation sei „niemals rein deskriptiv-
informierend, sondern immer zugleich persuasiv" (2003: 123) setzt implizit die
Möglichkeit eines rein informativen Sprachgebrauchs voraus. Da der persuasiven
Ausrichtung des parlamentarischen Sprechens durch relativ enge Normprinzipien
Grenzen gesetzt sind, soll sich das linguistische Interesse einerseits auf „Persua-
sionsmittel", andererseits auf stark konventionalisierte pragmatische Muster
ausrichten (vgl. ebd.: 148). Im hohen Grad festgelegt sind „parlamentarische
Sprechakttypen" wie z. B. debattenstrukturierende Handlungen, die vom Parlamentspräsidenten ausgeführt werden und meist deklarativen Charakter haben.
Für die Argumentationen der Redner sind „fast alle Arten sprachlicher Handlungen möglich" (ebd.: 283), die Handlungsformen seien jedoch großenteils ritualisiert.

       Abgesehen von der Annahme, dass in institutionell-ritualisierter Form der
Bevölkerung eine *sachliche Argumentation vorgespielt* werde, verfügt der regelgeleitete Ansatz über kein genaues Argumentationsmodell, in dem die auf Persuasion abzielenden Strategien funktionieren. Der Ansatz schneidet den integrativen Gebrauch kommunikativer Mittel nur an, beispielsweise indem das Zusammenspiel von Vorannahmen und verbalen Äußerungen für das rhetorische
Mittel der *Präsupposition* erläutert wird (vgl. ebd.: 388). Auf menschlicher Vernunft basierende Argumentation mit Gemeinwohlinteresse wird zum sine qua
non der parlamentarischen Interaktion erhoben. *Politische Rhetorik* wird an parteiliche Interessen gebunden und als Gefahr für institutionelle Interessen grundsätzlich abgewertet. Insgesamt unterschätzt diese Perspektive auf den Deutschen
Bundestag als „Schaufenster" für gesellschaftliche Interessen dessen Funktion
im politischen System der Bundesrepublik.

Parlamentarische Institutionen liefern der Verfolgung von Interessen nicht nur einen ritualisierten Rahmen, sondern sie setzen dieser auch kulturell festgelegte Grenzen des *Respektes* entgegen. Dies kann ein Kommunikationsvergleich zwischen dem Deutschen Bundestag und einem Parlament, das in einen unterschiedlichen kulturellen Rahmen eingebettet ist, verdeutlichen.

3 Argumentation als komplexes Handlungsspiel

Ob allgemein, im politischen oder im engeren parlamentarischen Bereich – Defizite weist die Argumentationsforschung vor allem in der unzureichenden Einbindung menschlicher Interessen und in der Beschreibung und Erklärung der Komplexität argumentativen und rhetorischen Handelns auf. Auch der *Respekt,* der als soziales Prinzip der Verfolgung von Interessen eine kulturell definierte Grenze setzt, wird nicht hinreichend hinzugezogen. Unter Berücksichtigung dieser Dimensionen werden Argumentationen zu *komplexen Handlungsspielen* oder *Mixed Games.* Das *Mixed Game Model* von Weigand bezieht als Erweiterung des *Dialogic Action Game* (vgl. Weigand 2000) diese wesentlichen Aspekte in die Untersuchung dialogischer Interaktion ein.

Somit wird der Mensch zentraler Bezugspunkt für die Untersuchung von Sprache: „Language is used by human beings and cannot be seperated from them" (Weigand 2000: 7). Das Modell konzeptioniert Linguistik als eine humane Wissenschaft. Es führt *Interesse* als universelle Kategorie der menschlichen Natur in die Untersuchung sprachlichen Handelns ein und stellt dieser die *Kultur* gegenüber, die die Handlungsbedingungen bei der Verfolgung von Interessen vorgibt. Es eröffnet so neue Wege für die kontrastive linguistische Untersuchung politischer Argumentation und Rhetorik.

3.1 Allgemeine Prämissen

Eine als humane Wissenschaft verstandene Linguistik stellt die Frage nach der eigentlichen Beschaffenheit des *Gegenstands*, mit dem sie sich auseinandersetzt. Bisher hat die linguistische Wissenschaft sich den Zugang zur Argumentation und Rhetorik aus zwei Richtungen verschafft: Entweder auf Basis theoretischer Regelsysteme (Rationalität, Logik, Affekte) der argumentativen und persuasiven *Kompetenz* oder über die Beobachtung des empirischen Geschehens in der rhetorischen *Performanz.* Sowohl rationale Theorien als auch Ansätze, die sich auf empirische Daten bzw. authentische Redetexte beziehen, sind jedoch im Sinne wissenschaftlicher Dogmen eingeengt. Empirische Evidenz wird kognitiv hergestellt, sodass Daten an sich keine wissenschaftlichen Fragen beantworten können (vgl. Weigand 2004a). Auch verschließt der Fokus auf den authentischen Text bzw. Sprache als verbales Phänomen den Blick auf non-verbale Fähigkeiten wie Kognition oder Perzeption, die in der Performanz integrativ gebraucht werden. Der dieser Arbeit vorliegende Gegenstand ist *Sprachgebrauch-in-Institutionen*. Diesem wird das Konzept der *competence-in-performance* als „complex integrated ability of human beings to orientate themselves in dialogic interaction" (Weigand 2009) gerecht. Sprache ist eine menschliche Fähigkeit, die in der Performanz immer mit anderen Fähigkeiten interagiert. Ihr Gebrauch geht vom Menschen aus, der selbst ein funktionierendes „komplexes adaptives System" (Gell-Mann 1994: 53)[7] ist, evolutiv ausgestattet mit der Fähigkeit, komplexe Aufgaben in sich verändernden Umgebungen zu bewältigen.

Diese sind charakterisiert durch Vielschichtigkeit und Vernetzung heterogener Beziehungen bzw. die „Existenz von vielen, voneinander abhängigen Merkmalen in einem Ausschnitt der Realität" (Dörner 1992: 60). Der Mensch lebt in einer Welt von *Unsicherheit*, ist konfrontiert mit der Intransparenz und Dynamik von Beziehungen. Das dem komplexen Sprachgebrauch adäquate Modell des *Dialogic Action Game* bezieht die Differenz der Interaktionspartner und ihrer Welten ein. Diese grundsätzliche Unterschiedlichkeit bedingt, dass sich Interaktion auf *Wahrscheinlichkeiten* stützt und dass die Anwendung von Regeln und Konventionen nicht ausreicht, um den situativen Bedingungen entsprechend erfolgreich zu handeln. Prinzipien als übergreifende Orientierungslinien strukturieren die sprachliche Interaktion. Auf diese beziehen sich die Kommunikationspartner. Einige Prinzipien sind für alle Handlungsspiele bestimmend, andere werden kulturellen und situativen Rahmenbedingungen entsprechend abgeleitet. Die dialogische Ausrichtung der Gesprächspartner lässt sich als interaktiver Zweck fassen und dient zur Einordnung unterschiedlicher Handlungsspieltypen[8].

Dieser interaktiven Kategorie stehen die menschlichen Interessen gegenüber, die sich in den Handlungsspielen als individuell und kollektiv bedingte Antriebe niederschlagen. Weigands Dialogbegriff versteht sich unter diesen Voraussetzungen „in this open, variable sense in which Wittgenstein also has introduced his term 'language games'" (Weigand 2000: 6)[9]. Im dialogischen Handlungsspiel

---

[7] Komplexe adaptive Systeme erkennen Regelmäßigkeiten in der Umwelt und in ihren eigenen Wechselwirkungen mit ihr, verdichten diese zu Modellen und verhalten sich bei konkurrierenden Schemata dem erfahrungsgemäß zweckmäßigsten entsprechend (vgl. Gell-Mann 1994: 53).

[8] Für die grundlegenden Merkmale kommunikativer Handlungsspiele unter medialen Rahmenbedingungen, hier im Fernsehen und Internet, vgl. Weigand 1999.

[9] Das Sprachspielkonzept von Wittgenstein ist auch Ausgangspunkt anderer linguistischer Arbeiten, die jedoch von einem regelgeleiteten Sprachgebrauch ausgehen, wie beispielsweise der Ansatz von Schmidt (1976: 175). Das Handlungsspiel-Konstrukt ist hier ein heuristisches Vergleichsobjekt für sprachliches Handeln, in dem sich Sprache als Kommunikationssystem „realisiert und faktisch allein vorkommt" (Schmidt 1971: 219). Mit seiner Wahl des Terminus weist Schmidt auf die „Integration sprachlicher und nicht-sprachlicher Arbeitsformen" besonders hin (vgl. Schmidt 1971: 219).

ist der authentische Text nur ein funktionierender Teil, nur ein Sichtfenster in das komplexe Ganze der menschlichen Interaktion:

> Human beings use different abilities together as communicative means. They pro-
> duce verbal texts and simultaneously, and not separably, they draw inferences and
> rely on what can be perceived in the speech situation. Language use therefore can in
> most cases be described only incompletely from the observer perspective and is only
> in part represented by corpora of authentic texts. (Weigand 2000: 7)

3.1.1 Interessen und Kultur

Komplex - und damit auch schwer durchschaubar - wird menschliche Interaktion vor allem durch hinterstehende Interessen und kulturelle Orientierungslinien. Weigands Erweiterung des *Dialogic Action Game* zum *Mixed Game Model* vergrößert den wissenschaftlichen Blickwinkel, indem diese menschlichen Grundkonstanten zur Beschreibung und Erklärung dialogischer Interaktion herangezogen werden: „The ultimate justification of a theory of human behaviour, in my view, derives from survival needs of the species and from conditions of cultural differentiation." (Weigand 2009). Vor der allgemeinen Einführung in das Modell werden vorab die Begriffe *Interesse* und *Kultur* geklärt. Die Definitionsversuche zum Interesse sind so vielfältig wie die Disziplinen, die mit dem Begriff arbeiten. Besonders in der Soziologie und Politikwissenschaft sowie im anthropologischen Bereich sind Interessen als Kernbegriff etabliert. Ist der Mensch zentraler Bezugspunkt einer als Humanwissenschaft verstandenen Linguistik, stellt sich zuallererst die Frage nach den Charakteristika dieser handlungsleitenden Kraft.

Der Mensch ist Teil seiner Lebenswelt, d. h. seine Überlebensbedürfnisse bestimmen ihn. Seine Fähigkeiten ermöglichen ihm jedoch auf besondere Weise das Überleben. Während die meisten Lebewesen spezialisiert ausgestattet und in optimalem Maße an ihre Umgebung angepasst sind, findet sich beim Menschen eine universellere, d. h. weniger spezialisierte Umweltausstattung. Aufgewogen wird der Mangel an Spezialisierung durch die besondere menschliche Natur: Sie liegt im *reflexiven Bewusstsein* und der damit verbundenen Fähigkeit zur *Beobachtung*: Der Mensch ist in höchst komplexem Maße fähig, seine Umgebung als solche zu erkennen, sich an diese anzupassen und mit Bezug auf diese als Individuum zu *handeln* (vgl. Agamben 2003). D. h. er ist nicht einem konditionierten Mechanismus von instinktgeleitetem Bedürfnis und dessen Befriedigung ausgesetzt, sondern kann Spannungsabfuhren aufschieben und Umwege einplanen (vgl. Willms 1970: 53). Der Mensch entwickelt *adaptiv* Taktiken und Strate-

gien, um Bedürfnisse zu stillen bzw. *Interessen* zu verfolgen.[10] Der Politikwis-
senschaftler Döhn leitet die relationale Grundstruktur des Interesses aus der la-
teinischen Bedeutung des Wortes ab (Döhn 1970: 15f.):

> In seine sprachlichen Grundkomponenten zerlegt besagt das Wort 'Inter-esse', daß
> sich etwas zwischen, bzw. inmitten zweier oder mehrerer Positionen befindet. Zu-
> nächst bleibt offen, welche Position Subjekt und welche Objekt ist; d. h. die Ziel-
> richtung des Interesses kann sowohl vom Menschen auf die Umwelt als auch umge-
> kehrt verlaufen.

Als prinzipiell autonomes und konstruktives Wesen steht der Mensch keiner un-
veränderlichen Wirklichkeitsstruktur gegenüber, sondern richtet seine Wahrnehmung der Wirklichkeit immer wieder neu aus, um sich in einer sich ständig verändernden Welt im Überlebenskampf zu behaupten. Das menschliche Interesse
basiert somit auf der *Fähigkeit,* Umweltverhältnisse zu beobachten und zu ihnen
Beziehungen herzustellen, um eigene Bedürfnisse zu befriedigen. Es ist *er-
folgsorientiert:* „The interest of the EGO is directed towards effectively achiev-
ing one's goal" (Weigand 2009). Der Nutzen oder Vorteil und seine Realisier-
barkeit entscheidet über die Anteilnahme an einem Objekt (vgl. von Winter
1997: 32). Alle wandelbaren Interessen lassen sich jedoch auf ein grundlegendes
Interesse zurückführen – die *Selbstbehauptung.*

Abbildung 2:   Interessen

Wandelbare kurz- oder langfristige Interessen → *Selbstbehauptung*

Verändern sich Umweltverhältnisse, sodass dem Individuum beispielsweise
nicht mehr ausreichend Ressourcen zur Verfügung stehen und ihm ein *Nachteil*
erwächst, kann es sich neu ausrichten – zu seinem eigenen *Vorteil.* Der Mensch
ist jedoch kein Einzelwesen, sondern sozial orientiert und muss sich auch gegen
andere *durchsetzen*, wenn es um knappe Ressourcen geht (Weigand 2009):

> They thus have to regulate the interests of the EGO with those of the ALTER EGO.
> The freedom of the individual stops where the freedom and interests of the others
> begin.

Neben der Selbstbehauptung ist die soziale Wertschätzung ein anderes zentrales
Bedürfnis, an dem sich das Handeln orientiert: "the basic drive of human beings
to maintain their hold in the social group" (Weigand 2009). Die menschliche

---

[10] Willms vertritt die Auffassung, dass aufgrund dieser Instinktverunsicherung menschliche Bedürfnisse selbst bereits die Form des Interesses haben (vgl. Willms 1970: 53).

Doppelnatur bewegt sich demnach zwischen Selbsterhaltung und sozialer Orientierung (vgl. Weigand 2006: 72f.).

Abbildung 3:   Menschliche Doppelnatur

Selbsterhaltung ↔ soziale Orientierung

Je nach Interessenkonstellation sind die Handlungen und Handlungserwartungen von EGO und ALTER EGO vorstrukturiert:

Abbildung 4:   Interessenkonstellationen

Kooperation: **Interesse EGO → vereinbar ← Interesse ALTER EGO**

Konflikt: **Interesse EGO → unvereinbar ← Interesse ALTER EGO**

Von Bedürfnissen sind neben *individuellen* auch *kollektive* Interessen abgeleitet, die Gruppen in unterschiedlichen Organisationsgraden bis hin zu *Gesellschaften* verbinden. Diese Unterscheidung ist heuristischer Natur, da Interessen in verschränkter Form, als Komponenten von Interessenkomplexen auftreten.[11] Unsere kognitive und emotionale Wirklichkeit ist demnach einerseits eine subjektive, andererseits eine soziale Wirklichkeit[12], die über Kommunikation mit anderen (vgl. Choi 1995: 45) entsteht: Individuen schließen sich zu Gruppen zusammen, um besser überleben zu können. Dies ist möglich, weil Mitglieder von Gruppen über Verständigung *Weltsichten* angleichen. Gemeinsame Interessen führen zu einer gemeinsamen Weltsicht. Das Individuum identifiziert sich und seine Weltsicht mit seiner Gruppe (in-group) und grenzt sich von fremden Gruppen (out-groups) und deren Perspektive ab. Die in-group verständigt sich über gemeinsame Handlungsnormen bzw. Werte – so entsteht der Rahmen für die Verfolgung von Zielen und für die Lösung von Konflikten im Falle von Interessenkollisionen. Eine verständigungsorientierte sprachliche Handlungsform, deren Grundfunktion ist, sich über Weltsichten auszutauschen und auf diese Weise Interessen zu verhandeln ist die *Argumentation*.

Dabei ist sie nur im Kern durch Interessenorientierung bestimmt. Eine Sichtweise, nach der der „Mensch ist, indem er sich geltend macht" (Willms 1970: 54) und menschliche Wirklichkeit vor allem strukturiert ist über rational

---

[11] Die politikwissenschaftliche Forschung spricht von Dimensionen des Interessenbegriffs (vgl. von Alemann 1987: 27) und vernachlässigt m. E. die funktionale Eigenständigkeit der Komponenten.
[12] Vgl. zur sozialen Wirklichkeitskonstruktion Schmidt 1994: 10.

begründete Versuche, Interessen durchzusetzen, kann der Komplexität des Gegenstands *menschliches Handeln* nicht gerecht werden. Effektive Interessenverfolgung wird von Handlungsbedingungen eingegrenzt, die eine spezifische *Kultur* vorgibt. Kulturell beeinflusst ist beispielsweise die *Bewertung* von Wahrnehmungen, Emotionen und Denken (Weigand 2006: 73):

> *Evaluation* comes in from the very beginning. Evaluation again is dependent on various parameters such as *ideology*, religion, culture in general and personal experiences.

Kulturelle Sozialisation leitet die Ordnungsbildung und Bedeutungszuweisung der Welt. Schmidt definiert Kultur als ein Programm „kommunikativer Dauerthematisierung für wichtig gehaltener Dichotomien im Wirklichkeitsmodell eines sozialen Systems" (vgl. Schmidt 1994: 600). So ermöglicht eine nationale Kultur eine Bandbreite an menschlichen Interaktionen, die in einem anderen Land nicht möglich sind. Im Rahmen der weiteren theoretischen Überlegungen wird sie begriffen als „complex of cognitive and social variables that influence human interaction" (Weigand 2006: 72). Kultur bestimmt, *wie* Interessen verfolgt und durchgesetzt werden. Während Interessen als das *Gewünschte* Subjekte auf Objekte ausrichten, geben kulturelle Werte als das „Wünschens*werte*" (Esser 1999: 135; Hervorh. i. O.) einen Auswahlfilter vor (von Winter 1997: 34):

> Werte grenzen den Horizont der Objektwelt, der für eine anteilnehmende Beziehung in Betracht kommt, aus dem Bereich des prinzipiell Möglichen aus und beeinflussen auch die Auswahl der Mittel, die für die Aneignung der Objekte in Erwägung gezogen werden.

Dabei ist Kultur begrenzt auf spezifische Geltungsbereiche wie z. B. eine Nation. Während das Interesse eine nur universell definierbare Kategorie darstellt, die durch Argumentation und rhetorische Mittel durchgesetzt werden kann, hat Kultur einen spezifischen Geltungsbereich. Für diesen können besondere Merkmale beschrieben und als kulturelle Einheit erfasst werden.

3.1.2 Konstitutive Prinzipien von Argumentationen

Weil regelgeleitete linguistische Modelle vom Sprachgebrauch in einer harmonischen Welt ausgehen, stoßen sie besonders dort an ihre Grenzen, wo diese Regeln scheinbar aufgehoben sind. Sie vermögen nicht zu erklären, dass Gesprächspartner ein rhetorisch geschickt vorgetragenes Argument trotz mangelnder logischer Stringenz akzeptieren. Das *Dialogic Action Game* schließt Regeln und Konventionen nicht aus, es charakterisiert jedoch das kommunikative Handeln mithilfe von *Wahrscheinlichkeitsprinzipien* als Techniken, mit denen sich

Menschen in komplexen Umgebungen orientieren (vgl. Weigand 2000: 7)[13]. Wo Regelmäßigkeiten oder Standardfälle nicht anwendbar sind, beziehen sich Menschen auf Heuristiken wie Annahmen, Schlussfolgerungen oder Assoziationen. An diesen Prinzipien orientiert sich auch die Untersuchung dialogischer Interaktion.

Ein wesentliches Grundprinzip ist nach Weigand die Handlungsfunktion von Sprache, die sich darüber konstituiert, dass Zwecke durch Mittel verfolgt werden: „The **Action Principle** states that *taking communicative actions* means pursuing specific dialogic purposes with specific dialogic means" (Weigand 2000: 9; Hervorh. i. O.).

Nach diesem *Handlungsprinzip* dient Sprache nicht lediglich zum Informationstransfer, sondern als eine besondere Form des Handelns. Ihre funktionale Struktur hat Searle mit der Grundformel F (p) der Sprechakttheorie präzisiert (vgl. Searle 1997). F beschreibt die Handlungsfunktion, die Proposition p drückt aus, auf welchen *Weltausschnitt* sich diese Funktion bezieht. Die Beziehung von F und p beschreibt sprachliches Handeln als „eine regelgeleitete Form intentionalen Verhaltens" (vgl. Searle 1997: 83). Der Begriff der Intentionalität ist die sprachphilosophische Grundlage für diese handlungstheoretische Auffassung von Sprache. Searle erklärt *Intentionalität* als integrierte mentale Fähigkeit: „Intentionalität ist das Merkmal des Geistes, durch das Geisteszustände auf Sachverhalte in der Welt gerichtet sind, von ihnen handeln, sich auf sie beziehen oder auf sie abzielen." (2001: 82).

Das übergeordnete Prädikat INTERESSE erweitert den Intentionsbegriff. Von Intentionalität abgeleitet ist sowohl der kommunikative Zweck (vgl. Weigand: 1993: 148) als auch das Interesse als eine bestimmende Kraft hinter Äußerungen:

Abbildung 5:   Kommunikative Handlung

INTERESSE [Zweck (Weltausschnitt)] ↔ kommunikative Mittel

Nach dem *Dialogischen Prinzip* ist Sprachgebrauch funktional immer dialogisch. Basierend auf der „Interdependenz zwischen illokutivem und perlokutivem Sprechakt" (Weigand 2003: 31) ist nicht der einzelne Sprechakt, sondern die Sequenz aus Aktion und Reaktion die kommunikativ autonome Einheit. Ausgehend vom

---

[13] Auch mentales Handeln wie die kognitive Entscheidungsfindung in unsicheren Situationen wird in der Psychologie mithilfe wahrscheinlichkeitsbezogener und erfahrungsbasierter Heuristiken erklärt, die der Mensch anwendet (vgl. Jungermann 2005).

übergeordneten interaktiven Zweck der Verständigung können vier globale Sprechakttypen voneinander unterschieden werden (vgl. Weigand 2003: 96):

Abbildung 6:   Sprechakttypen

REPRÄSENTATIVE	**+/- AKZEPTIEREN**
DIREKTIVE	**+/- ZUSAGEN**
EXPLORATIVE	**+/- ANTWORTEN**
DEKLARATIVE	**[+/- BESTÄTIGEN]**

Repräsentative sind weltdarstellende sprachliche Handlungen: „Der initiative Sprechakt wird mit einem Wahrheitsanspruch vorgebracht, mit dem der Sprecher ein bestimmtes Bild von der Welt präsentiert. Diese Präsentationsform soll vom Kommunikationspartner geprüft und letztendlich akzeptiert werden" (Weigand 2003: 94). Direktive haben weltverändernden Charakter, ihr Wollensanspruch richtet sich auf künftige praktische Handlungen oder das Verhalten des Gegenübers und zielt auf die Handlungszusage ab (vgl. Weigand 2003: 84). Richtet sich der Wollensanspruch auf Wissen, so liegen welterkundende Explorative vor, der Sprecher erwartet eine Antwort (vgl. Weigand 2003: 84). Deklarative sind dadurch charakterisiert, dass sie einen Weltzustand schaffen, „indem sie ihn sprachlich für existent erklären; allerdings können sie nur bestimmte Arten von Welt, z. B. soziale Beziehungen, schaffen" (Weigand 2003: 81).
Mit der Äußerung wird der Wollensanspruch gestellt und erfüllt; eine mögliche, nicht notwendige Reaktion auf Deklarative ist die Bestätigung (vgl. Weigand 2003: 81). Argumente sind Repräsentative, mit denen im Prinzip alle sprachlichen, mentalen und praktischen Handlungen gerechtfertigt bzw. angezweifelt werden können (vgl. Weigand 2006: 66):

Abbildung 7:   Einbettung von Argumenten

action

↑

justified by an   ARGUMENT
            REPRESENTATIVE   ↔   ACCEPTANCE
            making a claim to truth

Von einer einfachen Rechtfertigung unterscheidet sich die kulturelle Einheit der Argumentation, die im Rahmen des *Mixed Game Model* auch als *komplexes Handlungsspiel* bezeichnet werden kann. Dieses ist funktional zunächst durch den interaktiven Zweck des ÜBERZEUGEN bestimmt, der auf einer rationalen Grundlage basiert. Wesentlich für diese komplexe Form argumentativer Interaktion ist die Initiierung durch abweichende Sichtweisen oder *„diverging views"* (Weigand 2006: 68; Hervorheb. i. O.). Sie beziehen sich auf einen Weltausschnitt und münden in unterschiedliche *Positionen*, z. B.:

- „Die Türkei erfüllt die politischen Kriterien der EU."
- „Die Türkei erfüllt die politischen Kriterien der EU nicht."

Argumente stützen die initiativen Positionen als sequenzabhängige Repräsentative (vgl. Weigand 2006: 66). Wird ein Argument vom Gegenüber akzeptiert, so stärkt es die Position auf Grundlage von unterliegenden *Schlüssen*:

Abbildung 8: Schlussprinzip

Argument -> Schluss -> Position

Ein Schluss ist eine Aussage über das Verhältnis von Argument und Position. Als dialogisches Mittel wird er generell nicht explizit formuliert, sondern vom Argumentierenden vollzogen und soll vom Kommunikationspartner nachvollzogen werden. Dass Schlüsse auf kognitiven Schemata basieren, kann Kienpointner (1992) folgend angenommen werden. Diese dienen jedoch Schlussprinzipien und keinen Schlussregeln, die Kienpointner in abgetrennte Bereiche des Allgemeinen, Besonderen und des Konventionellen zu trennen versucht (vgl. Kienpointner 1992: 246).

Schematisierungen sind das kognitive Gerüst für Schlussprinzipien und unterliegen *allen* Argumenten, weil sich alle Kommunikationspartner aufgrund ihrer rationalen Fähigkeiten an ihnen orientieren. Sie können dabei von allgemeinen oder exemplarischen Beziehungen *ausgehen*. Schemata können nicht nur auf rein rationale Zusammenhänge, sondern auch auf Konventionen, gesellschaftliche Traditionen und Erfahrungen angewandt werden und sind somit sowohl an die menschliche Ratio als auch an die Vernunft gebunden.[14] Dazu gehört das *Gegensatzschema* im folgenden Beispiel:

---

[14] Einige rhetorisch verwendete Schemata finden sich in Kapitel 4.4.1.

POSITION: „Die Integration der Türkei in die EU wird nicht erfolgreich sein."

ARGUMENT 1: „Türkei und EU sind kulturell zu gegensätzlich."

→ **SCHLUSSPRINZIP 1:** Ziele gegensätzlicher politischer Einheiten sind schwer zu vereinbaren.

Hier basiert der Schluss auf einer allgemeinen Einordnung zweier Gegenstände – der Türkei und der EU - als Gegensätze und bezieht sich damit auf eine relativ sichere Beziehung in einem beobachteten Weltausschnitt. Beziehungen dieser Art, deren Wahrheitsanspruch eine sehr hohe Wahrscheinlichkeit hat, werden auch durch Standardfälle, Regelmäßigkeiten und Konventionen beschrieben. Unsicherer sind Schlüsse, wenn besondere oder exemplarische Fälle für die Stützung unterliegender Beziehungen zwischen Weltausschnitten herangezogen werden:

POSITION: „Die Integration der Türkei in die EU wird nicht erfolgreich sein."

ARGUMENT 2: „Nicht einmal in der Zypern-Frage hat die Türkei den Forderungen der EU nachgegeben."

→ **SCHLUSSPRINZIP 2:** Dass sich die politische Einheit 'Türkei' in einer strategischen Angelegenheit nicht angepasst hat, deutet auf einen unüberwindbaren Dissens zwischen Türkei und EU hin.

Es gibt demnach kein „Argument an sich", sondern Argumente können als *sprachliche Mittel mit schematischem Bedeutungskern* aufgefasst werden, die als Gerüste für differenzierte Handlungsfunktionen dienen: *„argumentation is not a type of action but a type of structure"* (Weigand 2006: 71; Hervorh. i. O.). Für diese Auffassung von Argumenten spricht auch, dass sie zwar als Wahrheitsansprüche einzuordnen sind, jedoch unterschiedliche Funktionen im Dialog übernehmen können:

Einfache Wahrheitsansprüche wie KONSTATIVE, ASSERTIVE, IDENTI-FIKATIVE, NUNTIATIVE oder EXPRESSIVE stellen den Anspruch, „dass es so ist" und unterscheiden sich von modalen Wahrheitsansprüchen wie KONDI-TIONALE, DELIBERATIVE, NORMATIVE oder DESIDERATIVE, die den Anspruch möglicher bzw. alternativer Welten stellen („dass es so sein würde/könnte/sollte") (vgl. dazu Weigand 2003: 119, Fig. 10).

In der Performanz kann sich ein Argument auch zum *Gegenargument* wandeln: Aus unterschiedlicher Perspektive ist die Äußerung *Die Türkei versucht seit über 40 Jahren, sich an die EU anzupassen* sowohl von Gegnern als auch von Befürwortern des EU-Beitritts argumentativ nutzbar. Für den Befürworter sind die Bemühungen ein Indiz dafür, dass aus der langfristigen Ausrichtung auf die EU auch der politische Wille zur Umsetzung wichtiger Reformen folgt. Für Gegner demonstrieren die Bemühungen das Versagen des Landes, die Kriterien der EU tatsächlich zu erfüllen. Die zugrunde liegenden unterschiedlichen Bewertungen der Realität sind u. a. beeinflusst von unterschiedlichen Erfahrungen, Lebenshintergründen oder – im Falle der noch zu untersuchenden Parteien – Ideologien und Interessen (*Prinzip verschiedener Welten* – *vgl.* Weigand 1998: 38).

So findet keine Darstellung der Welt „an sich" statt: „*Evaluation and persuasion is invariably included*" (Weigand 2009). Der Versuch, das Gegenüber so zu beeinflussen, dass die eigenen Interessen möglichst effektiv durchgesetzt werden, ist als *Persuasion* der dialogischen Interaktion inherent.[15] Der übergeordnete Zweck der Argumentation bewegt sich demnach zwischen sachlichorientiertem ÜBERZEUGEN und interessenorientiertem ÜBERREDEN:

Abbildung 9:

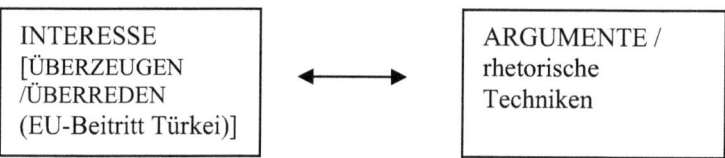

Den Zusammenhang dieser komplexen Interaktion stiftet das *Kohärenzprinzip*. Kohärenz wird durch den gemeinsamen Versuch der Sprecher konstituiert, sich zu verständigen, also kommunikative Mittel einzusetzen und deren Bedeutung auszuhandeln, und ist nicht immer im empirischen Text direkt feststellbar (vgl. Weigand 2000: 11).

Verständigungsorientierte Argumentationen können sich in drei mögliche Richtungen entwickeln, die mit dem zentralen interaktiven Sprechaktcharakter des Repräsentativs und der reaktiven Akzeptanz zusammenhängen (vgl. Weigand 1999a):

1. Die unterschiedlichen Positionen bleiben unverändert, die Kommunikationspartner setzen ähnliche Argumente ein oder der Dialog wird beendet.
2. Eine Position setzt sich durch, eine Person akzeptiert den Anspruch des Gegners und übernimmt diesen.

---

[15] Zur Persuasion vgl. auch die Definition von Dascal/Gross 1999: 112: „intending to reinforce or change the beliefs, attitudes, or actions of H".

3. Aus den beiden Standpunkten wird eine dritte Position entwickelt, auf die sich die Parteien einigen.

3.1.3 Regulative und exekutive Prinzipien

Nicht nur die vorgestellten konstitutiven Prinzipien dienen als integraler Bestandteil des argumentativen Sprachgebrauchs. Dessen Charakter wird ebenso bestimmt durch die *Balance* grundlegender menschlicher Fähigkeiten. Hier ist das Verhältnis von Rationalität und Emotion ebenso wichtig wie das zwischen *rhetorischer Durchsetzungsfähigkeit* und *Respekt vor dem Anderen*[16]. Diese Fähigkeiten werden als *regulative Prinzipien* in das Modell einbezogen.

Rationale Prinzipien legen die vernunftbasierten Grundlagen fest. Eine rational geprägte Argumentation kann als *kritischer Meinungsaustausch* beschrieben werden. Dabei geht es zunächst um die Herstellung einer nachvollziehbaren *Argumentationsstruktur* bzw. um das Auffinden von logischen Fehlern bzw. *fehlerhaften Schlüssen* in der gegensätzlichen Position. Die Gesprächspartner handeln jedoch nicht nur nach rationalen Überlegungen, sondern sie folgen auch *emotionalen Prinzipien*. Weigand beschreibt Emotionen weit gefasst als "internal states", die auf Erwartungen und Bedürfnissen basieren (Weigand 2004a: 10). Sie sind mit anderen Fähigkeiten verwoben und immer präsent (vgl. Weigand 2004a: 13). Bollow definiert Emotionen als „orientations in the decision making process that are not secondary to cognition, but a complementary human ability" (Bollow 2004: 222f.). Sie sind „*not totally controllable by reason*" (vgl. Weigand 2004a: 10; Hervorh. i. O.). Aufgrund des Handlungsdrucks, den Emotionen verursachen, beeinflussen diese auch in hohem Maße den Sprachgebrauch. Sie können geäußert werden als Konstative, Expressive oder Deklarative (vgl. Weigand 2004a: 16). Dieser emotionale Handlungsdruck wirkt auf den Dialog ein. Das Verhältnis von Emotion und Rationalität entscheidet, wann eine Argumentation in einen *Streit* als emotional-konfrontative Auseinandersetzung übergeht. Rational basierte Mittel, die die sachliche Auseinandersetzung vorantreiben, stehen emotional basierten Mitteln gegenüber, in denen es um die Wahrung der persönlichen Spielräume bzw. um den Umgang mit dem emotionalen Spielraum des Gegenübers geht. Verengt ein Interaktionspartner den Raum des anderen z. B. durch einen persönlichen Angriff, kann er damit einen wütenden Gegenangriff als Abwehrreaktion provozieren. Erweitert er ihn durch ein Kompliment, kann er mit Wohlwollen rechnen.

---

[16] Diesen Begriff übernehme ich von Cho (vgl. 2005: 47): Im Parlament muss das Individuum sich nicht nur gegen Vertreter gegnerischer Parteien, sondern auch gegen Konkurrenten aus den eigenen Reihen behaupten, die er gleichzeitig als seinesgleichen respektiert.

Somit ist ein weiteres wichtiges Regulativ angesprochen: das Verhältnis zwischen Rhetorik und Respekt. *Rhetorik* als Kunst des effektiven Sprachgebrauchs auf der Äußerungsseite entspricht auf der funktionalen Seite Persuasion als Versuch, eigene Interessen durchzusetzen. Während Rhetorik somit der Erweiterung des eigenen Handlungsspielraums dient, bezieht sich der *Respekt* auf die Achtung und Wertschätzung des Anderen und seiner Interessen (Weigand 2006: 76):

Abbildung 10: Rhetorical Principles

self-interest ↔ interest of the other

effectiveness ↔ respect/politeness

Rhetorische Strategien zur Durchsetzung von Interessen folgen handlungsspielspezifischen *exekutiven Prinzipien* (Weigand 2006: 77). Strategien werden kreativ ausgeführt und orientieren sich an Erfahrungen. Sie gewinnen im Handlungsspiel Gestalt und können so nachvollzogen werden.

3.2 Kontrastive Grundlegung parlamentarischer Argumentation

Die Argumentation ist als Einheit in einen spezifischen kulturellen Raum eingebettet. Die Ausprägung der beschriebenen Prinzipien ist also abhängig von sprachlichen und kulturellen Besonderheiten. Diese sind für das deutsche und türkische Parlament als öffentliche Foren des parteiorientierten Meinungsaustausches spezifisch zu beschreiben. Zuvor werden institutionelle Funktionen und Strukturen des Parlaments sowie die Grundfunktionen von Parteien in parlamentarischen Demokratien herausgearbeitet. Im Anschluss wird politische Kultur als Orientierungsraum beschrieben. Entlang seiner Dimensionen werden kulturelle Gemeinsamkeiten und Unterschiede zwischen den beiden Ländern herausgearbeitet. Als Vorbereitung auf die Analyse wird daraufhin die parlamentarische Debatte als Einheit politischer Kultur genau nachgezeichnet, in deren Rahmen sich Politiker an spezifischen Prinzipien der rhetorischen Ausführung orientieren.

3.3　Das Parlament als Institution

Für die parteiliche Argumentation im Parlament ist von Bedeutung, dass sich innerhalb spezifischer institutioneller Strukturen politische und individuelle Interessenkonstellationen formieren. Unter diesem institutionellen Dach verfolgen Parteien ihre eigenen bzw. *Parteiinteressen.* Zunächst werden an dieser Stelle die besondere Struktur des Parlaments als politischer *Institution* und seine wesentlichen Komponenten umrissen. Dabei werden die Funktionen individueller Rollenträger und kollektiver Interessengemeinschaften besonders berücksichtigt, da sie die Initiierung und den Verlauf von Debatten wesentlich beeinflussen. Die duale Struktur des Parlaments als Rückgrat und Gegenspieler der Regierung wird in Kapitel 3.5.1 näher erläutert. Als Institution übernimmt das Parlament die besondere soziale Funktion der geregelten *Austragung von Konflikten* in einer Gesellschaft und sie erfüllt diese im Korsett einer *funktionalen Hierarchie.* In den Sozialwissenschaften wurde bereits 1906 von William Graham Sumner die These aufgestellt, Institutionen dienten auf eine spezifische Art und Weise der Interessenregelung bzw. dem "regulated antagonism of interests" (Sumner 1960: 57). Zur Entstehung von Institutionen erklärt Sumner weiter (1960: 58):

> They are produced out of the mores by the selection of the leading men and classes who get control of the collective power of the society and direct it to the activities which will (as they think) serve the interests which they regard as most important. If changes in life conditions occur, the interests to be served change.

Institutionen sind eine historisch entstandene Form des Umgangs mit unterschiedlichen gesellschaftlichen Interessen, "making the environment of the individual calculable and reliable" (Windhoff-Héritier/Czada 1991: 14). Sie basieren auf gesetzlichen Grundlagen, z. B. auf Verfassungen oder Verträgen, ein Zuwiderhandeln wird somit auf rechtlicher Basis sanktioniert.

Auch das Individuum selbst wird berechenbarer, da es sich an institutionellen Konventionen orientieren muss: „The creation of institutional rules to constrain individuals may be understood as a process of self-binding" (Windhoff-Héritier 1991: 39). Die Entscheidung, welchen Interessen Priorität zu geben ist, wird laut Sumner in institutionellen Festlegungen über *Leitideen* getroffen, welche die Funktionen von Institutionen strukturieren (Sumner 1960, 61f.):

> An institution consists of a concept (idea, notion, doctrine, interest) and a structure. The structure is a framework, or apparatus, or perhaps only a number of functionaries set to cooperate on prescribed ways at a certain conjuncture. The structure holds the concept and furnishes instrumentalities for bringing into the world of facts and action in a way to serve the interests of men in society.

Parlamente sind als zentrale politische Institutionen vor allem über die demokratische Leitidee der *Volkssouveränität* strukturiert, die die Gesamtheit der Angehörigen eines Staates als eine übergeordnete Identität im politischen System begreift und in der die staatliche Macht prinzipiell beim *Volk* liegt (siehe dazu auch Kapitel 3.5.2). Die Identität eines Staatsvolkes wird dabei allgemein auch durch die Zugehörigkeit zu einer *Nation* definiert.[17] Auf die Herrschaft des Volkes sind *alle* Entscheidungsverfahren zurückführbar (Wählerschaft wählt Abgeordnete, Abgeordnete wählen Regierung usw.).

Die türkische Verfassung definiert Volkssouveränität als erstes staatliches Prinzip. Zu Beginn des 6. Artikels wird hier festgelegt: „Egemenlik, kayıtsız şartsız Milletindir." (dt. „Die Souveränität gehört voll und bedingungslos der Nation."). Auch im Artikel 20, 2 im Grundgesetz der Bundesrepublik Deutschland heißt es:

> Alle Staatsgewalt geht vom Volke aus. Sie wird vom Volke in Wahlen und Abstimmungen und durch besondere Organe der Gesetzgebung, der vollziehenden Gewalt und der Rechtsprechung ausgeübt.

Eines dieser institutionellen „Organe" des Staates ist das Parlament. Den Zusammenhang zwischen institutionellen Zwecken und individuellen Handlungen von Funktionsträgern beschreibt Searle mithilfe der Charakteristika „kollektive Intentionalität, Funktionszuweisung und konstitutive Regeln" (2001: 149). Basierend auf einer kollektiven – und *funktionalen* – Leit-Ausrichtung und allgemeinverbindlichen Regeln werden in diesem Rahmen interne Funktionszuweisungen vorgenommen und die Institution formt eine zweckgerichtete Ordnung aus. Einzelpersonen spielen als Funktionsträger je nach institutionellem Status unterschiedliche Rollen. Searle benutzt hier den Begriff *Statusfunktion*: „Geht es um menschliche Institutionen, so sind Funktionen Statusfunktionen" (2001: 151).

So haben das Parlament und seine Mitglieder über diesen verfassungsmäßig verliehenen Status die Funktion, als der „institutionalisierte Sitz der Volkssouveränität" die Gesetzgebung zu vollziehen (vgl. Zier 2005: 48). Seine Funktion als demokratische Institution ist zu gewährleisten, dass der Wille des Volkes in den Willen des Staates übergeht: „key characteristic of a democracy is the continuing responsiveness of the government to the preferences of its citizens, considered as political equals" (Dahl 1971: 1). Die zentrale Funktion eines Parlaments ist generell, unterschiedliche gesellschaftliche Interessen zu *regulieren*, die ihren politi-

---

[17] Die Nähe der Begriffe *Nation* und *Volk* ist im Zusammenhang der Entstehung des modernen Parlamentarismus im Zuge der demokratischen europäischen Revolutionen zu verstehen. Man findet diese oftmals bedeutungsgleich verwendet, als politische Konzepte werden sie im theoretischen und analytischen Teil dieser Arbeit unterschieden: Während das Volk – verstanden als *Staatsvolk* - die „Gesamtheit aller Menschen, die einem Staat angehören" (Drechsler 1995) bezeichnet, ist der Begriff der *Nation* definiert durch die Orientierung an einer gemeinsamen Geschichte, Kultur, Sprache und Religion: „Nation (von lat. *natio* = Geburt, Geschlecht, Art, Volk) bezeichnet eine Gemeinschaft von Menschen, die sich aus ethnischen/sprachlichen/kulturellen und/oder politischen Gründen zusammengehörig und von anderen unterschieden fühlen." (Nohlen/Grotz 2007: 344).

schen Einfluss hier geltend machen. Die Große Türkische Nationalversammlung
(Türkiye Büyük Millet Meclisi) und der Deutsche Bundestag sind die *parlamentarischen Zentren* der repräsentativen Regierungssysteme.[18]
    Die effektive Regulation der Interessen wird über periodisch gewählte
Stellvertreter und somit über die Selektion und Kooperation von Individuen und
Kollektiven gewährleistet. Nach geheimen, freien und gleichen Wahlen konstituiert sich im Parlament eine regierungstragende Mehrheit, Abgeordnete rücken
in Regierungsämter, Parlamentsmehrheit und Regierung verschmelzen zur Funk-
tionseinheit (vgl. Patzelt 2003: 67). Parlamentarische Mehrheiten übernehmen
die Verantwortung für die Regierungsarbeit (vgl. Patzelt 2003: 67). Effektive
Repräsentation bedeutet darüber hinaus auch, dass das Parlament als „clearing
house" (Hirner 1993: 140) widerstreitender Tendenzen und dadurch entstehender
Konflikte diese auch *demonstriert.*
    Dem Organ stehen rechtliche Instrumente zur Verfügung, um „Regierung
und Verwaltung zu beobachten, zu überwachen, ihre Handlungen zu prüfen"
(Zier 2005: 50). Die „Umsetzung von Kontrollöffentlichkeit in politische Kommunikation" (Kißler 1992: 37) wird in parlamentarischen Systemen als grundlegende Funktion der Opposition verstanden. Neben Gesetzgebung, Rekrutierung
und Kontrolle spielt auch die Öffentlichkeits- und Legitimationsfunktion eine
große Rolle, die die Artikulation der parlamentarischen Politikbearbeitung und
die Teilnahme des gesellschaftlichen Publikums einschließt (vgl. Kißler 1992:
13).
    Als demokratische Institution hat das Parlament eine *hierarchische Struk-
tur*: In der Vertikalen stützt es sich auf eine Hierarchie von Mandatsträgern und
in der Horizontalen auf die konkurrierende und kooperierende Partizipation politisch aktiver Einheiten[19]. Die Regulations- und Repräsentationsfunktionen werden durch das komplexe Zusammenspiel der Handlungen parlamentarischer
Funktionsträger erfüllt. Parlamentarische Mitglieder wechseln ihre Rollen, sie
haben die Möglichkeit, sowohl als Akteur als auch als Rezipient im Plenum in
parlamentarischen Debatten aufzutreten. Jedes Mitglied weiß, in welchem Bereich welche Handlungen ausführbar bzw. auszuführen sind. Eine Institution gibt
unterschiedlichen Handlungsspielen Raum, wobei für Funktionsträger der Institution das institutionelle Interesse Priorität hat: „Since institutions hardly ever

---

[18] So trifft die Nationalversammlung in der Türkei die Grundentscheidungen des politischen, sozia-
len, wirtschaftlichen und rechtlichen Alltags und ist erste Vertreterin des Landes als Souverän (vgl.
Rumpf/Steinbach 2002: 815).
[19] In der Politikwissenschaft werden Funktionskriterien für Demokratien unterschiedlich gewichtet.
Für einen Überblick über Geschichte, Formen und Theorien der Demokratie siehe Vorländer 2003;
Schultze 2002.

determine actions completely, they still leave room for self-interest and strategic action" (Windhoff-Héritier/Czada 1991: 14).

Die Abgeordneten des Bundestages vertreten nicht ihre Wahlkreise, sondern die Gesamtheit aller Menschen, die dem Staat angehören: Dieses sogenannte *freie Mandat* wird im Grundgesetz (Artikel 38, Absatz 1 Grundgesetz) wie folgt formuliert: „Sie sind Vertreter des ganzen Volkes, an Aufträge und Weisungen nicht gebunden und nur ihrem Gewissen unterworfen". Auch im türkischen Parlament vertritt der einzelne Abgeordnete das gesamte Volk und ist folglich „nicht Vertreter von Partikularinteressen, sondern übt sein Mandat eigenverantwortlich und unabhängig im gemeinschaftlichen Interesse der Nation aus" (vgl. Rumpf/Steinbach 2002: 816).

Das unabhängige Mandat verschafft dem Parlament größtmögliche Entscheidungsfreiheit (Kißler 1992: 16) durch

> die zur Wahrnehmung seiner Gesetzgebungsaufgabe notwendigen Entscheidungsmöglichkeiten und –alternativen [...]. Interessenabwägung setzt nämlich die Loslösung von spezifischen Interessen und den mit ihnen an das Parlament herangetragenen vielfältigen Ziel- und Zweckkonflikten voraus.

Die kommunikative Funktion besteht „in der Öffnung der Abgeordnetentätigkeit gegenüber einem möglichst breiten gesellschaftlichen Interessenspektrum", da der Volksvertreter sich in seinen Entscheidungen um Interessenausgleich bemühen muss (vgl. Kißler 1992: 16). Dem Freien Mandat steht die Fraktion bzw. die Partei des Politikers gegenüber.

Wie für das deutsche System beschrieben, gilt auch für das türkische Parlament (Kißler 1992: 18)[20]:

> Die Fraktionen verkörpern die verlängerten Arme der Parteien in das Parlament. Mit ihnen transportieren die Parteien gesellschaftliche Interessen ihrer Mitglieder und Wähler in den parlamentarischen Willensbildungs- und Entscheidungsprozeß.

Die sogenannte „Fraktionsdisziplin", je nach Standpunkt auch „Fraktionssolidarität" oder „Fraktionszwang" genannt, bezeichnet den „,Pflichtreflex' der Beachtung gegenüber Anleitungen und Vorgaben der Fraktion" (Kißler 1992: 17). Auch wenn den deutschen und türkischen Abgeordneten die freie Gewissensentscheidung institutionell vorgegeben ist, so ist die Parteibindung in der Praxis dominant. Es wird erwartet, dass sich die Repräsentanten einer Partei mit dieser über die Fraktion in der Ausschussarbeit und im Plenum solidarisieren, dass Mannschaftsdisziplin im Wettstreit der Fraktionen gezeigt wird. Für den Bundestag stellt Patzelt dazu fest: „Am sichtbarsten wird sie im meist fraktionseinheitlichen Abstimmungsverhalten im Plenum" (Patzelt 2003: 69). Und auch

---

[20] Vgl. für das türkische Parlament Rumpf/Steinbach 2002: 817.

Rumpf/Steinbach konstatieren Parteienbindung im türkischen Parlament
(Rumpf/Steinbach 2002: 816):

> Daß 'Eigenverantwortlichkeit' und 'Unabhängigkeit' auch beim türkischen Ab-
> geordneten Bindungen wie derjenigen an Fraktion und Partei unterliegen, ist eben-
> falls in der Türkei so gültig wie in anderen demokratischen Staaten.

Politiker im Parlament tragen einerseits den Erwartungen ihrer Wählerschaft und
den institutionellen Interessen Rechnung, andererseits sind sie an eine Partei gebunden und müssen ihre Positionen auch mit dieser abstimmen (Czerwick 1998:
267):

> Dagegen legen die Fraktionen ihre Positionen im Rahmen langwieriger Verfahren
> zwischen den Fraktionsführungen, Vertretern von Ausschüssen und Arbeitskreisen
> bzw. Arbeitsgruppen, führenden Mitgliedern entsprechender Parteigremien und an-
> deren Akteuren fest.

Die Institution Parlament legt zwar die Rollen ihrer Akteure fest, eröffnet ihnen
damit jedoch zugleich „Gestaltungskorridore" (Windhoff-Héritier 1991: 41), in
denen Raum für parteiorientierte Interessen bleibt.

3.4 Zentrale Parteiinteressen

Die beiden zentralen Interessen für demokratische Parteien bestehen darin, die
demokratisch legitimierte *Regierungsfähigkeit* zu erreichen um die von ihr reprä-
sentierten gesellschaftlichen Interessen durchzusetzen bzw. ihre eigene Partei-
identität in einer Gesellschaft zu verwirklichen. *Volksparteien* erheben den besonderen Anspruch, über spezifische Programmatiken und Interessenorientierun-
gen hinaus „schichtenübergreifend und weltanschaulich verbindend breite Wäh-
lerschichten in sich aufzunehmen und in ihrer Interessenvielfalt ausgleichend
[zu] vertreten" (Nohlen/Grotz 2007: 614). Werden Parteien in ein Parlament
gewählt, erhalten sie hier die Funktion der *Volksvertreter*.
    Die beiden Interessen der Regierungsfähigkeit und des Erhalts der Partei-
identität stehen in einem wechselseitigen Verhältnis zueinander. Sie sind für eine
Partei nur über das Parlament realisierbar, da sich hier die Leitvorstellung der
Volkssouveränität über die friedliche Lösung von Konflikten im Plenum ver-
wirklicht. In diesem Forum entscheiden Mehrheiten über zukünftige Konventionen für das gesellschaftliche Zusammenleben. Innerhalb politischer Gestal-
tungsmöglichkeiten sind die Mitglieder des Parlaments deswegen zu Loyalität
gegenüber den Interessen ihrer Parteien angehalten. Sie bekennen sich als Mitglieder von Parteien zu deren Traditionen, Wert- und Zukunftsvorstellungen und
betrachten sich als Autoritäten parteilicher Ideologien oder *Weltsichten*. Erlangt
eine Partei politische Macht durch die Regierungsfunktion oder durch eine oppo-

sitionelle Funktion als parlamentarische Fraktion, so leiten sich Regierungs-
bzw. Fraktionspositionen aus den Parteiinteressen ab, die in Parteiprogrammen
festgehalten sind.

Aus dem Blickwinkel ihrer ursprünglichen Identität übernehmen Parteien
eine Integrationsfunktion für *gesellschaftliche Wahrheits- und Wollensansprüche*, sodass diese für das staatliche Handeln funktionalisiert und reguliert werden
können. Parteien sind als Organisationen in Staat und Gesellschaft integriert und
erfüllen eine „kommunikative Scharnierfunktion" (Sarcinelli 1998: 277) im politischen Willensbildungsprozess[21]. Ihre zentrale Funktion liegt jedoch vor allem
in der Vermittlung des Willens des Volkes in den staatlichen Apparat: Es ist eine
institutionelle Funktion von Parteien als „spezialisierte Agenturen der Interessenvermittlung" (Wolf 1998: 108), Interessen der Gesellschaft bzw. ihrer Bereiche
zu repräsentieren: soziale (Arbeit, Familie, Bildung), kulturelle (Religion, Ideologie, Identität), ökonomische (Gewinninteressen von Unternehmen), ökologi-
sche (Umwelt, Klima), militärische bzw. Sicherheitsinteressen. Parteien sind
jedoch keine Vermittlungsorganisationen in dem Sinne, dass sie die Interessen
der Gesellschaft auf staatlicher Ebene abbilden. Interessen werden aus der Umwelt akquiriert, organisationsintern selektiert und gewichtet.

Parteien kooperieren dabei mit gesellschaftlichen Einheiten wie Verbänden.
Beispielsweise arbeiten die Christlich Demokratische Union (CDU) als traditionelle Partei des Mittelstandes ebenso wie die Sozialdemokratische Partei
Deutschlands (SPD) als Partei der Arbeitnehmenden mit Wirtschaftsverbänden
zusammen. SPD-nahe Verbände streben dabei insbesondere sozialen Ausgleich
innerhalb der Gesellschaft an, während CDU-nahe Wirtschaftsverbände eher
wettbewerbsorientiert agieren. In der Entwicklung von Programmen werden
gemeinsame Bedürfnisse, Wünsche und Forderungen „zu programmatischen
Zielsystemen zusammengefasst" (von Alemann 1987: 187). Verbände versorgen
Parteien nicht nur mit Ideen, sondern sie fungieren generell auch als Vermittler
politischer Entscheidungen an die Öffentlichkeit und somit auch an die Parteien
(vgl. Hirner 1993: 141). Da große Volks- und Mitgliederparteien mit unterschiedlichen Verbänden kooperieren, obliegt ihnen auch die komplexe Aufgabe,
heterogene Interessen zu integrieren.

Da das dominierende interne Interesse der Partei das „Streben nach Gewinn
oder Anteil an der Macht" (Döhn 1970: 45) ist, entsteht in jeder Konkurrenzde-
mokratie, in der mehrere Parteien gegeneinander antreten, zwangsläufig ein
institutionell beabsichtigter Interessenkonflikt. Dieser aktiviert das Selbsterhaltungsinteresse der Parteien: Der Erfolg einer Partei bedeutet immer einen Stim-
menverlust für die gegnerischen Parteien. Wählerstimmen sind die wichtigste

---

[21] Parteien sind auch rechtlich gesehen keine staatlichen Organe, sondern gesellschaftliche Organisationen (vgl. von Alemann 1995: 9).

Ressource für Parteien, da sie nur über diese in die Parlamente einziehen können. Somit ist Politik auch soziales Handeln,

> das sich auf Machterwerb und Machtgebrauch richtet, um bestimmte Interessen und Ziele von einzelnen Gruppen in geschichtlich-gesellschaftlichen Situationen im öffentlichen Bereich *gegen* den Willen und die Zielsetzung anderer Personen und Gruppen im Kampfe oder mit Hilfe von Vereinbarungen durchzusetzen, bzw. die Durchsetzung und Realisierung der Zielsetzungen anderer Gruppen zu verhindern. (Stammer/Weingart 1972: 21, zitiert nach von Alemann 1987: 27; meine Hervorhebung)

Politische Macht kann gewonnen werden über den Gewinn von Mitgliedern, Wählenden und Kooperationspartnern, die *in Konkurrenz* und zu Lasten anderer Parteien angeworben werden. Das Machtinteresse der Parteien ist folglich mit der Chance identisch, repräsentierte Interessen zur realisieren (Döhn 1970: 45):

> Das heißt, das Machtstreben der Parteien resultiert weitgehend aus der Existenz und dem Druck eines bestimmten oder verschiedenartiger Interessen, um diese gleichzeitig in einen mehr oder minder festen Aktionsrahmen zu zwingen und zu einem spezifischen 'Parteiinteresse' zu transformieren. Abstinenz gegenüber der Macht ist für jede Partei gleichbedeutend mit ihrer Selbstaufgabe und dem Verlust ihrer politischen Funktion.

Parteien unterscheiden sich von allen Interessengruppen, die ihren Willen politisch kommunizieren, in ihrem Streben und ihrer Kompetenz, innerhalb des verfassungsrechtlichen Handlungsspielraums „Kontrolle über den Staat und seinen Herrschaftsapparat zu erlangen" (Döhn 1970: 47). In ihren Argumentationen formulieren die Parteien, weshalb sie in welcher Weise Einfluss auszuüben beabsichtigen. Zur Erlangung von Regierungsmacht gehen Parteien Zweckbündnisse bzw. Koalitionen mit anderen Parteien ein, „die sie allein gegen ihre politischen Gegner nicht zu erringen in der Lage wären" (Wolf 1998: 111). Koalieren Parteien, so nähern sie ihre Positionen zeitweise aneinander an. Zusammenfassend orientieren sich Parteien und ihre Vertreter an zwei grundlegenden Handlungsinteressen:

- **Selbsterhaltung:** Parteiliche Wahrheits-/Wollensansprüche werden über politische Macht durchgesetzt

- **Ausrichtung auf die Gesellschaft:** Die Partei orientiert sich an Wahrheits-/Wollensansprüchen der Gesellschaft

Einen bedeutenden funktionalen Unterschied weisen deutsche und türkische Parteien auf: Die parteiliche Repräsentation von gesellschaftlichen Interessen ist in der Türkei verfassungsrechtlich eingeschränkter als in Deutschland, was vor allem mit der kemalistischen Staatsideologie (siehe Kapitel 3.5.2) und 25 Jahren Einparteienherrschaft zusammenhängt, in der Staat und Partei fast deckungsgleich waren. In dieser Zeit hat der türkische Staatsapparat den Parteien unter Androhung von Sanktionen seine Orientierung vorgegeben, zahlreiche Parteien wurden verboten, Mitgliedschaften waren Einschränkungen unterworfen (vgl. Rumpf/Steinbach 2002: 828). Das Parteiengesetz wurde 1999 nach europäischen Standards der Parteienfreiheit geändert. Doch nach wie vor werden Volksparteien eher als Sprachrohr des Staates denn als eigenständige Mitwirkungsorgane beschrieben (vgl. Seufert 2002: 6). Sie können sich nur als Partizipierende präsentieren (Seufert 2002: 10):

> In der Türkei haben Parteien weniger die Aufgabe, Stimmungen und Forderungen in der Bevölkerung aufzunehmen, zu bündeln und in Staatspolitik zu transformieren, als für die vom Staat oft relativ autonom gesetzten Ziele Unterstützung der Bevölkerung zu rekrutieren. Dem entspricht die äußerst begrenzte Fähigkeit der Parteien, selbst politische Ziele zu formulieren und sich politische Richtlinienkompetenz anzueignen.

In Deutschland ist die rechtliche Position der Parteien stärker. Das Grundgesetz sieht folgende wichtige Funktion vor: „Die Parteien wirken bei der politischen Willensbildung mit" (Artikel 21, Absatz 1 Grundgesetz). Sie haben laut Wolf als einzige Organisationen der Gesellschaft einen verfassungsrechtlichen institutionellen Status, „d.h. sie sind zwar keine Staatsorgane, haben aber eine zentrale Position im Funktionssystem politischer Willensbildung und staatlicher Machtausübung inne" (Wolf 1998: 108f.).

3.5 Politische Kultur als Orientierungsraum

In der Praxis formen demokratische Systeme und ihre Institutionen spezifische politische Kulturen aus, innerhalb derer sich Parteien orientieren. Eine richtungweisende Definition von politischer Kultur haben Almond/Verba vorgelegt (vgl. Pesch 2000: 42-44, Zier 2005: 38). Das Konzept bezieht sich auf die kognitiven, emotionalen und evaluativen Orientierungen der Bevölkerung, die ein politisches System tragen, im engeren Sinn verstanden als "psychological orientation towards social objects" (Almond/Verba 1963: 14):

> When we speak of the political culture of a society, we refer to the political system as internalized in the cognitions, feelings, and evaluations of its population.

Eine politische Kultur ist nicht nur durch gemeinsame normative Verbindlichkeiten gekennzeichnet, die sich auf gesetzliche Grundlagen und gemeinsame Werte beziehen (vgl. Zier 2005: 39). Sie ist vielmehr ein *komplexes Bedeutungssystem von Normen, Werten und Prinzipien*. Dieses System wird auch bestimmt von sozialen Faktoren (vgl. Rohe 1996: 8). Rohe erweitert deswegen den Almond/Verba-Ansatz dahingehend, dass er politische Kultur als die den Einstellungen *zugrundeliegenden* Ordnungsentwürfe definiert, an denen sich politische Agenten orientieren (Rohe 1996: 1):

> In einer ersten Annäherung sollen unter politischer Kultur die für eine soziale Gruppe maßgebenden Grundannahmen über die politische Welt und damit verknüpfte operative Ideen verstanden werden, soweit sie sich mental und/oder habituell auskristallisiert haben. Politische Kultur manifestiert sich mithin einerseits als ‚Weltbild' (Weber, 1988, S. 252), das das politische Denken, andererseits als ‚ungeschriebene Verfassung', die das öffentliche Reden und Handeln der Gruppenmitglieder konditioniert. Insgesamt stellt sie so etwas wie einen mit Sinnbezügen gefüllten politischen Denk-, Handlungs- und Diskursrahmen dar, innerhalb dessen sich das Denken, Handeln und öffentliche Reden politischer Akteure vollzieht.

So ist auch das Parlament ein soziokultureller Raum, der Handlungsspiele „begrenzt und ermöglicht" (Mergel 2002: 83). Der politische Prozess in nationalen Parlamenten reproduziert kulturelle Orientierungen (Zur Reproduktion kultureller Identität vgl. Schmidt 1994: 600).[22] Dabei wird einerseits Komplexität reduziert, da sich z. B. Personen, Ereignisse, Begebenheiten, Zusammenhänge einordnen lassen. Andererseits müssen sich Politiker im Alltag politischer Handlungsspiele in komplexen Umgebungen bewegen.

Die parlamentarische Kultur, die eingebettet ist in die nationale politische Kultur, kann als mehrdimensionaler *Orientierungsraum* beschrieben werden: Die Bevölkerung eines Landes sieht politische Arbeit eher aus einer Außensicht und mit diversen Vorurteilen verhaftet (zu politischen *bias* vgl. z. B. Patzelt 2003), während der Blickwinkel von Berufspolitikern sich durch Erfahrung, Wissen und einen größeren Überblick über politisch relevante Zusammenhänge auszeichnet.

Relevant für kommunikatives Handeln im Parlament ist, welche systemimmanenten und externen Faktoren Plenardebatten *beeinflussen*, wie sich eine Partei innerhalb einer Gesellschaft gegenüber anderen Parteien *positioniert*, wie sie dabei von ihrer potentiellen Wählerschaft *beobachtet* wird und an welchen lebensweltlichen Bedingungen sich Parlamentspolitiker als Vertreter von Parteien in einer zentralen demokratischen Institution *orientieren*. Diese kulturellen Rahmenbedingungen, unter denen komplexe Handlungsspiele im Plenum stattfinden, werden im Folgenden für das deutsche und türkische Parlament umrissen.

---

[22] Schmidts Kulturbegriff korrespondiert mit dem dieser Arbeit zugrundegelegten: Kultur „ist das Programm sozialer (Re-) Konstruktion kollektiven Wissens in/durch kognitiv autonome Individuen" (Schmidt 1997: 178).

3.5.1 Gewicht des Plenums im politischen Prozess

Das Plenum ist ein institutionalisierter Ort der kommunikativen Steuerung anderer politischer Einheiten und wird ebenso selbst durch unterschiedliche politische Akteure beeinflusst. Parlamente sind als Organ der Legislative verfassungsrechtliche *Gegengewichte* der Exekutive und Jurisdiktion.

Für die Exekutive ist das Parlament jedoch nicht nur Gegenspieler, sondern sie braucht die Institution, aus der sie hervorgegangen ist, als stärkendes *internes* Rückgrat. Die Vorgaben, die die Regierung in Form von Gesetzesvorschlägen einbringt, müssen über Mehrheitsbeschlüsse vom Parlament verabschiedet werden. So finden sich Kabinett und Parlament im Plenum im ständigen Spannungsverhältnis zwischen Kooperation und Auseinandersetzung. Hinsichtlich der Regierungsfunktion haben der deutsche Bundeskanzler und der türkische Premier einen vergleichbaren Status, wobei der Kanzler die Richtlinien der Politik festlegt und persönlich dafür verantwortlich ist, während der Premier die Arbeit des Ministerrats beaufsichtigt und mit diesem gemeinsam dafür verantwortlich ist (vgl. Andersen/Woyke 2003: 51 sowie Rumpf/Steinbach 2002: 818f.).

Neben ihrer Funktion als Gegengewichte der Regierung stehen die nationalen Parlamente in historisch entwickelten *externen* Beziehungen zu anderen staatlichen Machtinhabern und nichtstaatlichen Akteuren. Im türkischen System agiert neben der Regierung der Staatspräsident als Gegengewicht. Er beaufsichtigt als „Hüter der Verfassung" die Tätigkeit der legislativen und exekutiven Staatsorgane. Er kann die Verfassungsmäßigkeit von Gesetzen prüfen und diese ggfs. zurückweisen (vgl. Rumpf/Steinbach 2002: 813f.). Je intensiver er von diesem Recht Gebrauch macht, desto mehr stärkt dies seine Kontrollfunktion. Der deutsche Bundespräsident hat im Vergleich zum türkischen Staatspräsidenten vorwiegend repräsentative Funktion. Im Zweikammersystem der BRD agiert jedoch der Bundesrat als Teil der Legislative.

In der Türkei hat bisher auch das Militär – ohne Verankerung in der Verfassung – über den Nationalen Sicherheitsrat am Willensbildungsprozess der Regierung direkt partizipiert (vgl. Riemer 2003: 177). Ihre Legitimation sieht die militärische Elite aufgrund eines breit gefassten Sicherheitsbegriffs und als Wächter der auf den kemalistischen Prinzipien beruhenden Demokratie (vgl. Rumpf/Steinbach 2002: 823). Das Militär genießt großes öffentliches Vertrauen: Bei einer Umfrage des türkischen Industriellen- und Managerverbands Türk Sanayicileri ve Işadamları Derneği (TÜSIAD) 1991 vertrauten 90% dem Militär, weniger als 50% dem parlamentarischen System (Yeşilyurt 2000: 186). Formal ist der Nationale Sicherheitsrat nur ein Beratungsorgan, seine „Empfehlungen" hatten aber generellen Entscheidungscharakter (vgl. Riemer 2003: 177). Kompetenz und Einfluss wurden im August 2003 im 7. EU-Harmonisierungspaket erheblich eingeschränkt (vgl. Kramer 2004: 12). Somit wird insgesamt im türkischen System mehr staatlicher Druck auf das Parlament ausgeübt als im deutschen, in dem die Regierung als Hauptakteur dem Parlament gegenübersteht. Zu den wichtigsten nichtstaatlichen Akteuren zählen organisierte Interessengruppen. Sie beeinflussen die Ausschuss- bzw. Kommissionsarbeit, die der Arbeit im Plenum direkt vor- und nachgelagert ist. Verbände mit „akkreditiertem Status" beeinflussen über das sogenannte „Lobbying"[23] das Entscheidungsverhalten von Parlamentariern, indem sie sich für ihre Interessen einsetzen. Deren Einfluss im Deutschen Bundestag ist mit dem in der Großen Nationalversammlung vergleichbar. Spitzenverbände, Unternehmerorganisationen usw. setzen als spezialisierte Organisationen ihre Ressourcen (Produktivvermögen, Handlungsautonomie, Sachverstand, Artikulationsmöglichkeiten) ein.

Direkte Lobbyarbeit machen die Interessenvertreter in institutionalisierter Form in öffentlichen Anhörungen. Zum jeweiligen Thema werden hier von Parlamentsmitgliedern nach dem „Betroffenheits-Prinzip" (Kißler 1992: 25) Experten aus den jeweiligen Verbänden bzw. Organisationen zur Aussprache und Beratung eingeladen. Verbände mit „marginalem Status" agieren extern im Bereich der Medienöffentlichkeit (vgl. Winter 1997: 354). Zu den institutionalisierten Einflussformen zählen förmliche Kontakte der Verbände zu Abgeordneten und Mitwirkungsmöglichkeiten bei der Kandidatenaufstellung (vgl. Kißler 1992: 26). Aufgrund des großen Gewichts von Verbänden im Parlament findet nach Meinung der Politikwissenschaft die Willensbildung und Entscheidungsfindung der parlamentarischen Funktionsträger organisatorisch „in den Arbeitskreisen der Fraktionen, den Fraktionsvollversammlungen und den Ausschusssitzungen" statt (Patzelt 2003: 69). Oberreuter bewertet die Ausschussarbeit nicht nur als Vorbereitung, sondern als eigentlicher Ort von Argumentationen und Entscheidungen (Oberreuter 1997: 78):

> Tatsächlich aber wird sie dort so weitgehend vorweggenommen, daß sich das Plenum in der Regel mit der Notifizierung der Ausschußergebnisse begnügt. Dadurch wird nicht nur der quantitativ größte und argumentations- wie entscheidungsträchtigste Teil der Parlamentsarbeit der Öffentlichkeit entzogen; eine ganz erhebliche Anzahl legislativer Materien erfährt darüber hinaus keine öffentliche Erörterung, denn das Plenum begnügt sich im allgemeinen ohne Debatte mit der Abstimmung über die Ausschussvorlage.

Aus institutionell-organisatorischen Gründen werden für den Plenarsaal demnach Themen so aufbereitet bzw. nur solche Themen debattiert, die öffentlich vermittelbar sind. Die damit einhergehende Reduktion der Komplexität der Weltausschnitte wird durch die Beobachtung des politischen Prozesses durch die Mas-

---

[23] Als klassischer Lobbyismus gilt die organisierte „Druckausübung durch öffentlichkeitswirksame Aktionen und persönliche Beeinflussung" (Winter 1997: 353).

senmedien weiter verstärkt. Diese sind „zu Instrumenten der Wirklichkeitskonstruktion geworden" (Schmidt 1994: 14), die politische Sachverhalte entsprechend ihrer eigenen Interessen öffentlich machen. Ihr Einfluss in Industriegesellschaften ist mittlerweile so bedeutend, dass wir es mit Gesellschaften zu tun haben, „in der die Menschen Wirklichkeit zum größten Teil durch Massenmedien wahrnehmen und erfahren" (Choi 1995: 44).

Deutschland und die Türkei können als *Mediengesellschaften* bezeichnet werden, wobei in Deutschland ein breiteres Nutzungsspektrum von Medien in der Bevölkerung anzunehmen ist. Um die politische Willensbildung zu beeinflussen, benötigen sowohl das politische als auch das Mediensystem die *Öffentlichkeit* als Forum, in dem sie ihre Ziele realisieren können. Aufgrund dieser Interessenaffinität[24] sind beide Bereiche eng miteinander verwoben (vgl. Choi 1995). Massenmedien bestimmen entscheidend mit, welche politischen Inhalte im Vordergrund stehen (vgl. auch Kißler 1992: 9). Da Presse, Fernsehen, Internet usw. aus der Vielfalt der Interessen und Meinungen innerhalb einer Gesellschaft auswählen und diese als Themen vorstrukturieren, „werden die politischen Entscheidungsprozesse von ihnen nicht nur beeinflußt, sondern sogar erst *ermöglicht*." (Wolf 1998: 115; Hervorh. i. Original).

Politik passt sich Medienzwängen an. So spielt für Parlamentarier eine große Rolle, was vom Plenargeschehen in der Presse und in Rundfunk und Fernsehen veröffentlicht wird. Dem eigentlichen politischen Handeln wird nach außen hin eine inszenierte politische Wirklichkeit entgegengestellt. Zunehmende Verflechtungen politischer Zusammenhänge und Komplexitätsreduktion auf Seiten der Medien und Politik haben zur Folge, dass sich der Abgrund zwischen eigentlichem politischen Handeln und der Darstellung in den Medien vertieft (Tenscher 1998: 186):

> Da nun aber für die große Mehrheit der Bevölkerung Politik in ihrer ganzen Komplexität nicht direkt erfahrbar ist, wird, von der Öffentlichkeit meist unbemerkt, die mediengerechte Darstellung von Politik in Form von Ritualen, Stereotypen, Symbolen und geläufigen Denkschemata zur allgemein akzeptierten Vorstellung von 'politischer Wirklichkeit': Während die Inszenierung von Politik für das Publikum zur politischen Realität wird, bleibt das politische Handeln 'hinter der Medienbühne' aber weitestgehend im Dunkeln.

Öffentliche Argumentationen werden auf mediale Verwertbarkeit hin gestaltet. Medien selektieren rhetorische Fragmente und strukturieren und bewerten diese ihrer eigenen Vermittlungslogik entsprechend neu – vor allem unter Sensations- und Neuigkeitsaspekten (vgl. Früh 1994: 57). Über die Medienvermittlung ist die

---

[24] D. h., Medien und Politik, betrachtet als kollektive und individuelle Akteure im Gesellschaftssystem, benötigen beide Öffentlichkeit, um ihre Interessen durchzusetzen, und sie realisieren ihre Ziele generell am besten durch Kooperation.

Wirkung einer Rede jedoch schlechter zu steuern, denn der Redner kann die über Medien teilnehmende Öffentlichkeit schlechter einschätzen als das Plenum.

3.5.2 Positionierung der Parteien innerhalb nationaler Ideologien

Parteiliche Überzeugungen orientieren sich an nationalstaatlichen Ideologien, an deren Spitze die demokratische Vorstellung der „Herrschaft aller" bzw. der Volkssouveränität steht und die darüber hinaus vor allem durch das Demokratieverständnis und Menschenbild charakterisiert sind. Demokratische Parteien nehmen eine *kollektive Identität* an, indem ihre Mitglieder sich an eine gemeinsame Weltsicht binden, die demokratischen Vorstellungen entspricht. Mit dem Anspruch auf langfristige und überindividuelle Geltung beruhen parteiliche Weltsichten als *komplexe Überzeugungssysteme* auf politischen Grundideen, Traditionen und Wertvorstellungen (z. B. Familie, Freiheit, Sicherheit, Religion), an die ihre Mitglieder und Wählerschaften glauben.

Politiker *identifizieren sich* mit der Weltsicht ihrer Partei. Sie nutzen deren Programm als Leitlinie für ihr Handeln und artikulieren öffentlich die Werte, die als besonders wichtig erachtet werden[25]. So legen Grundsatzprogramme politische Standpunkte zu den wichtigsten Problemen der Gesellschaft dar, die auf der Weltsicht der jeweiligen Partei basieren (vgl. Olzog/Liese 1988: 11). Die Bundesrepublik Deutschland und die Türkische Republik haben in ihrer Geschichte zwei unterschiedliche *nationalstaatliche Ideologien* entwickelt. Diese differieren vor allem in der Frage der Autonomie des Individuums und der Autorität des Staates.

Das deutsche Verständnis demokratisch legitimierter staatlicher Macht zeichnet sich als Folge der Erfahrungen mit dem Nationalsozialismus durch das grundlegende Prinzip des *geschützten Individuums* aus:

Das moralische Prinzip, dass kein Interesse im Staat höher stehen darf als die Menschenwürde, ist einer der obersten Grundsätze. Auf diesem Leitgedanken beruht in der Bundesrepublik Deutschland Artikel 1,1 des Grundgesetzes: „Die Würde des Menschen ist unantastbar. Sie zu achten und zu schützen ist Verpflichtung aller staatlichen Gewalt." Freiheit und Autonomie des Einzelnen werden besonders geschützt, der Rechtsstaat achtet die Menschenrechte, Persönlichkeits- und Freiheitsrechte (vgl. Pilz/Ortwein 2000: 13). Nach dem Prinzip der Sozialstaatlichkeit (vgl. Pilz/Ortwein 2000: 94) ist die deutsche Verfassung gemeinwohl-, gleichheits- und gerechtigkeitsorientiert. Der Mensch entfaltet seine Individualität im Staat als politisch urteilsfähige und verantwortungsbewusste

---

[25] Es geht im Rahmen der Fragestellung der vorliegenden Arbeit darum, dass diese Werte die politische Rhetorik prägen, nicht, wie diese Werte tatsächlich in einer Demokratie umgesetzt werden.

„demokratische Persönlichkeit" (Bergem 2003: 30). Deutschland ist eine christlich geprägte Nation, das Gewicht traditioneller Werte hat sich in der säkularisierten und individualisierten deutschen Gesellschaft jedoch vermindert (vgl. Cho 2005: 37). Das Verhältnis gesellschaftlicher Werte wie *Arbeit* und *Wohlstand* und religiöser Werte wie *Nächstenliebe* ist Teil des politischen Diskurses. Allgemein leiten die christlichen Volksparteien das politische Prinzip der Solidarität vom Gebot der Nächstenliebe ab, während die Sozialdemokraten dasselbe Prinzip traditionell als Zusammengehörigkeitsgefühl durch die Lebensform der Arbeitnehmerschaft begründen.

Demgegenüber ist die türkische Auffassung der Legitimation staatlicher Macht durch das Prinzip der *geschützten Demokratie* zu beschreiben: So lautet der erste Artikel der Verfassung: „Türkiye Devleti bir Cumhuriyettir." (dt. „Der türkische Staat ist eine Republik.") Freiheit und Autonomie des Individuums sind der Würde und Einheit des Nationalstaats untergeordnet. Bürgerliche Grundrechte können zum Schutz des territorialen Zusammenhalts, der Unabhängigkeit der Nation, der Demokratie und des Laizismus eingeschränkt werden (vgl. Rumpf/Steinbach 2002: 810). Wenn individuelle oder kollektive Antriebe nicht mit nationalen Interessen übereinstimmen, sieht der Staat diese als latente Gefahr für die nationale Demokratie an. Die Vorrangstellung nationaler Ehre hat eine sehr starke historische Legitimation. Sie wurzelt in der historischen Erfahrung des türkischen Unabhängigkeitskrieges und im Gründungsmythos der Republik.

Hier wirkt auch die Modernisierungsideologie des Staatsgründers Mustafa Kemal Atatürk fort, die u. a. ihre Wurzeln in der osmanischen Vorstellung des sog. „starken Staates" hat: „Der Staat und seine Interessen wurden im Osmanischen Reich über das Individuum und seine Interessen gestellt. Die Republik erbte dieses strenge politische Institutionalisierungsmodell und führte es fort." (Yeşilyurt 2000: 184f.; vgl. auch Canefe/Bora 2003: 130). Die kemalistischen Grundprinzipien des Laizismus sowie des Nationalismus sind in diesem Zusammenhang von besonderer Bedeutung. Der *Laizismus* (laiklik) beruht auf der strengen Trennung religiöser und staatlicher Angelegenheiten und findet u. a. seinen Ausdruck im europäisch orientierten Rechtssystem (vgl. Rumpf/Steinbach 2002: 838). Parteien und Vereine dürfen keine religiösen Zwecke verfolgen (vgl. Tellenbach 2003). Der türkische Laizismus will Säkularisierung nicht dadurch erreichen, dass er die Religion „[...] neben den Staat stellt und beider Verhältnis rechtlich regelt, sondern dadurch, daß er dem Staat das Monopol zur Interpretation der Religion einräumt und das legale religiöse Leben bürokratisiert" (Seufert 2004: 12). Auf der einen Seite prägt der sunnitische Islam die Türkei und gehört zum Kern der nationalen Ideologie des Landes, die türkische Nation wurde „entscheidend durch Religion konstituiert" (Agai 2004: 19). Auf der anderen Seite wird ein Erstarken des politischen Islam als Gefahr für die Verfassung der türkischen Republik gesehen. Aus diesem Grund wird Religion staatlich gelenkt und eine starke Positionierung religiöser Interessen im politischen Raum unterbunden.

Der türkische *Nationalismus* (milliyetcilik) basiert auf der *„Unteilbarkeit von Staatsgebiet und Staatsvolk"* (vgl. Yeşilyurt 2000: 192, Hervorheb. i. O.). Er hat seinen Ursprung in der „Geschlossenheit gegen Imperialismus und Ausbeutung" (Kurt 1989: 190), die als charakteristisch für den nationalen Gründungsgeist der Türkei zwischen den territorialen Ansprüchen der alliierten Mächte im Ersten Weltkrieg gilt. Der zur Staatsideologie erhobene Nationalismus hat in der Entwicklung des politischen Systems der Türkei zu einer defizitären Demokratisierung geführt (vgl. Schröder 2003: 186f.). So wurde die Anerkennung ethnischer Minderheiten als Bedrohung der kulturellen und nationalen Einheit angesehen (vgl. Hale 2003: 116). Die Implementierung des Rechts auf freie Meinungsäußerung, das im Annäherungsprozess an die EU juristisch gestärkt worden ist, bereitet Probleme. Die Beschränkung des Rechts auf freie Meinungsäußerung zugunsten nationaler Ehre zeigte sich besonders deutlich im Prozess gegen den Literaturnobelpreisträger Orhan Pamuk wegen „Herabwürdigung des Türkentums" („Türklüğü alenen asağîlamak", §§ 301 und 305 des türkischen Strafrechts). Der Schriftsteller hatte im Rahmen eines Interviews mit einer Schweizer Zeitung kritische Behauptungen zur Kurdenfrage und zur Frage des türkischen Völkermords an den Armeniern geäußert (vgl. die türkische Tageszeitung *Hürriyet* vom 17.12.2005).

Im Rahmen der Harmonisierungsgesetze erlaubte man hingegen Rundfunk- und Fernsehsendungen in kurdischer Sprache und private Sprachkurse. Damit wurden die kulturellen Rechte der kurdischen Bevölkerung anerkannt, doch der politische Widerstand ist „in weiten Teilen der Staatsbürokratie ungebrochen" (Kramer 2004: 12). Dass Bürgerrechte hinter den stark bürokratisierten Staat treten, zeigen Menschenrechtsverletzungen, die beispielsweise von der internationalen Menschenrechtsorganisation Amnesty International beklagt werden (vgl. Amnesty International 2004). So wurden auch im Jahr der Entscheidung der EU über Beitrittsverhandlungen Misshandlungen und Folter bei Inhaftierten ebenso festgestellt wie unangemessene Polizeibrutalität bei Demonstrationen (vgl. Amnesty International 2004a). Die Verletzungen der Menschenrechte werden als wichtiger Problempunkt bei der Erfüllung der Kopenhagener Kriterien bzw. im Demokratisierungsprozess angesehen.

3.5.3 Die Perspektive der Wählerschaft

Neben den Ansprüchen ihrer Parteien stehen Politiker im Parlament auch denen ihrer Wählerschaft gegenüber: Der *homo oeconomicus*, der sich bei der Auswahl politischer Parteien vor allem an seinem eigenen Vorteil orientiert, hat den sich zur Loyalität verpflichtenden *Parteianhänger* abgelöst. [26] Wähler stimmen für die Partei, von der sie selbst den größten Nutzen erwarten (vgl. Sarcinelli 1987: 62). Für politische Vertreter hat das besondere Konsequenzen: Politische Auseinandersetzungen werden zwar möglichst sachgerecht geführt, als Richtwert hat jedoch die maximale Zustimmung auf Wählerseite erste Priorität gewonnen (vgl. Klein: 1996). Dabei können Politiker in Konflikt mit dem Weltbild ihrer Partei oder mit ihren institutionellen Funktionen kommen.

Die Wählerschaft deutet entstehende Widersprüche zwischen politischem Reden und Handeln als Symptome willkürlicher Machtmaximierung. Politische Rhetorik, die sich auf vorangegangene Intentionen und Entscheidungen hinter den Kulissen bezieht, ist latent verdächtig, über unmoralisches oder im schlimmsten Fall korruptes Verhalten hinweg zu täuschen. Dass Beweggründe von Politikern aufrichtig und gemeinwohlorientiert sind, ist ein politisches Ideal, das aus Sicht der Öffentlichkeit immer wieder versagt. Die Wahrnehmung politischer Wirklichkeit durch die potentielle Wählerschaft ist mit starken negativen Vorbehalten gegenüber der herrschenden politischen Moral belastet. In der Bundesrepublik spiegeln Begriffe wie „Legitimitätskrise", „Politikverdrossenheit", oder „Politikerverdrossenheit" einen „massiven Verlust an Vertrauen und Ansehen" (Huth 2004: 325) wider. Erschwerend auf die öffentliche Wahrnehmung wirkt die komplexe Rollenstruktur politischer Professionen, welche die geforderte parlamentarische Integrität in Frage stellt. Der Vertrauensverlust äußert sich im Entzug politischer Unterstützung.

In der Türkei geht das Misstrauen gegenüber vermuteten geheimen Absichten von Politikern einher mit geringer Akzeptanz der etablierten Parteien durch die Wähler. Die türkische Bevölkerung beurteilt die politische Willensbildung als „klientelistisch geprägten Politikprozeß" (Kramer 2002: 19). Auch die demonstrative Entmachtung von drei Regierungen durch das Militär und die Praxis des Verbots von Parteien mit oppositionellen Weltanschauungen tragen erheblich zum Vertrauensverlust bei (vgl. Seufert 2002: 6). Die Wahl der islamisch orientierten AKP ('Adalet ve Kalkınma Partisi', dt. Partei für Gerechtigkeit und

---

[26] Auf der Annahme, dass alle menschlichen Entscheidungen der rationalen Verfolgung von Eigeninteressen begründet werden können, basiert der *Rational Choice*-Ansatz. Dieser wird aus sozialwissenschaftlicher Perspektive vor allem von den Vertretern des *New Institutionalism* scharf kritisiert, die die Bedeutung traditioneller institutioneller Strukturen für politisches Handeln hervorheben (vgl. Windhoff-Héritier 1991: 31f).

Entwicklung) im Jahr 2002 ist in diesem Zusammenhang als Protest gegen die führenden türkischen Volksparteien gedeutet worden. In beiden Ländern existieren starke negative Vorbehalte *(bias)* gegenüber herrschender politischer Moral. Der *Respekt der Wählerschaft* muss erarbeitet werden, da diese den politischen Angeboten per se mit ablehnender Haltung gegenübersteht. Der Mangel an Respekt wird für den Wähler auch am rhetorischen Verhalten von Politikern deutlich. Die zentralen Eigenschaften politischer Rhetorik – „Politische Sprache in einer Demokratie muß so beschaffen sein, daß sie politische Kompromisse und damit politisches Handeln möglich macht" (Kammerer 1995: 24) – werden von der Bevölkerung als zu vage und deswegen defizitär aufgefasst.[27] Das öffentliche Debattieren wird als Scheinhandeln aufgefasst (vgl. Kilian 1996: 516). Aus diesem Verhältnis resultiert oft ein ambivalentes Verhältnis zwischen Erwartung und Misstrauen gegenüber „Rhetorik als Instrument der Politik" (Kammerer 1995: 17).

3.5.4 Parlamentarische Lebenswelt

Durch ihre institutionelle Funktion teilen Parlamentarier über Parteigrenzen hinweg eine gemeinsame *parlamentarische Identität*, die sie im Spannungsfeld unterschiedlichster Interessen profilieren und dabei ein flexibles Handlungsrepertoire zwischen Beziehungen zu Vorgesetzten, Parteifreunden und in Abgrenzung zum Gegner aufweisen müssen. Mergel (2002: 17) geht davon aus, dass

> unbeschadet politischer Gegensätze, ein Parlament als soziales Kollektiv erscheint, in dem Rollen verteilt, Erwartungen geäußert werden und zu erfüllen sind, Sprachregelungen herrschen, Vorstellungen von Ordnung und angemessenem Betragen ausgehandelt, geteilt und in Frage gestellt werden, ebenso wie Lebensformen sich ähneln.

Parlamentarier sind darauf angewiesen, sich in einem höchst selektiven Umfeld gegen Konkurrenten durchzusetzen. Personen stehen für Parteien, geben politischen Richtungen, Programmen und Meinungen in den Medien ein Gesicht.[28] Für die Medien „müssen Rollen gespielt und Images gepflegt oder entkräftet werden" (Burkhardt 2003: 311).

---

[27] Klein weist darauf hin, dass Politiker demnach permanent unter Verdacht stehen, gegen Grices Konversationsmaximen zu verstoßen, wenn diese als kommunikationsethische Prinzipien betrachtet werden (vgl. 1996: 8).

[28] So ist z. B. das Reformprogramm *Agenda 2010* mit dem politischen Schicksal der Person Gerhard Schröder verbunden. Zu Personalisierungsstrategien vgl. auch Choi 1995: 96.

Der Aufbau eines politischen Images[29] ist eine der grundlegenden Strategien, die sich in Deutschland und der Türkei an amerikanische Verhältnisse anpasst. Dazu werden zunehmend Politikberater für die Ausarbeitung politischer Strategien und die Optimierung des öffentlichen Auftretens engagiert (vgl. Kammerer 1995: 19). Für den Politiker ist ausschlaggebend, welche seiner persönlichen Eigenschaften er zum größtmöglichen Gewinn für sich nutzen kann und welche er in den Hintergrund treten lässt.

Politische Rollen sind hart umkämpfte *Machtpositionen*: Auf den oberen Ebenen von Partei-, Verbands-, und Unternehmenshierarchien werden einflussreiche Verbündete und Freunde gewonnen und Beziehungen gepflegt. Gleichzeitig wird der Stellvertreter der politischen Basis in den Wahlkreisen (Wolf 1998: 110)

> mit massiven Erwartungen und Forderungen seiner Klientel konfrontiert, deren Meinungen und Partikularinteressen er zu politischen Themen erheben und in die politischen Entscheidungsinstanzen vermitteln soll.

Abgeordnete sind demnach in hohem Maße auf die *Wertschätzung* ihrer Wähler, Interessenklientel und politischen Gegner angewiesen. Dieser Anspruch steigt, sobald sich Abgeordnete aus der Funktion der parlamentarischen Machtbasis in übergeordnete politische Rollen vorarbeiten. Die parteiintern demokratischen bis oligarchischen Strukturen verfestigen sich im Parlament in eine vielfältig strukturierte soziale Hierarchie vom Politstar zum Hinterbänkler. Dies spiegelt sich in der Sitzverteilung des Parlaments wider: einflussreiche Politiker, Parteiautoritäten und Vorsitzende sitzen am Kopf des Plenums[30].

Die zunehmende Komplexität der institutionellen Rollen eines Parlamentariers geht einher mit einer zunehmenden Professionalisierung des Berufsstands (Kißler 1992: 36):

> Die dem Berufspolitiker zugeschriebene Managerauffassung von Politik und ein gruppenspezifischer Korpsgeist führen zu forcierter Arbeitsteilung, Bürokratisierung und Hierarchisierung des parlamentarischen Prozesses.

Die Übernahme von Rollenkomplexen begünstigt im parlamentarischen Bereich gruppenübergreifende formelle und informelle Netzwerke zwischen Politikern und gesellschaftlichen Gruppen. (vgl. König 1992: 41). Die für die politischen Ressorts zuständigen parlamentarischen Ausschüsse sind die Knotenpunkte der

---

[29] „Images sind als subjektive Konstruktionen anzusprechen, die der Mensch sich vor allem für all solche Objekte erzeugt, über die er kein direkt zugängliches Wissen, keine unmittelbare bzw. eine zu geringe Erfahrung verfügt, um sich ein konkretes 'Bild zu machen'" (Merten/Westerbarkey 1994: 206).
[30] Die räumliche Position bietet insbesondere im Deutschen Bundestag einen weiteren strategischen Vorteil: Die Zwischenrufe der VorderbänklerInnen werden von den Stenographen prinzipiell leichter erfasst (vgl. Burkhardt 2004: 158f.).

parteiübergreifenden Netzwerk-Arbeit im Parlament. Politiker bauen über persönliche Kontakte auch zahlreiche informelle Bindungen bzw. „underlying networks" (Schenk 1984: 8) auf. Der Aufbau und Unterhalt von Kommunikationsbeziehungen zu Interessenvertretern, insbesondere von Medienkontakten, gehört zum Kernbereich des Rollenverständnisses von Parlamentariern (vgl. Kißler 1992: 29). Der Kontakt zu Verbänden gestaltet sich vor allem über die programmatische bzw. traditionelle Nähe zur Parteizugehörigkeit (Kißler 1992: 29)[31]. Das „Wurzelwerk der Parlamente" (Patzelt/Algasinger 2001: 527) sind die Schnittstellen, die Politiker zur Gesellschaft im Rahmen ihrer Arbeit im Wahlkreis und im Parlament schaffen. Die Lebenswelt der Bürger erreichen sie auch über professionelle Kommunikationsstrukturen, die sie vor allem im eigenen parteipolitischen Bereich unterhalten (vgl. Patzelt/Algasinger 2001: 513). Soziale Vernetzung, Rollenkomplexe und Hierarchien machen die parlamentarische Rede zur rhetorischen Geschicklichkeitsprobe: Der Auftritt ist Profilierungs- und Aufstiegschance, birgt jedoch auch das Risiko des Misserfolgs und Imageverlustes.

3.5.5 Zwischenfazit

Insgesamt zeigt der Blick auf die Dimensionen politischer Kultur im parlamentarischen Rahmen, dass Kommunikation hier charakterisiert ist durch das besondere Spannungsverhältnis von *Macht und Respekt:* Politische Akteure brauchen das Wissen um interne und externe Machtkonstellationen um die Bedeutung von Subjekten und Ereignissen gewichten zu können. Symbolische Bedeutungen von Äußerungen und Handlungen werden innerhalb nationaler Ideologien eingeordnet und eingegrenzt. Um rhetorisch erfolgreich zu sein muss der Transfer zwischen politischem Diskurs und Konkurrenzkampf geschickt vollzogen werden. Der Respekt vor der Institution und ihren Mitgliedern ebenso wie vor der Wählerschaft ist dabei unerlässlich, da nur auf diese Weise die notwendigen Verfahren ermöglicht werden.

An den sozialen Prinzipien von Macht und Respekt orientieren sich sowohl politische Individuen als auch Kollektive. Eine der wichtigsten Einheiten parlamentarischer Kultur, in der politische Parteien und ihre Vertreter um politische

---

[31] „So pflegen die Abgeordneten der CDU/CSU-Fraktion insbesondere Kontakte zu Unternehmer- und Arbeitgeberverbänden (bei der CSU stehen an erster Stelle jedoch soziale und kulturelle Organisationen). Ähnlich ist das Bild bei der FDP, anders jedoch bei den Abgeordneten der SPD-Fraktion. Deren bevorzugte Kontaktpersonen finden sich im Bereich sozialer und kultureller Organisationen, in den Gewerkschaften und in den Betriebsräten großer Wirtschaftsunternehmen. Spezialisierter erscheint dagegen das Kontaktprofil der GRÜNEN. Hier rangieren Bürgerinitiativen vor sozialen und kulturellen Organisationen, gefolgt von der Wissenschaft." (Kißler 1992: 29)

Macht ringen, ist die parlamentarische Debatte. Hier teilen sich die Anwesenden neben dem Kampf um die Durchsetzung von Interessen und die Einnahme politischer Rollen auch eine gemeinsame Identität als Mitglieder des Parlaments. Hier zeigt sich der Staat als Mit- und Gegenspieler des Parlaments in der Funktion der Regierung. Ebenso werden hier die Positionen der Parteien im Rahmen der nationalen Ideologie bekundet, die Durchsetzung ihrer Interessen gefördert oder blockiert. Hier sind die Wählenden und politisch wichtige Akteure aus der Gesellschaft als unsichtbares Publikum und kritische Beobachter zugegen. Die Debatte wird im nächsten Kapitel zunächst im institutionellen Zusammenhang formal definiert, bevor ihre funktionalen Besonderheiten als *komplexes Handlungsspiel* herausgearbeitet werden.

4 Die parlamentarische Debatte als komplexes Handlungsspiel

4.1 Der formale Rahmen

Parlamentarische Debatten sind eine institutionell geprägte Argumentationsform. Formal zeichnet sie ihre rigide Struktur aus. Initiiert werden sie durch Anträge von Parlamentsmitgliedern oder durch Regierungserklärungen, die sich auf politische Handlungsbereiche beziehen. In den Plenarsitzungen werden daraufhin diese Weltausschnitte in einer festgelegten Abfolge von Reden verhandelt. Die Debatte mündet in eine Abstimmung oder in eine Rücküberweisung in Ausschüsse zur weiteren Bearbeitung. Dabei ist eine *Debatte* nach Meyers Großem Konversationslexikon von 1908 (559) formal definiert als

> mündliche Beratung in geordneter Rede und Gegenrede; daher debattieren, einen Gegenstand in geordnetem Verfahren mündlich erörtern. Der Ausdruck D. wird besonders von den Verhandlungen in parlamentarischen Körperschaften, Gemeindevertretungen, öffentlichen Versammlungen und Sitzungen von Kollegien gebraucht.

Sowohl im türkischen als auch im deutschen Parlament finden sich im institutionellen Sprachgebrauch vor allem Bezeichnungen, die diese Handlungsform als *Kundgebungsverfahren* definieren. In der 2005er Geschäftsordnung des Bundestages werden statt „Debatte" die Begriffe „Beratung" und „Aussprache" verwendet. Der Begriff „Aussprache" bezeichnet nur sehr vage das Verfahren als „mündliche Verhandlung von Beratungsgegenständen" (Röhring/Sontheimer 1970: 46). Auch in der in ihrer institutionellen Funktion äquivalenten Geschäftsordnung bzw. „Içtüzük" der Nationalversammlung (Türkiye Büyük Millet Meclisi 1973) wird mit dem Lexem „konuşmalar" (dt. „Reden") darauf verwiesen, dass es um die öffentliche Äußerung von Positionsbekundungen geht.

Die einzelnen Debattenbeiträge sind als Reden formal *monologisch* strukturiert, d. h. im Verlauf der Debatte steht der mündliche Vortrag im Zentrum. Die Reden werden generell abgelesen und sind – oftmals in Zusammenarbeit mit professionellen Redenschreibern – sehr intensiv vorbereitet und rhetorisch optimiert worden.[32] Die globale Abfolge der Reden wird über die institutionellen Rollen der Redner festgelegt und auf Rednerlisten festgeschrieben. Die Organisation des *Ablaufs* und die Worterteilung bzw. Abfolge des *turn-takings* obliegt dem Parlamentspräsidenten, d. h. er ist die einzige Person, die in die Debatte direkt intervenieren darf. Eine spontane Redeübernahme durch Mitglieder des Parlamentes ist nur nach Worterteilung durch den Parlamentspräsidenten erlaubt (vgl. § 27 der Geschäftsordnung des Deutschen Bundestages von 2005 sowie § 60 der Geschäftsordnung der Großen Nationalversammlung von 1973).

Jederzeit möglich ist jedoch der *Switch* von der Monologsituation zu Interaktionen zwischen den anwesenden Angehörigen der Legislative und Exekutive (vgl. Kap. 4.2). Die *Redesituation* ist gekennzeichnet durch die direkte Anwesenheit des parlamentarischen Publikums, d. h. der Politiker der eigenen Reihen, der Gegnerfraktionen sowie durch die direkte und mediale Präsenz der Öffentlichkeit. Obwohl sie sich an die Öffentlichkeit richten, werden die Debatten geschlossen realisiert, so dass die Bürger als Dritte sich nicht als konstituierenden Faktor ansehen. Die formalen Bedingungen für die Debatten sind eng gesteckt: Der monologische Aufbau ist zunächst gekennzeichnet durch direkte Ansprache des Plenums und festgelegte Rednerrollen. Somit ist an der Oberfläche ein öffentliches Verfahren des *kritischen Meinungsaustausches* zu beobachten: Es beinhaltet neben der Kundgebung der eigenen Meinung die kritische Analyse der Positionen der anderen bzw. die Suche nach *Fehlern*. Der rationale Diskurs im Plenum bietet eine Plattform für komplexe Handlungsspiele mit dialogischer Funktion, die argumentativen Strukturen folgen und rhetorisch darauf abzielen, dass sich Parteien und politische Persönlichkeiten vor der Öffentlichkeit behaupten.

4.2 Konstitutive Prinzipien

> Das Dialogische gehört zu den existenziellen Bedingungen der parlamentarischen Rede. (Grünert 1974: 18)

Die parlamentarische Debatte ist aufgrund der Anzahl der Teilnehmenden im Plenum und ihren Beziehungen zur beobachtenden Öffentlichkeit als *komplexes Handlungsspiel* einzuordnen, das durch die Grundkonstellation von *Position – Gegenposition* dialogisch strukturiert ist. Im Folgenden ist der Frage nachzuge-

---

[32] „An sehr wichtigen Reden feilen ganze Teams manchmal mehrere Tage oder Wochen", berichtet Michael Borchard, u. a. als Redenschreiber für Bernhard Vogel tätig, in einem Interview mit der Zeit. Vgl. *Zeit Chancen. Studium und Karriere.*; Nr. 18, April 2005.

hen, was die dialogische Interaktion *der Parteien* in der parlamentarischen Debatte unter der formalen Oberfläche des kritischen Meinungsaustausches auszeichnet und welche Funktionen verbale und nonverbale Mittel hier erfüllen.
Initiiert wird eine Debatte dadurch, dass entweder aus den Reihen der Regierung
oder der Opposition mit einer Positionsbekundung eine parlamentarisch vorherr-
schende Weltsicht bekräftigt oder mit einer Gegenpositionierung eine bisher vor-
herrschende Weltsicht kritisiert wird.

Nach dem *Handlungsprinzip* ist der übergeordnete Zweck der dialogischen
Handlungen der Fraktionen, diejenige politische Position durchzusetzen, die *für
die Interessen der Partei* von Vorteil ist. Diese Position ist zunächst ein an das
Plenum und die Öffentlichkeit gerichteter übergeordneter *Wahrheitsanspruch*.
Ein Redner versucht, im Rahmen der Debatte so effektiv wie möglich auf das
Parlament oder die Regierung bzw. auf die Öffentlichkeit einzuwirken. Der
übergeordnete Zweck ist der größtmögliche Gewinn von Zustimmung. Aufgrund
der monologischen Redesituation kann der Redner zunächst eine komplexe Argumentationsstruktur aufbauen. Die von ihm ausgewählten sequenzabhängigen
Repräsentative können von untergeordneten Argumenten gestützt werden. Nach
dem *Dialogischen Prinzip* steht die Position einer Partei dabei immer in Beziehung zu den Wahrheitsansprüchen konkurrierender Parteien, meistens, indem sie
deren Geltung zurückweist.

Verständigungsorientiertes *Überzeugen der Anderen* ist hier der vordergr-
ündige interaktive Zweck des Handlungsspiels. Von den eigenen Reihen im
Plenum wird ohnehin erwartet, dass sie die Wahrheitsansprüche übernehmen
(+AKZEPTIEREN), da sie aufgrund der Zugehörigkeit zur selben Partei im Wesentlichen eine identische Weltsicht vertreten.

Im Gegensatz dazu wird von den Anderen erwartet, dass sie die vorgebrachten Wahrheitsansprüche zurückweisen (–AKZEPTIEREN) und Gegenargumente
geben. *Kohärenz* wird hier nur *vordergründig* durch den interaktiven Versuch
gestiftet, eine rational nachvollziehbare Argumentation aufzubauen und die
Weltsichten der anderen Parteien zu verstehen und kritisch zu durchleuchten.
Den Zusammenhang eingesetzter verbaler und nonverbaler Mittel stiftet vielmehr der Versuch ihre Interessen durchzusetzen. Da dieser Durchsetzungsdruck
nicht nur auf dem Vortragenden, sondern auch auf den Zuhörenden lastet, nutzen
diese die Chancen, den rednerischen Monolog in einen Dialog zu transformieren.
Dabei fassen sie die Argumente als relativ autonome repräsentative Sprechakte
auf und reagieren mit der Zurückweisung ihrer Geltung innerhalb der institutionell gegebenen Möglichkeiten. Dies ermöglicht die Initiierung dialogischer
Interaktionen, die den Ablauf einer Rede unterbrechen.

4.3 Macht und Respekt als primäre Regulative

Die Debatte als Plattform der Darstellung und Korrektur politischer Standpunkte
unterliegt einem ständigen Transformationsdruck: Aus der Perspektive des Parlamentariers ist das Ziel, eine Position mit Hilfe kommunikativer Mittel so durchzusetzen, dass sich Person und Partei vor der Öffentlichkeit als *bestmögliche
Wahlalternative* präsentieren. Die Funktion sprachlicher Handlungen im Plenum
ist demnach *nicht* Verständigung durch *Überzeugen*, sondern effektive Durchsetzung der Parteiinteressen zur eigenen Selbstbehauptung durch persuasives *Überreden*.[33]
      Nach dem regulativen Prinzip der Rhetorik unterliegt rhetorischen Mitteln
und Techniken in einer parlamentarischen Rede *Persuasion* als *interessenorientierter Versuch der Einflussnahme auf das Plenum und die Öffentlichkeit*. Über
die Steigerung der öffentlichen Zustimmung bzw. der positiven Akzeptanz der
eigenen Position gewinnt eine Partei an Macht bzw. an Möglichkeiten der Einflussnahme.
      Den divergierenden Positionen der Fraktionen im argumentativen Hand-
lungsspiel *Parlamentsdebatte* unterliegt demnach ein Interessenkonflikt:

Abbildung 11:   Parteienkonflikt

Partei x (Ego) → *Macht* ← Partei y (Alter Ego)

INT x → *unvereinbar* ← INT y

Die *Transformation* vom kritischen Meinungsaustausch zum persuasiven Diskurs beruht auf dem Machtkampf der Parteien und ihrer Vertreter, der einen
intensiven Durchsetzungsdruck verursacht: Das Plenum, das in seiner Zusam-
mensetzung das Ergebnis eines *vorangehenden* Kampfes um gesellschaftliche
Zustimmung repräsentiert, gibt *gegenwärtigen* Fraktionen einen öffentlichen
Raum zur *Ausübung* gegenwärtiger Macht und zum gleichzeitigen Kampf um
zukünftige Macht. Es ist nur eine Konfliktlösung als *Win-Lose-Situation* realisierbar, d.h. es ist nicht möglich, dass alle Parteien gleichermaßen Macht ausüben oder in Zukunft ausüben werden.

---

[33] Dass es um die kämpferische Durchsetzung von Interessen geht, zeigt auch der historische Ursprung des Wortes Debatte. „Débattre" bedeutet im Französischen „streiten, erörtern, lebhaft bespre-
chen", es ist zusammengesetzt aus dé- (aus lat. dis-) „auseinander" und battre (aus lat. battuere)
„schlagen". „Débattre sur un sujet" bedeutet „eine lebhafte Auseinandersetzung über ein Thema
führen / ein Thema hart diskutieren". In diesem Sinn kann die Debatte definiert werden als „der
organisierte Redekampf" (Burkhardt 2003: 274). Im Türkischen wird das Wort „tartışma" verwendet,
das ebenfalls mit „Auseinandersetzung" übersetzt wird.

Der Machtgewinn bzw. die *Selbststärkung* einer Partei, also die reale und potentielle Zustimmung bei der Wählerschaft und in unterstützenden Netzwerken (wie organisierten Interessenvertretern usw.) geht zulasten der Selbstbehauptung der anderen Parteien. Der Partei, die im Besitz von Macht ist, müssen die anderen Parteien Respekt entgegenbringen[34]. Der Regierungsanspruch bringt einer Partei somit einen *großen Vorteil* bei der Einflussnahme ein, während er gleichzeitig die Handlungsfreiheit oppositioneller Parteien einschränkt und diese benachteiligt. Somit geht es in einer Debatte für jede Partei darum, ihre kommunikativen Handlungsmöglichkeiten auszuschöpfen, Zustimmung zu ihren eigenen Positionsbekundungen zu erreichen und die Handlungsspielräume der anderen Parteien so weit wie möglich zu minimieren.

Da der Vorrang rhetorischer Effektivität Druck auf alle anderen regulativen Prinzipien ausübt, werden *alle kommunikativen Mittel instrumentalisiert.* D. h. alle verbalen Mittel wie Argumente, rhetorische Figuren oder grammatische Besonderheiten und alle nonverbalen Mittel wie Rationalität, Emotionen oder Höflichkeit werden innerhalb rhetorischer Strategien *zu rhetorischen Mitteln.* Priorität hat der möglichst effektive Gebrauch kommunikativer Mittel als Waffen im Interessenkonflikt. Aufgrund des systematisch integrierten rhetorischen Konfliktes (alle Beteiligten müssen größtmögliche rhetorische Effektivität anstreben) ist der Entscheidungsprozess im Parlament potentiell gefährdet, beispielsweise durch Eskalation oder Dialogabbruch durch demonstratives Verlassen des Plenarsaals.

Der *parlamentarische Respekt* ist das institutionelle Gegengewicht zu diesem Antagonismus der Parteien. Er wird festgehalten in formellen und informellen Verhaltenskodizes und ist verkörpert in der institutionellen Rolle des Parlamentspräsidenten. Als normatives Prinzip grenzt Respekt den Handlungsspielraum der Kommunikationspartner über die Disqualifikation von Schädigungen durch sprachliche Handlungen ein. Die Achtung des Gegners, der selbst ein Teil des Parlaments ist, spiegelt auch die Wertschätzung des gemeinsamen parlamentarischen Orientierungsraumes wider.

4.4 Handlungsspielspezifische exekutive Prinzipien

In komplexen Argumentationen im Plenum ist die Ausführung kommunikativer Strategien von den Bedingungen im Parlament abhängig. Sie folgt exekutiven Prinzipien, die auf das Prinzip der Rhetorik zurückführbar sind (vgl. Kap. 4.3).

---

[34] Auch Koalitionen entstehen durch kongruente Selbstbehauptungsinteressen und dienen der Machtmaximierung der beteiligten Parteien.

Sie beschreiben, *wie* Politiker in einem nationalen Parlament die Interessen ihrer Partei durchsetzen, genauer, wie sie *rhetorisch* ihre eigene Position stärken bzw. andere Positionen schwächen und wie der *Respekt,* der dabei dem Parlament als Institution und den Parteien und Antagonisten als Teilen dieses Parlaments entgegengebracht wird, die Rhetorik beeinflusst. Anhand dieser Prinzipien können sprachliche und kulturelle Gemeinsamkeiten und Unterschiede in der Analyse herausgearbeitet werden.

4.4.1 Interessenorientierte Schematisierung

Als argumentatives Prinzip spielt die interessenorientierte Nutzung rationaler Schematisierungen wie Einordnungen, Vergleiche, Gegensätze und Verhältnisse eine wesentliche Rolle. Auf Grundlage dieser kognitiven S*chemata* stärken die Argumente die Position (vgl. Kap. 3.1.2). Sie folgen zwar einer logischen Grundlage, da die Schlüsse sonst nicht nachvollzogen werden können, sie werden jedoch von den Debattenteilnehmern so ausgewählt und in das Handlungsspiel eingebracht, dass die Partei ihre Weltsicht durchsetzen kann. Ihre Auswahl ist demnach nicht nur logisch begründet, sondern bezieht sich auf parteiliche Ideologien, Traditionen und Erfahrungen. Für den Weltausschnitt „Geplanter EU-Beitritt der Türkei" kann je nach Perspektive z. B. das Prinzip der Gerechtigkeit höher bewertet werden als das der Ähnlichkeit, wenn eine Partei die Beitrittsbemühungen des Landes höheren Wert beimisst als dessen kulturellen Unterschieden.

Der CDU-Politiker Wolfgang Schäuble trug im Rahmen seiner im analytischen Teil dieser Arbeit (ab Kapitel 5) genauer untersuchten Rede das Argument vor, „Russland gehört übrigens zu einem größeren Teil zu Europa und gewiss in einem größeren Maße zur europäischen Geschichte" (WS[35] 158ff). Dieser Repräsentativ zieht einen *Vergleich* zwischen der Türkei und Russland und basiert auf dem Schlussprinzip des *Mehr oder Minder*: Wenn die Türkei zu Europa gehört, dann gehört Russland *viel mehr* zu Europa. Schäuble bewegt sich bei der Nutzung dieses Schemas im Spannungsfeld zwischen Rhetorik und Respekt: Der Politiker spricht die geographische und geschichtliche Dimension an (die Zugehörigkeit Russlands zum europäischen Kontinent ist z. B. prozentual höher als die der Türkei), expliziert jedoch nicht die religiöse Dimension. Eine der Türkei fehlende Eigenschaft, die Russland eindeutig näher an die europäische Identität

---

[35] In den Transkriptionen der für diese Arbeit verwendeten Debatten werden zur Kennzeichnung der Redner Siglen verwendet. Die Transkriptionen sowie das vollständige Rednerverzeichnis stehen unter www.vs-verlag.de zum Download bereit. Zur leichteren Handhabung wurde jede herangezogene Rede jeweils für sich zeilenweise nummeriert (vgl. Kapitel 5.1.1).

heranrückt, ist die christliche Identität. Die Wahrung dieser Identität gehört zu den programmatisch festgelegten Interessen der Christlich Demokratischen Union und ihrer konservativ geprägten Wählerschaft. Diese Eigenschaft kann jedoch nur kognitiv erschlossen werden. Schäuble expliziert nicht, weshalb das Land mehr zum europäischen Kontinent zu rechnen ist als sein Nachbar, um sich nicht dem Vorwurf der Diskriminierung auszusetzen und so die eigene Position durch eine Respektlosigkeit zu schwächen.

4.4.2 Autoritätsprinzip

Redner und Kommunikationsteilnehmer handeln im Plenum im Rahmen ihrer institutionell vorgegebenen Möglichkeiten und Grenzen. In der parlamentarischen *Hierarchie* wird politische Macht Funktionsträgern zugewiesen, deren institutionell festgelegte Rollen durch unterschiedlich weite Handlungsspielräume definiert sind. Diese hierarchische Struktur der parlamentarischen Statusfunktionen wird von allen Mitgliedern akzeptiert. Der Status eines Individuums in einer Hierarchie ist bestimmt durch Autorität, die auf sozialer Legitimation basiert (French/Raven 1960: 616):

> [Person 1] has characteristics which are specified by the culture as giving him the right to prescribe behavior for [person 2].

Nach dem *Autoritätsprinzip* steht die Stärke der Rede in Beziehung zur Geltung der Persönlichkeit in der Hierarchie. Dies kann die redende Person ebenso wie eine Persönlichkeit sein, auf die in der Argumentation Bezug genommen wird. Je mehr *Respekt* einer Person aufgrund von Status, fachlicher und allgemeiner Kompetenz, Erfahrung oder anderer zugeschriebener Eigenschaften entgegengebracht wird, desto stärker ist ein von ihr eingebrachter Wahrheitsanspruch. Dementsprechend kann die eigene Position gestärkt werden, indem eigene positive Eigenschaften hervorgehoben werden bzw. die Position eines Gegners geschwächt werden, indem man ihm die Eigenschaften abspricht, die seine Autorität ausmachen, wie beispielsweise Erfahrung, Rationalität, Voraussicht, Moral usw.[36]

Ihre persuasive Stärke erhält dementsprechend die Zitation als rhetorisches Mittel aus dem Wissen um die Autorität des Zitierten. Die Stützung des eigenen Wahrheitsanspruchs kann dabei *adaptiv* oder *distanziert* erfolgen. Adaptiv wird eine Äußerung vom Zitierenden eingesetzt, „indem er die Referenzidentität mindestens eines Textelementes mit seiner eigenen Situation *suggeriert*" (Kern

---

[36] Erhält das Autoritätsprinzip Priorität vor der rationalen Fundierung, so spricht man vom Autoritätsargument oder argumentum ad verecundiam (vgl. Perelman 1980: 100).

1975: 197; Hervorh. i. O.). Die Referenz erschließt dem Redner die Möglichkeit, Personen und Sachverhalte im Licht der zitierten Äußerung zu charakterisieren und zu bewerten. Somit stützt er einen Wahrheitsanspruch durch *Identifizierung* mit einer gleichwertigen Situation. Das Zitat wird mit dem eigenen Wahrheitsanspruch unterlegt.

Im Gegensatz zum adaptiven ist das *distanzierte* Zitat durch seine *Entfernung* zum eigenen Wahrheitsanspruch gekennzeichnet. Der Redner kann die zitierte Äußerung so als ein Beobachtungsobjekt heranziehen, um beispielsweise den Wahrheitsanspruch anzugreifen und somit seine eigene Position zu stärken. Das distanzierte Zitat beeinflusst im Gegensatz zum adaptiven Zitat die Argumentation als eigenständiger Wahrheitsanspruch, der durchaus konträr zur Position des Sprechers stehen kann. Der Redner ist lediglich verantwortlich für die Authentizität der wiedergegebenen Rede.

4.4.3   Konsens und Dissens

Nicht nur durch ihre geteilte parlamentarische Lebenswelt, sondern vor allem durch ihr gemeinsames Parteiinteresse formen Fraktionen eine soziale Gruppe (vgl. Weigand 2006a: 36). Diese erfordert einen inneren Zusammenhalt und die Abgrenzung von anderen Interessengruppen. Dies spiegelt sich in der parlamentarischen Rhetorik durch die Prinzipien von *Konsens* und *Dissens* wider. Sie beziehen sich auf die Gruppenbindung der Fraktionsmitglieder und ihr Verhältnis zu anderen sozialen Gruppen und dem umfassenden Kollektiv der nationalen Gesellschaft. Konsens bzw. Dissens wird hergestellt, indem Redner sich mit ihrer Partei, ihrer Fraktion und ihrer Wählerschaft *identifizieren* bzw. sich von Konkurrenten *abgrenzen*.

Ein Politiker identifiziert sich mit seiner eigenen Partei, er stimmt ihren kollektiven Wahrheitsansprüchen zu. Innerparteilicher Konsens bedeutet auch, dass das *Ego* einer Partei und ihrer Persönlichkeiten von außen als eine integere Identität wahrgenommen werden soll. Interne Konflikte, seien sie innerparteilich oder durch die unterschiedliche Besetzung politischer Rollen bedingt, schwächen die Position, die Parteimitglieder nach außen gemeinsam vertreten. So stärkt die Demonstration des Dissenses einer gegnerischen Partei durch Aufdeckung interner Konflikte oder Widersprüche die eigene Position. Im folgenden Beispiel zeigt Gernot Erler als Vertreter der Rot-Grünen Koalition mit Hilfe des Mittels der *rhetorischen Frage* demonstratives Unverständnis gegenüber der Position der CDU/CSU-Fraktion:

132	GE	Partnerschaft. Im Antrag der CDU/CSU, der ausgerechnet
133		den Titel "Für ein glaubwürdiges Angebot der EU an die
134		Türkei" trägt, sucht man vergeblich nach einer Definition
135		oder wenigstens einer Beschreibung von privilegierter
136		Partnerschaft. **Soll sie das umfassen, was die Türkei mit**
137		**dem Assoziationsabkommen seit 41 Jahren hat? Soll sie das**
138		**umfassen, was mit der Zollunion ausgedrückt wird, die mit**
139		**der Türkei seit neun Jahren besteht?** Soll es das sein,

Im Antagonismus der Parteien werden Emotionen gezielt in die Debatte hineingebracht (zu emotionalen Prinzipien vgl. auch Bollow 2004). Über bewertende Wahrheitsansprüche kann negativen Emotionen wie Wut oder Angst oder positiven Emotionen wie Stolz oder Freude Ausdruck verliehen werden. Dabei werden positive Emotionen vor allem zur Identifizierung des eigenen Standpunktes mit den eigenen Reihen und mit der Öffentlichkeit, negative Emotionen vor allem zur Abgrenzung vom Gegner und zur Schwächung seiner Position eingesetzt. Claudia Roth grenzt sich im folgenden Beispiel demonstrativ von den Ausführungen des Redners Gerd Müller ab, indem sie ihn wütend mit einem Zwischenruf abwertet:

089	(Claudia	(Von Ihnen muss ich mir nichts über Menschenrechte sagen
090	Roth)	lassen! Sie sind der **Allerletzte**, der mir etwas über Men-
091		schenrechte erzählt!)

Die Emotion wird hier in einem expressiven Sprechakt ausgedrückt, bei dem die negative Bewertung des Gegners anhand des Lexems *Allerletzte* die „emotionale Ergriffenheit" (vgl. Weigand 2003: 113) der Sprecherin zeigt.

Expressive Äußerungsformen können zur Stützung von Ansprüchen eingesetzt werden, da die Aufrichtigkeit von Emotionen schwieriger anzuzweifeln ist als die Aufrichtigkeit von Wahrheitsansprüchen. Der zugrunde liegende Wahrheitsanspruch wird vorausgesetzt, wie das folgende Beispiel illustriert. Hier zeigt der türkische Oppositionspolitiker Şükrü Elekdağ von der CHP-Fraktion durch eine negative Bewertung Unmut über die gegenwärtige Haltung der EU:

073	ŞME	Değerli arkadaşlarım, **maalesef**, bu konuda, Komisyon
074		raporunda, 'Sonuçlar ve Tavsiyeler' bölümünde, Avrupa
075		Birliğinin tamamen ayırımcı ve çifte standartlı bir yaklaşım
076		benimsediğini **görüyoruz**. [...]

(„Meine sehr geehrten Freunde, **leider sehen wir**, dass sich die Europäische Union in dieser Angelegenheit, dem Kommissionsbericht, im 'Schlüsse und Empfehlungen'-Teil eine vollkommen **diskriminierende und doppelmoralische Sichtweise** zu eigen macht.")

Das Kommentaradverb *maalesef* (dt. „leider, bedauerlicherweise") indiziert hier den Expressiv *bedauern*. Durch die Äußerung seiner Betrübnis über die Haltung der EU unterstellt Elekdağ, dass diese Haltung objektiv als diskriminierend bzw. doppelmoralisch zu bewerten ist. Er impliziert zudem mit *görüyoruz* (dt. „wir sehen"), in der 1. Person Plural, Präsens, dass seine Zuhörer diese Bewertung und somit auch sein Bedauern faktisch teilen.

4.4.4 *Offensive und Defensive*

Aus dem Antagonismus der gegnerischen Debattierenden abgeleitet sind die exekutiven Prinzipien von *Offensive* und *Defensive:* Die *Offensive* bzw. der Angriff ist zunächst initiativ und zielt auf die Stärkung der eigenen Seite durch Schwächung oder Behinderung des Gegners ab. Die *Defensive* bzw. Verteidigung ist reaktiv und zielt auf Schwächung eines Angriffs ab.

Dabei können komplexe sprachliche Strategien durchgeführt werden. Zwei wichtige Angriffsstrategien sind die *Provokation* und der *Vorwurf:* Beim Vorwurf wird auf eine Handlung aufmerksam gemacht und diese als ursächlich für einen als negativ beurteilten Weltzustand angesehen, wobei dem Gegenüber unterstellt wird, dass er diesen Zustand verursacht hat. Der Vorwurf ist in parlamentarischen Debatten oft sehr komplex ausgestaltet, denn diese Handlungsspiele beziehen sich in repräsentativen Demokratien meistens auf das Verhalten politischer Personen in externen Zusammenhängen, wie beispielsweise bei europäischen Gipfeltreffen. Kooperatives Handeln ist je nach politischer Situation entweder erwünscht oder wird abgelehnt: Erwartet wird Kooperativität z. B. bei Vermittlungsgesprächen, abgelehnt wird sie im Wahlkampf.

Strategisch effektiv kann der *Vorwurf der Kooperationsverweigerung/ - zusage zum eigenen Nachteil* sein, der meistens in Kombination mit der positiven Darstellung des eigenen Verhaltens realisiert wird. Ein ausführliches Beispiel wird im Analyseteil untersucht (vgl. Kapitel 7.3.5). Die Provokation als initiativer „calculated attempt to challenge the opponent" (Weigand 2006: 80) zielt auf eine Reaktion einer Person oder Partei ab, die ihre negativen Eigenschaften zur Schau stellen soll. Verteidigend können beispielsweise Weltausschnitte *vermieden* werden, die unvorteilhaft für eigene Interessen sind (zum Vermeidungsprinzip vgl. Bollow 2007: 64f.).

Im Rahmen offensiver und defensiver Strategien werden kognitive Komponenten wie die Wahrnehmung funktionalisiert. Perzeption wird durch Aufmerksamkeit *intensiviert*, wobei Aufmerksamkeit begrenzt und einer Steuerung zugänglich ist (vgl. Engelkamp/Zimmer 1983: 29)[37]. Der Redner antizipiert die Perzeption des Plenums sowie der Öffentlichkeit und beeinflusst Ausrichtung und Intensität von Aufmerksamkeit gegenüber bestimmten Weltausschnitten. So kann sie beispielsweise auf argumentative Schwächen, parteiinterne oder personale Konflikte gelenkt oder von ihnen abgelenkt werden. Die Perspektive auf einen Weltausschnitt wird vergrößert oder verkleinert, zur Stärkung der eigenen Position werden vorteilhafte Aspekte hervorgehoben.

Ein wichtiges Mittel zur Lenkung von Aufmerksamkeit auf erwünschte Aspekte eines Weltausschnitts ist die *Metapher*. So sind Metaphern, die den Beitrittsprozess mit dem kognitiven Bereich des Weges gleichsetzen, sowohl bei deutschen als auch bei türkischen Befürwortern beliebt. Gernot Erler spricht beispielsweise von „Leitplanken" (GE 253), um zu demonstrieren, dass der Prozess weitestgehend kontrolliert abläuft. Ein Beispiel für die Lenkung von Aufmerksamkeit auf einen negativen Aspekt mithilfe des rhetorischen Mittels des *Vergleichs* findet sich bei Gernot Erler:

181	GE	Das ist ein wirklich verantwortungsvoller Umgang mit einer
182		Schicksalsfrage, wie Sie es neuerdings nennen. Man kann
183		ja mal etwas andeuten, ins Rohr schieben, um zu testen,
184		wie die Reaktionen sind. **Weltpolitik als Überraschungsei**,
185		das ist Ihr Umgang mit der Europäischen Union.

Erler setzt den abstrakten Begriff *Weltpolitik* mit dem konkreten Gegenstand des Überraschungseis gleich und schreibt damit der CDU u. a. eine kindlich-unreife bzw. verantwortungslose Haltung zu.

Wahrnehmung spielt auch eine Rolle im Präzisionsgrad der Darstellung. Präzision und Vagheit sind dabei nicht als lexikalische Prinzipien, sondern als perzeptive Prinzipien zu verstehen. Es sichert das Vertrauen der Zuhörer, wenn Argumente mit präzisen Zahlen, Namen etc. gestärkt werden können. Damit geht jedoch die Gefahr einher, auf genaue Angaben und konkrete Zahlen festgelegt werden zu können. In anderen Situationen ist es rhetorisch geschickter, sich nicht präzise zu äußern, sondern *vage* zu bleiben, z. B. konkrete Personen nicht namentlich zu nennen um keine Angriffsflächen zu bieten. Wann ein bestimmter Präzisionsgrad angebracht ist, hängt von situativen Faktoren und der politischen

---

[37] Kognitive Aktivation besteht dabei generell in der Ausrichtung von Aufmerksamkeit auf Weltzustände.

sowie kulturellen Umgebung ab. Der parlamentarische Politiker Elekdağ gibt beispielsweise in einer Empfehlung, sich nicht den Bedingungen der EU zu fügen, als handelndes Subjekt *Türkiye* (dt. „die Türkei") an:

212	ŞME	ama, Türkiye'nin buna karşı tepkisini çok kuvvetle ortaya
213		koyması ve "ben bunu kabul edemem" demesi lazım.

(„Aber es ist erforderlich, dass die Türkei ihre Reaktion kraftvoll vorbringt und 'ich kann das nicht akzeptieren' sagt.")

Die *Personifikation* der Türkei vermindert den Präzisionsgrad der Äußerung, denn sie lässt offen, *wer* das Land repräsentiert und die Nicht-Akzeptanz äußert, also wer das eigentliche Subjekt ist. Neben dem türkischen Ministerpräsidenten bzw. der regierenden Partei kämen auch der Staatspräsident, die Oppositionspartei oder andere Interessenvertreter in Frage.

Damit ist einerseits die repräsentative Rolle und Macht der Regierung in Frage gestellt, andererseits gibt der Redner seiner Partei die Möglichkeit, sich als Repräsentant hervorzutun, denn potentiell könnte auch diese sich gegen die Forderungen der EU stellen. Als sichere Grundlage für Angriffe oder Verteidigungen wird – oftmals als rhetorisches Mittel der *Definition* zu Beginn einer Argumentation – der IDENTIFIKATIV (vgl. Weigand 2003: 114) verwendet: Dieser Repräsentativ des einfachen Wahrheitsanspruchs gründet nicht auf Rationalität wie Assertive, bezieht sich nicht auf Offenkundiges oder Neues, sondern auf eine *Festlegung*: „Dies sind Sprechakte, die den Dingen einen Namen geben, nicht im Sinn deklarativer Namensschöpfung, sondern im Sinn der Identifizierung" (Weigand 2003: 114).

4.4.5 Lexikalische Konzentration

Der Kampf um politische Macht schlägt sich auch auf der lexikalischen Ebene nieder. Mit ausgewählten Lexemen prädizieren Redner, wie sie – vor allem aufgrund ihrer Parteizugehörigkeit – die Welt im politischen Licht sehen. Die Prädikation ist als Teil der Proposition zunächst dem kommunikativen Zweck der Äußerung untergeordnet, z. B. für den Weltausschnitt „EU-Beitritt der Türkei" Stellung zu beziehen. Da hinter dem kommunikativen Zweck der Rede das Selbsterhaltungsinteresse der Partei steht, ist die Prädikation letztendlich auf eine effektive Beeinflussung des Hörers für dieses Interesse ausgerichtet. Als wichtige sprachliche Waffe gelten *Schlagwörter*, die „in komprimierter Form politische Einstellungen ausdrücken oder provozieren" (Klein 1989: 11).

Sie werden strategisch verwendet, weil sie eigene Wahrheitsansprüche *in konzentrierter Form* darstellen. Ihre Wirkung resultiert aus ihrer Bedeutungsstruktur: Sie enthalten sowohl die Deskription als auch die Bewertung eines Weltausschnitts sowie den persuasiven Versuch, den Adressaten zu einer bestimmten Handlung bzw. Unterlassung zu überreden. In politischen Texten werden Schlagwörter zu Schlüsselwörtern und damit zu *Wörtern-im-Gebrauch* (vgl. Burkhardt 2003: 358). Schlüsselwörter können sich auf einen bestimmten Wertehintergrund beziehen und eine Haltung bestärken oder Kritik an ihr üben. So gehören politische Abstrakta wie *çifte standard* (dt. „Doppelmoral") oder *ayırımcılık* (dt. „Diskriminierung") zum sozialdemokratischen Wertediskurs.

In den Ausführungen des Politikers Elekdağ, dessen Rede im analytischen Teil ausführlich untersucht wird, erhalten diese Lexeme ihre Schlagkraft aus der Tatsache, dass sie mit extrem negativen Assoziationen behaftet sind und die EU sich selbst als politische Wertegemeinschaft sieht, die sich gegen Vorgänge dieser Art engagiert. Um eine den eigenen Interessen dienende Prädikation bei Referenz auf einen identischen Sachverhalt gegen die der Gegenseite durchzusetzen, kann diese auch explizit ausgesprochen werden. Elekdağ negiert im folgenden Beispiel eine Äußerung kritischer Journalisten, die den Fortschrittsbericht mit Hilfe einer Ampelmetapher als „gelbes Licht" für den Beitritt bewerteten:

040	ŞME	yolu açılmaktadır. Bu, bazı köşe yazarlarının söylediği gibi
041		herhangi bir şekilde bir **sarı ışık** değildir, **yeşil ışıktır.**

(„Dies ist in keiner Weise, wie manche Kolumnisten sagen, gelbes Licht, sondern grünes Licht")

Durch die Ersetzung eines Adjektivs wandelt der Redner die vorsichtige Einschätzung des Berichtes durch Journalisten in eine positive Bewertung um.

4.4.6 *Interventionschancen des Plenums*

Zwischenfragen und Zwischenrufe erlauben als besondere institutionelle Handlungsformen den Teilnehmern im Parlament, auf die kommunikativen Ansprüche des Redners zu reagieren und dialogische Interaktionen zu initiieren. Offiziell erlaubt sind Zwischenfragen, die nach einem formal festgelegten Ablauf eingebracht werden können. Institutionelle Praxis ist die interrogative Form, die Fragen dienen jedoch meistens nicht explorativen Zwecken: Einerseits soll gegen die Argumentation des Redners interveniert werden, z. B. in Form eines Statements, als Gegenargument oder als *Insistieren* auf einem bestimmten parteilichen Standpunkt. Andererseits wird versucht, direktiv auf den Ablauf der Rede einzuwirken, z. B. mit der Bitte um Klarstellung oder der Forderung einer Stellungnahme. Zwischenfragen und Zwischenrufe zielen neben der Argumentation auf die Unterstützung bzw. Diskreditierung des Redners ab.

Eine *informelle* Interventionsmöglichkeit stellen die Zwischenrufe dar. Da die Kompetenz der Rederechtvergabe allein beim Parlamentspräsidenten liegt, wird der Zwischenruf nicht ausdrücklich erlaubt, jedoch prinzipiell geduldet (zum Bundestag vgl. Burkhardt 2004: 151). Zwischenrufer versuchen, ihre individuellen reaktiven Ansprüche direkt und ohne vorherige Erlaubnis in die Rede des Vortragenden einzubringen.

Je nach Wichtigkeit und emotionaler Involvierung kann sich die Häufigkeit und Intensität von Zwischenrufen im Plenum erheblich unterscheiden. Sie bestehen aus kurzen, relativ spontanen Äußerungen. Um möglichst effektiv auf den Redenden einzuwirken, werden sie direkt auf eine Äußerungssequenz der Rede bezogen. Zunächst orientieren sich Zwischenrufe funktional an der Argumentation des Redners, sie zielen jedoch nicht auf einen kritischen Meinungsaustausch ab. Es sollen vor allem Parteifreunde gestärkt oder Gegner geschwächt werden.[38] Beispielsweise drängt Claudia Roth auf den Vorwurf Gerd Müllers, die Türkei breche die Kopenhagener Kriterien der EU, mit dem Zwischenruf „Wo denn? In welchem Punkt?" (GM 085; Zwischenruf Claudia Roth) auf eine Präzision des Wahrheitsanspruchs und deutet damit gleichzeitig auf die argumentative Schwäche der vagen Äußerung von Gerd Müller hin.

4.4.7   Protektion des parlamentarischen Respekts

Da der *Respekt vor dem Anderen* in der interessenorientierten Konkurrenz zwischen Parteien und Personen permanent gefährdet ist, übernimmt der Parlamentspräsident sowohl in der türkischen Nationalversammlung als auch im deutschen Bundestag die übergeordnete institutionelle Rolle des Wächters des *parlamentarischen Respekts*.

Den Ablauf des rhetorisch ausgetragenen Kampfes der Parteien steuert der Parlamentspräsident auf Basis einer immensen Machtkonzentration: Er verkörpert das Parlament, neben seiner Funktion als Wortführer ist er auch Schiedsrichter, der in der Debatte die institutionellen Interessen des Parlaments und seiner Mitglieder vertritt. Er wacht als Beobachtungsinstanz und Kontrollautorität über die *parlamentarische Fairness*. Seine Funktion reicht von der Vermittlung in

---

[38] Somit erklärt sich funktional die Häufigkeit der Zwischenrufe im Deutschen Bundestag besser als mit der formorientierten Annahme Burkhardts, aufgrund der relativ hohen Monologizität sei der Drang groß, außerhalb des raren Rederechts spontan verbal zu reagieren (vgl. 2004: 150).

Konfliktfällen über Ordnungsmaßnahmen bis zu Sanktionen bei schweren Verstößen. Als oberste parlamentsinterne Autorität hat er die Macht über die Dokumentation bzw. Archivierung des Plenargeschehens durch die Protokollführung. Er initiiert, leitet und beendet die Sitzungen, greift jedoch nicht in den thematischen Diskurs ein. Nur er darf Reden unterbrechen und Möglichkeiten zur Klärung geben. Zur Steuerung der Debatte stehen dem Präsidium u. a. DEKLARATIVE zur Verfügung, deren institutionelle Funktionen in den Geschäftsordnungen genau kodifiziert sind (vgl. Burkhardt 2003: 285). Deklarativ ist z. B. die Erteilung des Rederechts, wie hier im Bundestag:

```
001   HOS      Das Wort hat jetzt der Kollege Dr. Gerd Müller von der
002            CDU/CSU-Fraktion.
```

Für Sanktionen stehen Ordnungsmaßnahmen mit direktiver Funktion zur Verfügung. Wie rigide für die Einhaltung von Verhaltensregeln gesorgt wird, liegt im persönlichen Ermessen des Präsidenten.

4.4.8 Sicherheit der Argumentation

Argumente erhöhen als untergeordnete Repräsentative die Wahrscheinlichkeit einer Position. Ihre Stärke lebt davon, welche *Sicherheit* man ihnen unterlegt. In der türkischen und deutschen Sprache steht der Indikativ als Modus zur Verfügung, um Weltausschnitte als tatsächlich gegeben darzustellen. So formuliert Müller ein Argument als Feststellung im Indikativ: „Die Türkei **gehört** weder geographisch noch kulturell zur Europäischen Union." (GM 086f.)

Behauptungen können als Überzeugungen, Einschätzungen, Wissen oder als nachweisbare Fakten dargestellt werden, um die Akzeptanz einer Position zu erhöhen. Die Sicherheit eines Wahrheitsanspruchs wird durch die Darstellung als generelles Wissen erhöht, durch die Darstellung als subjektive Auffassung gesenkt. Auch *Möglichkeiten* können herangezogen werden. Um den eigenen Wahrheiten mehr Geltung zu verschaffen, kann die Sicherheit politischer Konsequenzen mit *Vorhersagen* untermauert werden. Im folgenden Beispiel spricht Elekdağ eine antizipierte Vorhersage des Plenums an, dass die Türkei aufgrund einer generellen Fähigkeit zukünftige Hindernisse auf dem Beitrittsweg überwinden wird.

Die *allgemeine Gültigkeit* und somit auch die Sicherheit dieser Vorhersage verstärkt der Redner mit Hilfe der türkischen Zeitform des *Aorist* („generelle Gegenwart"), die durch das Suffix -ir indiziert ist:

108	ŞME	Netice itibariyle, Türkiye, bunların da üstesinden gel**ir**;
109		Türkiye, bu zorlukların da üstesinden gelir derseniz, ben
110		size **katılırım**.

(„Wenn Sie hinsichtlich des Resultats sagen, dass die Türkei auch damit fertig wird, mit diesen Schwierigkeiten fertig wird, schließe ich mich Ihnen an.")

5 Vorbemerkungen zur kontrastiven Analyse

5.1 Methodologie

5.1.1 Auswahl und Erfassungsmethode

Im theoretischen Teil der Arbeit sind auf Grundlage des *Mixed Game Model* die institutionellen Grundlagen parlamentarischer Argumentation sowie generelle kulturelle und sprachliche Unterschiede in der Großen Nationalversammlung und im Deutschen Bundestag beschrieben worden. Im Folgenden stehen die Analyse und der Vergleich *komplexer Handlungsspiele in der Parlamentspraxis* im Mittelpunkt.

Vorab wird der komplexe Weltausschnitt „Geplanter Beitritt der Türkei in die Europäischen Union", auf den sich die Interaktion im Bundestag bezieht, beschrieben und die politische Situation zum Zeitpunkt der Debatten kurz nachgezeichnet. Um interessengefärbte Rhetorik in einem zentralen Bereich politischen Sprachgebrauchs kontrastiv zu vergleichen, ist dieser Realitätsausschnitt ein besonders geeignetes *Beispiel*. Aufgrund seiner Komplexität wird er je nach dahinterstehenden Interessen von den Parteien zweier heterogener Kulturen äußerst unterschiedlich bewertet. Selbst Experten beurteilen die Situation des Landes sehr differenziert und diskutieren seinen Annäherungsprozess an die Europäische Union sehr kontrovers. So konstatiert Riemer: „Die Türkei gilt seit Jahrzehnten als einer der zwiespältigsten Staaten, die sich um die Integration in das Haus Europa bemühen" (2003: 165).

Die vorliegenden Parlamentsdebatten[39] wurden aufgrund ihrer besonderen *politischen Bedeutung* ausgewählt. Die Regierungen der EU und der Türkei standen zum Zeitpunkt der Sitzungen mit der Entscheidung über Beitrittsverhandlungen kurz vor einem grundlegenden Beschluss. Der Anpassungsprozess der Türkei an die EU war so weit fortgeschritten wie nie zuvor. Gleichzeitig verschärfte sich nach den Anschlägen auf das World Trade Center am 11. September 2001 die allgemeine politische Debatte über einen sog. „Kampf der Kulturen" und die Vereinbarkeit westlicher und islamischer Wertvorstellungen. Die

---

[39] Die Transkriptionen der ausgewählten Debattenbeiträge sind online unter www.vs-verlag.de verfügbar.

den Parteiinteressen folgenden Argumentationen finden sich deswegen in den vorliegenden Debatten in zugespitzter Form vor. Nichtsdestotrotz sind die in den untersuchten Handlungsspielen ausgeführten Strategien repräsentativ, weil sie die sprachlichen und kulturellen Besonderheiten im jeweiligen Parlament widerspiegeln.

Die Zeitnähe der deutschen und türkischen Debatte zur Entscheidung des Europäischen Rates im Dezember desselben Jahres ist ein Indiz dafür, dass die politischen Akteure auf beiden Seiten unter erheblichem Durchsetzungsdruck standen: Ihre Redner bzw. Repräsentanten waren in der jeweiligen nationalen Regierung und Opposition mit unterschiedlichen Funktionen und Entscheidungskompetenzen an der Entscheidung des Europäischen Rates beteiligt. Das Ergebnis langjähriger komplexer politischer Vorgänge würde im Dezember 2004 als eine singuläre politische Entscheidung über die Medien der europäischen Öffentlichkeit unterbreitet.

Für alle Parteien galt zum Zeitpunkt der vorliegenden Debatte demnach gleichermaßen, eine größtmögliche öffentliche Legitimation für ihre Position und somit die *maximale Zustimmung des Volkes* zu erlangen.

Somit können Unterschiede, die sich bei der Durchführung der Debatten dadurch ergeben könnten, dass das Ereignis in den Parlamenten eine unterschiedlich große Bedeutung hatte, durch die situative Ähnlichkeit ausgeschlossen werden. Die politische Situation wird in Kapitel 5.2.3 näher beschrieben.

Da die Anzahl der Redner sich in den Debatten unterscheidet, die Reden jedoch als Pfeiler der Debatten eine wesentliche Komponente der komplexen Handlungsspiele darstellen, war eine gewisse Begrenzung der zu analysierenden Debattenphasen unerlässlich. Dabei lieferten die Kriterien der *Vergleichbarkeit* und der *Unversehrtheit* der authentischen Handlungsspiele zwei Orientierungspunkte. Einerseits wurden die komplexen Argumentationen möglichst in ihrer Vollständigkeit berücksichtigt, andererseits musste dabei ein gewisses Niveau der Vergleichbarkeit zweier unterschiedlicher kultureller Ausprägungen bewahrt bleiben.

Der Vergleich wurde zunächst dadurch erschwert, dass den Parteien in der vorliegenden deutschen Debatte aufgrund einer formellen Regelung nach einer ersten Positionsbekundung in einer zweiten Runde wiederholt Gelegenheit zum Debattieren gegeben wurde. Das führte dazu, dass sich dem ersten Durchlauf mit acht Redenden eine zweite Runde mit fünf Redenden anschloss. Da die türkische Debatte lediglich eine Runde mit vier Redenden aufwies, war es wichtig, analysierbare und vergleichbare Handlungsspiele auf der deutschen wie auf der türkischen Seite abzugrenzen. Um einen quantitativ möglichst vergleichbaren Analysekorpus zu erhalten, fiel die Entscheidung auf die Gegenüberstellung der ersten Hälfte der deutschen Debatte mit der türkischen Debatte.

Für noch genauere Erkenntnisse über unterschiedliche Strategien interessenorientierter Argumentation konzentriert sich die Analyse auf Reden aus den Reihen der Regierung und der größten Oppositionsfraktionen und somit auf das komplexe Handlungsspiel zwischen den *mächtigsten Antagonisten* im Parlament. Aufgrund der geringeren Anzahl der Redner im türkischen Plenum wurde die Rede des freien Abgeordneten Ağar hinzugenommen. Dies brachte für die Analyse neben der quantitativen Ausgewogenheit vor allem einen großen Erkenntniszuwachs, da Mehmet Kemal Ağar zum damaligen Zeitpunkt Fraktionsvorsitzender der *Doğru Yol Partisi*, einer ehemaligen Regierungspartei, war und somit in der Debatte als besondere Autorität auftrat.

Als Grundlage für die Erfassung des *authentischen rhetorischen Verhaltens* in einem linguistischen Transkriptionsverfahren standen sowohl audiovisuelle Aufzeichnungen als auch parlamentarische Protokolle zur Verfügung. Dabei stellte sich die Frage nach einer möglichst authentischen Abbildung von Handlungsspielen, deren verbaler Teil individuell konzipiert und im Zentrum eines großen Kollektivs mündlich realisiert wird.

Parlamentarische Debatten bestehen im Wesentlichen aus mündlich vorgetragenen schriftlichen Aufzeichnungen und aus den dadurch initiierten direkten Interaktionen im Plenum (Grünert 1974: 18):

> Es handelt sich hier nicht um beliebige politische Texte, sondern um gesprochene Texte – auch wenn sie schriftlich konzipiert und nach ihrer Realisierung schriftlich fixiert sind –, die auf dem Prinzip des Dialogs beruhen und die im überschaubaren Raum des Parlaments an konkrete Hörer gerichtet werden, was nicht ausschließt, daß die Öffentlichkeit als anonymer Adressat relevant ist. Der Sprachgebrauch der politischen Rede als direkte, unmittelbare Kommunikation ist an diese besonderen Bedingungen gebunden [...].

Die geplante Sprachverwendung löst spontane Interaktionen mit nicht berechenbaren Teilnehmerzahlen aus. Die Redner planen und realisieren ihre Äußerungen in Erwartung der unmittelbaren Reaktionen der anwesenden Regierungsmitglieder und Abgeordneten im Plenum sowie der mittelbaren Reaktionen der Öffentlichkeit. Da sich eine adäquate Methodologie aus den Techniken ableitet, mit denen Menschen sich in komplexen sich verändernden Umgebungen zurechtfinden, muss eine angemessene Transkription auf diese spezifischen Bedingungen Rücksicht nehmen.

Um der besonderen Vielschichtigkeit des Plenumsgeschehens Rechnung zu tragen, habe ich mich für eine fast ausschließliche Berücksichtigung der schriftlichen Protokolle entschieden.

Die verfügbaren digitalen Videostreams wurden dazu genutzt, um den Gesamt-
eindruck der untersuchten Debatten zu vertiefen.[40] Mit den Parlamentsprotokol-
len ist Authentizität durch die *Professionalität* der Stenographen und ihre Anwesenheit am *Ort der Performanz* gesichert, außerdem sind die schriftlichen Protokolle die *Basis der öffentlichen Wahrnehmung* parlamentarischer Debatten.

Parlamentarische Stenographen sind in höchstem Maße sprachkompetent
und haben im Plenumsraum eine hörstrategisch optimale Position. Mittels Vi-
deoaufzeichnungen ist lediglich eine lückenhafte Erfassung der sprachlichen
Interaktion gesichert. Das Geschehen am Rednerpult wird hier zwar visuell und
auditiv wahrnehmbar, das breite Spektrum der Reaktionen des Plenums kann
jedoch nicht erfasst werden. Insbesondere Zwischenrufe werden in einer Video-
aufzeichnung nicht zuverlässig festgehalten. Die rationale und emotionale Interaktion zwischen Redner und Plenum geht ohne die vollständige Berücksichtigung der Zwischenrufe jedoch verloren (vgl. Burkhardt 2003: 464).

Die Protokolle hingegen bilden die verbalen und nonverbalen Interaktionen
nahezu lückenlos ab. Somit haben diese den großen Vorteil, dass sie kollektive
und individuelle Reaktionen im Parlament registrieren. Videomitschnitte wurden
ergänzend hinzugezogen, um die Authentizität der Texte sicherzustellen. Perzeptive Mittel wie Mimik, Gestik und Tonfall, sofern sie nicht von den Debattierenden sprachlich aufgegriffen werden, bleiben so zwar weitgehend unberücksichtigt, sind für die vorliegende Fragestellung jedoch nicht von Relevanz.

Die vorliegenden Transkriptionen wurden auf Basis der Plenarprotokolle
zunächst in Arbeitstranskriptionen mit einheitlicher Schreibweise umgewandelt.
Zur leichteren Handhabung wurde jede Rede jeweils für sich zeilenweise nummeriert. Somit lag eine sprachlich vollständige Transkription der Reden vor. Im
zweiten Schritt wurden die Protokolle mit Hilfe der vorliegenden Videoauf-
zeichnungen auf sprachliche Richtigkeit und Vollständigkeit untersucht und
gegebenenfalls nachgebessert oder ergänzt.

5.1.2 Vorgehensweise und Strukturierung der Analyse

Die kontrastive Analyse geht von den grundlegenden kommunikativen Zwecken
des *Überzeugen/Überreden* in Argumentationen aus und untersucht die Realisierung handlungsspielspezifischer Durchführungsstrategien in den vorliegenden

---

[40] Der Mediendienst der Großen Nationalversammlung stellte mir freundlicherweise die türkischen
Videodokumente zur Verfügung. Das Protokoll ist im Internet unter www.tbmm.gov.tr frei verfüg-
bar. Die deutsche Debatte ist als Videomitschnitt und Protokoll im Onlinearchiv des Deutschen
Bundestages unter www.bundestag.de der Öffentlichkeit zugänglich.

Debatten.[41] Anhand der beiden zentralen Ansatzpunkte *Interessen* und *Rhetorik* werden die Handlungsspiele von zwei Seiten analytisch durchdrungen. Zunächst werden die *kollektiven Identitäten* der Regierungs- und Oppositionsfraktion bzw. ihre parteigebundene Weltsicht und damit verbundene Wertorientierungen und Interessen beschrieben. Zur Erstellung der Parteiprofile werden deren öffentlich dargelegte Ziele herangezogen, die die Parteien in ihren Programmen formulieren und an denen sich Politiker bei Äußerungen orientieren. Die Parteiprogramme skizzieren Wahrheits- und Wollensansprüche der entsprechenden Partei bzw. versuchen, „die grundlegenden politischen Positionen zu einem umfassenden inhaltlichen Bereich programmatisch zusammenzufassen" (Tillmann 1989: 137). Programme sind Legitimationsgrundlage für Züge in öffentlichen Handlungsspielen (Tillmann 1989: 137):

> Alle sprachlichen Äußerungen der politisch Handelnden müssen zurückführbar sein auf das Parteiprogramm oder doch zumindest nicht im Widerspruch stehen zu dessen programmatischen Festlegungen.

Die programmatischen Selbstdarstellungen der Parteien werden um Einschätzungen externer Beobachter ergänzt. Der Weltsicht der jeweiligen Partei folgt die daraus abgeleitete Perspektive auf die Europäische Union sowie die Positionierung und Kernargumente hinsichtlich des geplanten Beitritts der Türkei. Zum Abschluss wird eine differenzierte Position Pro oder Contra Beitritt expliziert. Dieser schließen sich die jeweiligen Kernargumente der Partei an.

Mithilfe der Eckpunkte *kollektive Identität – Sicht auf die Europäische Union – Position – Kernargumente* wird der jeweilige Blickwinkel der Partei abgesteckt. Die von den Rednern vertretenen interessenorienterten Perspektiven der Parteien sind der erste Ansatzpunkt um in die komplexen Handlungsspiele einzusteigen. Auf Seiten der rhetorischen Durchführung wird vorausgesetzt, dass alle Teilnehmenden die Durchsetzung von Parteiinteressen anstreben und somit Sprache hochgradig persuasiv einsetzen. Auf der Äußerungsseite finden sich dementsprechend in einem institutionellen Umfeld professionell eingebrachte rhetorische Mittel und Techniken. Genauer setzt die kontrastive Analyse in der praktischen Durchführung der Debatten an.

Da die Äußerungen von Regierungs- und Oppositionsparteien immer eine *dialogische Funktion im Interessenkonflikt* erfüllen, wird die Durchführung entlang dialogischer Strukturen untersucht. Die Analysen der Debattenteile werden zusammengefasst. Abschließend wird die Intensität der Orientierung der deut-

---

[41] Die Frage, inwiefern die kommunikativen Handlungen der *Aufrichtigkeitsbedingung* von Searle (vgl. 1997: 97) folgen bzw. welche verdeckten Interessen (persönlicher oder kollektiver, kurz- oder langfristiger Art) vorhanden sein könnten, führt zu spekulativem Denken und ist nicht Aufgabe einer linguistischen Forschungsarbeit.

schen und türkischen Redner an den vorab herausgearbeiteten rhetorischen Prinzipien verglichen. Der Vergleich lässt Rückschlüsse auf kulturell bedingte Unterschiede insbesondere im regulativen Prinzip der Rhetorik zu.

5.2 Propositionale und situative Verortung der Debatten

Die rhetorische Durchsetzung von Parteiinteressen in den beiden zu vergleichenden Debatten bezieht sich auf den politischen Handlungsbereich „Geplanter Beitritt der Türkei in die Europäischen Union". Dieser tritt in den Argumentationen als *komplexer Weltausschnitt* auf, auf den die pragmatischen Ansprüche Bezug nehmen. Als übergeordnete Proposition wird der Weltausschnitt je nach Parteiinteresse aus unterschiedlicher Perspektive betrachtet und bewertet. Positionierungen finden hier vor allem mit Blick auf kulturelle, strategische und wirtschaftliche Argumente statt, die im Folgenden beschrieben werden. Auch zeichnen sich die Redner durch besondere Expertise in den politischen und geschichtlichen Zusammenhängen des Beitrittsprozesses aus.

Zum besseren Verständnis wird deswegen vor der Analyse der Annäherungsprozess der Türkei an die EU umrissen. Wichtig ist an dieser Stelle zu klären, ob sich Unterschiede in der Durchführung der Debatten durch eine unterschiedlich große Bedeutung des Ereignisses für die beiden nationalen Parlamente ergeben. Dies kann durch eine situative Verortung geklärt werden. Deswegen wird in Kapitel 5.2.3 genauer auf Merkmale der politischen Situation im Oktober 2004 eingegangen, die die Initiierung der Debatten beeinflusst hat.

5.2.1 *Argumentationsfelder zur Beitrittsfrage*

Pro- und Contrapositionen zum Beitritt der Türkei unterscheiden sich vor allem in der *Definition der kulturellen und politischen Identität* Europas und der davon abhängigen Frage der Kompatibilität der Türkei, in der Beurteilung des *politischen Status quo* der Türkei und der *geostrategischen Sonderlage* des Landes sowie der Gewichtung zukünftiger *wirtschaftlicher Belastungen und Chancen* für die Union durch einen Beitritt. Aufgrund der hohen Komplexität des Weltausschnitts werden diese Argumentationsfelder vor der Analyse hier abgesteckt.

Die Europäische Union basiert auf der gemeinsamen Geschichte und Kultur seiner Mitgliedsländer sowie bestimmten religiösen, rechtlichen und philosophischen Traditionen, die maßgeblich die Entwicklung der europäischen Zivilisation beeinflusst haben. Strittig ist die Frage, wie bedeutend das religiöse Erbe sowie die Abgrenzung vom Islam zur europäischen Identitätsstiftung beigetragen haben und noch beitragen. Die Abgrenzung vom islamischen Kulturkreis als *das Andere* wird u. a. als wichtiger Faktor der Entwicklung des europäischen Selbstbewusstseins bis in die frühe Neuzeit angesehen (vgl. Şen 2002). Neben dieser Perspektive steht die Auffassung der Türkei als *Modell* für die Auffassung, dass die Werte und Interessen einer Nation mit muslimischer Identität mit derer christlich geprägter Nationen in einem integrativen politischen System vereinbar sind (vgl. Kramer 2003: 16ff.).

Ihrem Selbstverständnis nach beruht die Union zunächst auf universellen Werten. In der Präambel zum EU-Reformvertrag profiliert sie sich als Gemeinschaft mit religiösem, jedoch nicht eindeutig christlichem Erbe (Europäische Union 2007):

> SCHÖPFEND aus dem kulturellen, religiösen und humanistischen Erbe Europas, aus dem sich die unverletzlichen und unveräußerlichen Rechte des Menschen, sowie Freiheit, Demokratie, Gleichheit und Rechtsstaatlichkeit als universelle Werte entwickelt haben, […].

Der Verfassungsvertrag aus dem Jahr 2004, der als Grundlage für den Reformvertrag und somit für die Vertiefung der politischen Zusammenarbeit der einzelnen europäischen Nationen dienen sollte, wurde aufgrund zweier negativer Volksentscheide in Frankreich und den Niederlanden nicht ratifiziert. Die Definition europäischer Identität, die mit der Frage des politischen Selbstverständnisses und der Vorstellung der zukünftigen politischen Kooperation innerhalb der Union zusammenhängt, ist innerhalb des Bundes höchst umstritten.

Die Union ist ein internationales System souveräner Staaten (vgl. Riemer 2003: 174). Seit Gründung der Europäischen Gemeinschaft, aus der die EU hervorgegangen ist, ist eine kontinuierliche Erweiterung der politischen Integration der Mitgliedsländer vorgesehen. Deren Finalität ist jedoch nicht festgelegt und so werden zwei konkurrierende Organisationsprinzipien für die Gestaltung der europäischen Einheit bevorzugt: der Staatenbund oder der Bundesstaat. Je nach beabsichtigter Verstärkung oder Verminderung der Intensität der Kooperation werden Vor- und Nachteile der Integration der Türkei in einem anderen Licht betrachtet. Ein wichtiger Punkt der Kooperationsvertiefung ist die Entwicklung der militärischen Zusammenarbeit im Rahmen der Gemeinsamen Außen- und Sicherheitspolitik (GASP).

Hier kann die Türkei aufgrund ihrer geostrategischen Lage und ihres militärischen Potentials Pluspunkte sammeln: Sie gehört zwar zum größten Teil nicht zum europäischen Kontinent, liegt jedoch in der geographischen Schnittmenge zahlreicher europäischer und asiatischer Regionen wie dem Balkan, dem Mittleren Osten, der Mittelmeer- und Schwarzmeerregion. Das Land hat eine wichtige strategische Funktion als Brückenland: Als Partner in der NATO ist die Türkei seit 1952 das östlichste Mitgliedsland des wichtigsten westlichen Verteidigungs-

bündnisses europäischer und nordamerikanischer Staaten. Sie stellt die zweit-
größte NATO-Armee mit relativ moderner Bewaffnung und gilt als militärischer
Sicherheitsproduzent mit stabilisierender Wirkung (vgl. Kramer 2003: 30f.).
Zur Anpassung an die politischen und ökonomischen Kriterien der Union
hat die Türkei vor allem in den letzten Jahren enorme Reformanstrengungen
unternommen. Somit wird die Hinwendung zur EU von Befürwortern als wichtiger Katalysator für die Demokratisierung und wirtschaftliche Stabilisierung des
Landes angesehen. Für die Aufnahme neuer Mitgliedsstaaten hat die Europäische Union mit den sog. „Kopenhagener Kriterien" genaue politische und wirtschaftliche Beitrittsbedingungen definiert (Europäischer Rat 1993: 13):

> (1) institutionelle Stabilität als Garantie für demokratische und rechtsstaatliche Ord-
> nung, für die Wahrung der Menschenrechte sowie die Achtung und den Schutz von
> Minderheiten
>
> (2) eine funktionsfähige Marktwirtschaft sowie die Fähigkeit, dem Wettbewerbs-
> druck und den Marktkräften innerhalb der Union standzuhalten
>
> (3) daß die einzelnen Beitrittskandidaten die aus einer Mitgliedschaft erwachsenden
> Verpflichtungen übernehmen und sich auch die Ziele der politischen Union sowie
> der Wirtschaftsunion zu eigen machen können.

Die Fortschritte des Beitrittskandidaten bei der Erfüllung dieser Kriterien werden
in jährlichen Fortschrittsberichten dokumentiert und bewertet. Die politische
Entwicklung des Landes ist als Argumentationsgrundlage für die vorliegenden
Debatten von besonderer Wichtigkeit und wird deswegen im folgenden Kapitel
genauer dargestellt (vgl. Kapitel 5.2.3.).
Die Funktionsfähigkeit der türkischen Wirtschaft ist durch einige Krisen in den
letzten Jahren stark geschwächt worden (Öniş 2003: 16):

> In spite of significant efforts aimed at reforming the Turkish economy in recent
> years, with pressures emanating from both the IMF and the EU, the Turkish econ-
> omy has not been able to overcome its traditional problems of endemic instability
> and recurrent crises.

Das strukturell bedingte Nordwest-Südost-Gefälle lässt hohe zukünftige Trans-
ferleistungen für den Agrarsektor erwarten, der im Vergleich zu anderen EU-
Staaten in der Türkei sehr ausgeprägt ist (vgl. Kramer 2003: 22). Die Arbeitslo-
senquote liegt bei ca. 20 % der Erwerbsfähigen (vgl. Ateş 2002: 67). So stellt
Riemer fest (2003: 180):

> Beurteilt man die Fähigkeit der Türkei, dem Wettbewerbsdruck und den Marktkräf-
> ten innerhalb der Union standzuhalten, so kann man gegenwärtig nicht von dieser
> Fähigkeit ausgehen. Aus makroökonomischer Sicht ist die Türkei nach wie vor in-
> stabil.

Die politische Instabilität hat bis zum Jahr 2004 eine Konsolidierung der Wirtschaft erschwert, was das Land bisher für Investoren unattraktiv gemacht hat.

Die sektorale Verschiebung vom Agrar- in den Dienstleistungsbereich geht nur langsam voran. Die kleinen und mittelständischen Betriebe, das „Rückgrat der türkischen Wirtschaft" (Riemer 2003: 181), werden voraussichtlich große Schwierigkeiten haben, die EU-Standards zu übernehmen. Das Land wird für einen überdurchschnittlich langen Zeitraum finanzielle Zuwendungen von der EU erhalten müssen. Aufgrund der guten geostrategischen Lage und der jungen Bevölkerung des Landes wird jedoch zukünftig ein ebenso immenses wirtschaftliches Potenzial erwartet.

Die Türkei wird noch als Schwellenland eingeordnet, entwickelt sich jedoch im Zuge ihrer Industrialisierung allmählich zu einer global konkurrenzfähigen Volkswirtschaft (vgl. Steinbach 2002). Seit Beginn der Zollunion 1996 ist ein kontinuierliches Wachstum des Handelsvolumens zwischen der EU und der Türkei festzustellen (vgl. Şen 2001: 34). Das Land ist in der Textilindustrie, Bauwirtschaft und im Tourismus weltweit wettbewerbsfähig. Die Lohnkosten sind niedrig, die Exportmöglichkeiten haben sich verbessert, mit 65 Millionen Einwohnern steht ein riesiger Absatzmarkt mit Brückenfunktion für die Erschließung neuer Märkte in Asien bereit (vgl. Şen 2001: 38). Auch als zentrales Transitland für Energierohstoffe wird die Türkei in Zukunft eine wichtige Rolle spielen (vgl. Kramer 2003: 32). Somit pochen vor allem türkische Befürworter des Beitritts auch aus wirtschaftlicher Sicht auf die stabilisierende Funktion der Integration in die EU.

5.2.2 Bisheriger politischer Annäherungsprozess

Im Folgenden wird der Beitrittsprozess der Türkei bis zum Jahr 2004 nachgezeichnet. Ziel ist eine Heranführung an die politische Situation der Türkei bis zum Fortschrittsbericht der Europäischen Kommission des Jahres 2004, in dem die politische Entwicklung des Landes als positiv bewertet worden ist. Diese Situation hat eine positive Entscheidung über den Beginn von Beitrittsverhandlungen auf dem Brüsseler Gipfel im selben Jahr sehr wahrscheinlich gemacht und die vorliegenden Debatten in den nationalen Parlamenten initiiert.

Für die historische Identität der Türkei sind die politische Auseinandersetzung mit Europa und die Annäherung an den Kontinent wesentlich. Völkerrechtlich ist die Türkei der Nachfolgestaat des Osmanischen Reiches. Dieser Vielvölkerstaat erreichte seine Blütezeit von 1453 mit der Eroberung Konstantinopels bis zur Belagerung Wiens im Jahr 1683. Aufgrund seiner inneren Instabilität wurde das Reich oftmals zum „Spielball der Weltmächte" (Riemer 2003: 166). Es zählte zu den Verlierern des ersten Weltkrieges und musste den größten Teil seines Territoriums aufgeben. Im folgenden Unabhängigkeitskrieg (1919-1922) trat Mustafa Kemal Paşa als politische Persönlichkeit auf. Mustafa Kemal, genannt Atatürk, rekonstruierte ein türkisches Volk mit zentralasiatischen Vorfahren, verlieh diesem eine nationale Identität und schaffte einen demokratischen Nationalstaat (vgl. Riemer 2003: 166f). Am 29. Oktober 1923 wurde die türkische Republik gegründet. Im Zuge der kemalistischen Kulturrevolution wurde der Staat laisiert. Man setzte den Sultan ab, traditionell religiöse Institutionen wurden ihres Status enthoben, Bildung säkularisiert, das islamische Recht durch ein neues Rechtssystem nach europäischem Vorbild ersetzt. Türkisch wurde von der arabischen Schriftform in die lateinische Schrift transformiert. Es fand eine nationale, politische, religiöse und kulturelle Neudefinition des türkischen Volkes statt (vgl. Huntington 1997: 227).

Nach dem zweiten Weltkrieg erfolgte der Übergang vom Einparteien- zum Mehrparteiensystem. 1952 erlangte die Türkei die Mitgliedschaft in der NATO. Trotz der gemeinsamen Mitgliedschaft in diesem Bündnis verschlechterten sich ab Mitte der fünfziger Jahre die Beziehungen zu Griechenland, vor allem aufgrund von Gebietsansprüchen in Zypern und der Ägäis. Das Land kämpfte erfolglos gegen immer wiederkehrende wirtschaftliche Probleme, die Ende der fünfziger Jahre zur politischen Radikalisierung beitrugen. Die Situation spitzte sich zu einem ersten Militärputsch am 27. Mai 1960 zu.

Ungeachtet der innen- und außenpolitischen Probleme wurde die Beziehung zu Europa weiter ausgebaut, mit der damaligen Europäischen Wirtschaftsgemeinschaft (EWG) unterzeichnete die türkische Republik am 12. September 1963 ein Assoziierungsabkommen, das sog. „Ankara-Abkommen". Das Abkommen sah eine 5-9 Jahre andauernde Vorbereitungsphase und eine 12-22 Jahre lange Übergangsphase mit dem Ziel einer Zollunion ab 1995 vor, wobei jeder Abschnitt erst mit Abschluss des vorhergehenden begonnen werden sollte (vgl. Riemer 2003: 168). Im Sinne des europäischen Vertragswerks wurde die Türkei ab diesem Zeitpunkt als europäischer Staat anerkannt (Steinbach 1996: 233):

> Wie weit die Bindung der Türkei an die westeuropäischen Staaten bereits war, ist daran abzulesen, daß kein Mitglied der EWG Einwände unter Bezug auf die Römischen Verträge von 1958 erhob, in denen ausdrücklich bestimmt worden war, daß nur europäische Länder Mitglied der EWG werden könnten. Und nicht weniger deutlich ist die lapidare Feststellung des damaligen Präsidenten der EWG-Kommission, Walter Hallstein, bei der Unterzeichnung des Vertrages von Ankara: 'Die Türkei ist ein Teil Europas'.

Die innenpolitischen Probleme führten dazu, dass das türkische Militär der Regierung 1971 ein Ultimatum stellte und daraufhin zum zweiten Mal putschte. Aufgrund der Ölkrise 1973 kam es zu einer schweren Rezession mit rasantem Anstieg der Inflation und Arbeitslosigkeit. Der 1974 mit der türkischen Besetzung des nördlichen Teils der Insel eskalierende Zypernkonflikt verursachte hohe Militärausgaben. So verschlechterten sich die Beziehungen zur damaligen Europäischen Wirtschaftsgemeinschaft, auch aufgrund des Antrags Griechenlands auf Vollmitgliedschaft 1975, der 1979 in die Mitgliedschaft mündete. Die von der Rezession angefachte Staats- und Gesellschaftskrise endete mit der dritten militärischen Machtübernahme 1982. Das Assoziierungsabkommen wurde ausgesetzt. Die europäischen Regierungen sahen in einer Mitgliedschaft der Türkei eine Belastung für die innere Stabilität und politische Verfasstheit der Europäischen Gemeinschaft, auch aufgrund eines erwarteten Migrationsanstiegs (vgl. Steinbach 1996: 257). Dies bedeutete einen schweren Rückschlag für die Türkei, zumal sich in dieser Phase die Süderweiterung der Europäischen Gemeinschaft mit der Aufnahme Griechenlands (1981) sowie Spaniens und Portugals (1986) – drei Staaten, die sich von Militärdiktaturen lösten – vollzog (vgl. Riemer 2003: 169).

1983 kam es erneut zu freien Parlamentswahlen, die die *Anavatan Partisi* (ANAP, dt. *Mutterlandspartei*) mit 45 % der Stimmen gewann. Parteichef Turgut Özal versuchte als Ministerpräsident einen Ausgleich zwischen einer Annäherung an den Westen und einer Aufrechterhaltung islamischer Grundideen und konnte die innenpolitische Situation vorläufig stabilisieren. In Özals Amtszeit fiel 1987 der Antrag auf Vollmitgliedschaft unter Betonung des wirtschaftlichen Potentials des Landes, der scheiterte. Das Ankara-Abkommen wurde jedoch wieder eingesetzt, es wurden Verhandlungen über ein Zollunionsabkommen begonnen. Dieses trat am 1.1.1996 in Kraft. Gleichzeitig erstarkte der politische Islam in der Türkei, das Land dehnte seine Beziehungen zu arabischen und anderen muslimischen Ländern aus. Ab 1996 griff die Armee wieder verstärkt in politische Angelegenheiten ein und zwang den islamistisch orientierten Premierminister Necmettin Erbakan 1997 zum Rücktritt. Als Reaktion wurde das Land zunächst aus dem Erweiterungsprozess ausgeschlossen. Auf dem Gipfel von Luxemburg bot man der Republik einen Sonderstatus innerhalb der Europakonferenz an, die Türkei lehnte die Teilnahme jedoch ab.

Die Ernennung als Beitrittskandidat auf dem Gipfeltreffen der EU am 10./11. Dezember 1999 in Helsinki „bildete einen Wendepunkt in den Beziehungen zur EU und auch zu den einzelnen Mitgliedsstaaten der Union" (Şen 2001: 35). Die offizielle Gleichstellung mit anderen Beitrittskandidaten eröffnete einen größeren Austausch zwischen den Ländern. Die Unterzeichung der Beitrittspartnerschaft erfolgte am 7. Dezember 2000 auf dem Gipfel in Nizza. Seit der Assoziation 1963 wurde der Türkei erstmals die Mitgliedschaft in Aussicht gestellt. Mit Verleihung des Status eines Beitrittskandidaten gewann die Debatte um einen möglichen Beitritt der Türkei eine neue Qualität. Nach der wirtschaftlichen Annäherung mit der Zollunion rückte die wirkliche politische Fusion in greifbare

Nähe. Innenpolitisch brachte eine nationalistische Koalition unter Führung von Bülent Ecevit zwei Wirtschaftskrisen, die nur mit Unterstützung der Vereinigten Staaten und Zahlungen des Internationalen Währungsfonds bewältigt werden konnten. Die türkische Tagespolitik blieb geprägt von politischer und wirtschaftlicher Korruption, wirtschaftlichen Engpässen und politischen Krisen. Der Reform- und Erneuerungsprozess im politischen und juristischen System, u. a. auch bei der Einhaltung der Menschenrechte, wurde jedoch konsequent fortgesetzt.

Im August 2002 fanden bedeutende Verfassungsreformen statt, die u. a. die Todesstrafe mit Ausnahme von Kriegszeiten und von unmittelbarer Kriegsbedrohung abschafften und die Rundfunkübertragung in traditionellen Sprachen und Dialekten wie z. B. Kurdisch erlaubten. Dementsprechend wurden im jährlichen Fortschrittsbericht der Europäischen Kommission des Jahres 2002 dem Land erhebliche Fortschritte attestiert. Aufgrund gravierender Mängel im Bereich der Meinungsfreiheit für Presse und Rundfunk, der Versammlungs-, Vereinigungs- und Religionsfreiheit, bei der zivilen Kontrolle des Militärs, der Bekämpfung von Folter und Misshandlungen sowie bei der Umsetzung der Reformen beurteilte die Kommission jedoch die Kopenhagener Kriterien als noch nicht hinreichend erfüllt (vgl. Kommission der Europäischen Union 2002: 51).

Nach weiteren Gesetzesänderungen stellte die Kommission in ihrer Empfehlung vom 6.10.2004 fest, dass die Beitrittsverhandlungen mit der Türkei aufzunehmen sind (vgl. Kommission der Europäischen Union 2004: 2). Wesentliche Reformpunkte bleiben die Meinungs- und Versammlungsfreiheit, Umgang mit ethnischen und religiösen Minderheiten, Abschaffung systematischer Folter, Rechte ziviler Vereinigungen sowie Funktion und Effizienz der Jurisdiktion (vgl. Kommission der Europäischen Union 2004: 3).

Als Gradmesser dafür, ob die Türkei bereit ist, darüber hinaus nationale Interessen zugunsten einer EU-Mitgliedschaft aufzugeben, wird die Zypern-Frage gehandelt. Seit ihrem Einmarsch in Nordzypern 1974 hält die Türkei den nördlichen Teil der Insel besetzt. Hier steht das Land in einem Konflikt zwischen eigenen militärischen Interessen und den Interessen der EU-Mitgliedsländer Zypern und Griechenland (vgl. Suvarierol 2003: 56).

5.2.3 Initiierung der beiden Debatten

Die an den Europäischen Rat und das Europäische Parlament gerichtete „Empfehlung der Europäischen Kommission zu den Fortschritten der Türkei auf dem Weg zum Beitritt" wird als Schlussfolgerung aus dem positiv gestimmten Fortschrittsbericht am 6. Oktober 2004 veröffentlicht. Sie führt zu einer wesentlichen Veränderung der politischen Situation. Hier wird den Mitgliedsländern erstmals der Beginn von Beitrittsverhandlungen mit dem Kandidaten Türkei nahe gelegt (Kommission der Europäischen Union 2004: 4):

> In Anbetracht der allgemeinen Fortschritte im Reformprozess und unter der Voraussetzung, dass die Türkei die oben genannten, noch ausstehenden Gesetze in Kraft setzt, ist die Kommission der Auffassung, dass die Türkei die politischen Kriterien in ausreichendem Maß erfüllt, und empfiehlt die Aufnahme von Beitrittsverhandlungen.

Mit Veröffentlichung des Dokumentes erhöht sich die Wahrscheinlichkeit eines Beitrittes sowohl für den Kandidaten Türkei als auch für die Mitglieder der Union, vorausgesetzt, die Mitglieder stimmen einer Aufnahme ausdrücklich zu. Das Verfahren sieht vor, dass die Regierungen der EU-Mitgliedsländer auf dem Brüsseler Gipfel im Dezember 2004 über eine Aufnahme von Verhandlungen zu entscheiden haben. Folgende europa- und weltpolitische Veränderungen machen zum Zeitpunkt der analysierten Debatten eine positive Zusage des Europäischen Rates auf dem Brüsseler Gipfel wahrscheinlich:

- Allgemeiner politischer Wandel und bedeutende Fortschritte auf türkischer Seite mit einer wesentlichen Verfassungsänderung: der Aufhebung der Todesstrafe in Friedenszeiten im Jahr 2002

- EU im Wandel (anstehende Entscheidungen über Verfassung), Beitritt von 10 Ländern im Mai 2004 – Diskussionen über Finalität der EU

- Weltpolitische Situation nach dem terroristischen Angriff auf die Vereinigten Staaten am 9. September 2001

Die hohe Wahrscheinlichkeit einer positiven Zusage setzt sowohl im türkischen als auch im deutschen Parlament Regierung und Opposition unter Druck, ihre jeweiligen Positionen vor dem Gipfeltreffen zu kommunizieren. Die divergierenden Sichtweisen auf den EU-Beitritt kommen in beiden Parlamenten relativ zeitnah zur Debatte, in der türkischen Großen Nationalversammlung am 7. Oktober 2004, im Deutschen Bundestag am 28. Oktober 2004.

Im Bundestag initiiert die CDU/CSU als größte Oppositionsfraktion mit einem Beschlussantrag die Debatte. Sie versucht demonstrativ die pro-türkische Position der deutschen Regierung zu schwächen. Auf dem europäischen Parkett zählen der damalige deutsche Bundeskanzler Gerhard Schröder und sein Außenminister Josef Fischer zu den politischen Persönlichkeiten, die sich vor dem Gipfel eindeutig für den Vollbeitritt der Türkei positioniert haben und sich sowohl national als auch international dafür einsetzen. In ihrem Antrag „Für ein glaubwürdiges Angebot der EU an die Türkei" formuliert die CDU/CSU-

Fraktion eine Gegenposition zur Perspektive der deutschen Regierung und fordert diese auf, bei der Abstimmung des Europäischen Rates gegen den Beitritt zu stimmen. Sie erklärt die Frage für strittig, ob die Türkei der EU als Vollmitglied beitreten sollte, genauer, ob die Türkei die *Fähigkeit* zum Beitritt bzw. die EU die Fähigkeit zur Aufnahme hat (vgl. CDU/CSU 2004). Reaktiv stellt die SPD-Fraktion gemeinsam mit der Bündnis 90/Die Grünen-Fraktion ihre Position in der ebenfalls zur Debatte vorliegenden Drucksache „Die Türkeipolitik der EU verlässlich fortführen und den Weg für Beitrittsverhandlungen mit der Türkei frei machen" dar (vgl. SPD/Die Grünen 2004).

Rückendeckung erhält die Opposition aus der deutschen Bevölkerung. Diese sieht repräsentativen Umfragen zufolge trotz der breiten Kooperationsbasis einem Beitritt der Türkei vor allem mit Skepsis und Ablehnung entgegen. Bei einer Umfrage des Zentrums für Türkeistudien im Oktober 2003 im Auftrag der türkischen Botschaft stimmten 58 % der Befragten einem Beitritt zu, wenn das Land die Voraussetzungen erfülle, 32 % stimmten gegen eine Aufnahme (vgl. Zentrum für Türkeistudien 2003: 33). Eine Partnerschaft als Alternative zur Vollmitgliedschaft befürworteten in dieser Erhebung hingegen 57,4 % (Zentrum für Türkeistudien 2003: 44). Die Befragung des Instituts für Demoskopie in Allensbach im Jahr 2004 verzeichnet 63,3 % der Stimmen gegen einen Beitritt, 14,5 % dafür, über 84 % der Befragten bemängeln die Missachtung der Menschenrechte (vgl. Türk Sanayicileri ve Işadamları Derneği 2004: 4). Zudem verfügt die Bundesrepublik in der Frage eines EU-Beitritts der Türkei aufgrund ihres hohen politischen Gewichts in der EU über Entscheidungsautorität und trägt somit auch eine besondere politische Verantwortung. Gemeinsam mit Frankreich hat Deutschland die Europäische Gemeinschaft initiiert und die Entwicklung zur Union vorangetrieben. Zudem sind beide Länder die größten Volkswirtschaften und mächtigsten Mitglieder der Union. Da laut Högemann (2004: 18 f.)

> ihre wirtschaftliche und politische Bedeutung ihnen besonderes Gewicht verleiht, ist ihr tatsächlicher Souveränitätsverlust relativ gering, wenn sie sich einig sind. Gegen diese beiden Länder kann, solange sie dieselbe Position vertreten, nichts durchgesetzt werden.

Der Konflikt zwischen Befürwortern und Gegnern wird dadurch verschärft, dass die BRD besondere Beziehungen zur Türkei unterhält. Deutschland ist mit der Türkei durch eine historische Freundschaft verbunden und ist gegenwärtig der wichtigste Handelspartner des Landes.[42] Im Zuge der Kooperationsbeziehungen

---

[42] Ein „Freundschafts-, Schifffahrts- und Handelsvertrag" zwischen Preußen und dem Osmanischem Reich begründete die historische Partnerschaft im Jahr 1761 (vgl. Alkan 1994: 46). Sie wurde im Ersten Weltkrieg mit einer Waffenbrüderschaft bestärkt und 1924 mit einem erneuten Freundschaftsvertrag bestätigt.

ist seit den 1960er Jahren eine bedeutende türkische Minorität in die BRD einge-
wandert (heute ca. 3 Mio. Menschen).
   Die türkische Debatte in der Nationalversammlung findet am 7. Oktober
2004 ebenfalls als Reaktion auf die positive Empfehlung der EU-Kommission
statt. Der türkische Premierminister Erdoğan initiiert mit einer „gündemdışı
açıklaması", einer außerordentlichen Regierungserklärung, die türkische Debatte.
Entsprechend der Geschäftsordnung nehmen die Fraktionen daraufhin die Gelegenheit wahr, ihre Positionen darzulegen (Türkiye Büyük Millet Meclisi 1973: §
59). Die Debatte bezieht sich situativ auf die bevorstehende Veröffentlichung des
EU-Fortschrittsberichtes und auf die damit verbundene Frage der Möglichkeit
eines zukünftigen Beitrittes der Türkei in die EU. Aus der Perspektive des Beitrittsaspiranten ist jedoch nicht strittig, ob die Türkei die *Fähigkeit* zum Beitritt
hat. Die Mehrheit der türkischen Bevölkerung sieht die Zukunft des Landes in
der EU (Ateş 2002: 46):

> Mit unterschiedlichen ideologischen und politischen Voraussetzungen gibt es in der
> Türkei einen EU-Konsens. [...] Die Erfüllung der Kopenhagener Kriterien und der
> EU-Beitritt der Türkei sind als Ziele der türkischen Gesellschaft zu bewerten.

Dies bestätigt eine repräsentative Erhebung von Çarkoglu zur Zustimmung der
türkischen Bevölkerung zu einer Vollmitgliedschaft des Landes in der EU
(2003). Ungeachtet des sozio-ökonomischen Status, Bildungsgrades, Alters, der
religiösen Prägung, der Parteipräferenzen und der Einstellungen gegenüber der
EU und Demokratie zeichnet sich eine durchgehende mehrheitliche Zustimmung
von fast 70 % in der Bevölkerung ab (vgl. Çarkoglu 2003: 186). Die Debatte
zwischen der türkischen Regierung und Opposition findet vor allem darüber
statt, unter welchen *Voraussetzungen* das Land der EU beitreten sollte. Strittig ist
hier die Frage, wie sich die Türkei gegenüber der endgültigen Entscheidung
positionieren soll, die vom Europäischen Rat auf dem Gipfel erwartet wird. Die
Parteien bekunden ihre Einschätzungen zur Haltung der Europäischen Union und
erörtern die Frage, ob die Türkei ihre Bedingungen akzeptieren sollte oder nicht.
   Im institutionellen Verfahren wird die Debatte durch eine außerordentliche
Erklärung des Premierministers eingeleitet und vom Präsidium gemäß § 59 der
Parlamentarischen Geschäftsordnung als „Avrupa Birliği Komisyonunun Tür-
kiye'yle müzakerelere başlanılmasına dair tavsiye raporuna ilişkin gündemdışı
açıklaması" (dt. "Außergewöhnliche Erklärung betreffend die Empfehlung der
Kommission der Europäischen Union für einen Beginn der Beitrittsverhandlun-
gen") angekündigt.
   Die Regierung nutzt ihre Möglichkeit, aus diesem Anlass eine außerordent-
liche Erklärung abzugeben und sich somit kurz vor dem Brüsseler Gipfel den
Rücken sowohl von der eigenen Fraktion als auch von der pro-europäischen
Opposition sowie den freien Abgeordneten stärken zu lassen. Auf die initiative

Positionsbekundung der Regierung reagieren die Fraktionen ebenfalls mit Bekundungen ihrer Position zum Fortschrittsbericht und seinen Konsequenzen.

Vor der Analyse der betreffenden Debatten werden die Profile der Parteien beschrieben, die die wichtigsten Fraktionen im deutschen und türkischen Parlament im Jahr 2004 stellen. Das Identitätsprofil setzt sich aus ihrer allgemeinen Programmatik, ihrer damit zusammenhängenden Perspektive auf Europa, der daraus abgeleiteten Positionierung und den wichtigsten Argumenten im Hinblick auf einen möglichen Beitritt der Türkei zusammen.

6 Das komplexe Handlungsspiel im Bundestag

6.1 Positionierung der deutschen Regierung und Opposition

6.1.1 Die Regierungskoalition aus Sozialdemokraten und Grünen

Von 1998 bis 2005 schlossen sich die Bundestagsfraktionen der *Sozialdemokratischen Partei Deutschlands* (SPD) und des *Bündnisses 90/Die Grünen* in einer Koalition zusammen, um mit einem gemeinsamen prozentualen Anteil von 47,1 % die Regierung zu bilden. Die SPD ist eine Volkspartei, sie zog in der 15. Wahlperiode (2002-2005) mit 38,5 % ins Parlament ein. In ihrem in der Zeit von 2001 bis 2007 entwickelten neuen Grundsatzprogramm betonen die Sozialdemokraten die Wichtigkeit der globalen Ausrichtung von Politik. Das 21. Jahrhundert sei „das erste wirklich globale Jahrhundert" (SPD 2007: 4). Dies berge im wirtschaftlichen, sozialen und ökologischen Bereich sowohl Chancen, als auch Gefahren (SPD 2007: 22):

> Die Europäische Union ist unsere Antwort auf die Globalisierung. Freiheit und Demokratie, Wohlstand und Gerechtigkeit in Deutschland können wir im globalen Zeitalter nur in der Gemeinschaft mit unseren europäischen Partnern sichern. Auf europäischer und auf internationaler Ebene bündeln wir die Kräfte, um den globalen Märkten Regeln für mehr Gerechtigkeit, für soziale und ökologische Verantwortung zu geben. Wir wollen die Europäische Union zu einer handlungsfähigen Friedensmacht fortentwickeln.

Für die SPD sind wirtschaftliche Vorteile für Europa und Deutschland insofern relevant, als sie mit einer Erleichterung der Integration sozial schwächer gestellter Bürgerinnen und Bürger zusammenhängen. Für den Beitritt der Türkei liegen diese auf der Hand: Deutschland ist mittlerweile „der wichtigste Handelspartner der Türkei" (SPD/Die Grünen 2004: 2). Die deutsch-türkische Kooperation schafft Arbeitsplätze in beiden Ländern. Mit der politischen Eingliederung der Türkei wird zudem langfristig der Niedriglohnkonkurrenz aus dem Land entgegengewirkt, da zu erwarten ist, dass entsprechende EU-Gesetzesrichtlinien die Rechte von Arbeitnehmern in der Türkei stärken und Niedriglohn eindämmen werden. Der Beitritt der Türkei wird aufgrund der wirtschaftlichen Vorteile und der internationalen Funktion der Türkei als historisches Versprechen eindeutig befürwortet (SPD 2007: 23):

Wir stehen zu der von allen EU-Mitgliedern lang versprochenen Beitrittsperspektive der Türkei. Eine Türkei, die sich europäischen Werten verpflichtet fühlt, kann eine wichtige Brückenfunktion zu anderen islamischen Ländern erfüllen. Diese Rolle der Türkei liegt im deutschen und im europäischen Interesse, weil sie Frieden, Stabilität und wirtschaftliche Perspektiven schafft.

Der Koalitionspartner, *Bündnis 90/ Die Grünen*, ist eine aus der Friedens- und Ökologiebewegung der 1980er Jahre hervorgegangene politische Partei. Sie zog 2002 mit 8,6 % der Stimmen in den Bundestag ein. Aufgrund ihres historischen Erbes sieht die Partei einen Grundpfeiler ihrer politischen Identität in der globalen Etablierung und Wahrung von Menschenrechten. Die deutsche Nation ist nach Auffassung der Grünen sowohl innen- wie außenpolitisch dem Schutz des Individuums verpflichtet. Dementsprechend beginnt das im März 2002 beschlossene Grundsatzprogramm der Partei mit folgender Prämisse (Bündnis 90/Die Grünen 2002: 9):

> Im Mittelpunkt unserer Politik steht der Mensch mit seiner Würde und seiner Freiheit. Die Unantastbarkeit der menschlichen Würde ist unser Ausgangspunkt.

Im Allgemeinen besteht das Profil der Grünen aus ökologisch-sozialliberalen Anteilen im sozialen und wirtschaftlichen Bereich und liberalen Anteilen im Bereich der Gesellschafts- und Bürgerrechtspolitik (vgl. Bündnis 90/Die Grünen 2002). Für die EU ist aus ihrer Perspektive nicht nur das Christentum identitätsbildend, sondern die humanitäre Orientierung der Mitgliedsstaaten (Bündnis 90/Die Grünen 2004: 5):

> Wir wissen um die christlichen, jüdischen, islamischen und aufklärerischen Wurzeln dieser Geistesgeschichte. Wir wollen diese aber auch auf der Basis von Toleranz und gegenseitiger Achtung im Dialog weiterentwickeln.

An dem Maßstab „Menschenrechtssituation" orientiert sich dementsprechend auch die Position des Koalitionspartners in der Frage des Beitritts. Im Positionspapier „Beitrittsperspektive für die Türkei" vom 1.12.2003 (vgl. Bündnis 90/Die Grünen 2003a) spricht sich die Bundestagsfraktion der Grünen eindeutig für den Beitritt aus, stellt jedoch die Bedingung der Erfüllung der Kopenhagener Kriterien an erste Stelle. Begonnene und durchgeführte Reformen seien zu würdigen, die Ernsthaftigkeit der türkischen Politik hänge jedoch von der Umsetzung der noch ausstehenden Reformen ab.

Rückendeckung erhält die Partei hier auch in der Bevölkerung: In einer repräsentativen Umfrage des Zentrums für Türkeistudien in Deutschland erzielte das Contra-Argument „Die Türkei achtet die Menschenrechte nicht, ist keine Demokratie" mit 66,1 % die höchste Zustimmung bei den befragten Beitrittsgegnern (vgl. Zentrum für Türkeistudien 2003: 25). In einem weiteren Positionspapier (vgl. Bündnis 90/Die Grünen 2003b) setzt sich die Partei uneingeschränkt für die Erweiterung der Europäischen Union ein. Dies nicht nur wegen der „historischen

Verpflichtung, die Teilung Europas endgültig zu überwinden", sondern auch, weil sie davon überzeugt sei, dass sie den Mitgliedsstaaten und besonders Deutschland mehr Sicherheit und ökonomische Stabilität eintragen werde (Vgl. Bündnis 90/Die Grünen 2003b: 1). Hier heißt es zur Kandidatur der Türkei (Bündnis 90/Die Grünen 2003b: 1):

> Auch die Türkei macht gewaltige Fortschritte bei ihren inneren Reformen. Hier steht im Herbst 2004 der nächste Überprüfungstermin an. Wenn die Türkei dann die 'Kopenhagener Kriterien' erfüllt, sollen dann auch mit ihr die Beitrittsverhandlungen aufgenommen werden.

Zusammenfassend ist festzuhalten, dass in die Position der beiden Koalitionsfraktionen auf Seiten der SPD vor allem die Frage des grundlegenden Wertes der *Fairness* gegenüber dem langjährigen Kandidaten sowie der zukunftsorientierten Interessen im Zuge der Globalisierung einfließen. Entsprechend der Prioritätensetzung der Grünen wird jedoch ebenso die eindeutige Verbesserung der Menschenrechtssituation in der Praxis gefordert. Diese Interessenkonstellation birgt für den Fall, dass keine langfristige Verbesserung eintritt, Konfliktpotential. Die gemeinsam vertretene Position wird jedoch zunächst von der SPD dominiert:

Die Aufnahme von Beitrittverhandlungen ist von Vorteil für die EU. Es ist im nationalen Interesse, das Verhandlungsziel der Vollmitgliedschaft anzustreben.

Folgende Kernargumente stehen im Zentrum der Argumentation von SPD und Grünen:

- Die EU ist definiert durch KULTURELLEN PLURALISMUS.
- Der Fortschrittsbericht sieht die KOPENHAGENER KRITERIEN als ERFÜLLT an.
- Die politische INTEGRATION DER TÜRKEI ist positiv für Europa und Deutschland.
- Die Türkei kann einen HISTORISCHEN ANNÄHERUNGSPROZESS an den Westen und die EU vorweisen.
- Ein Vollbeitritt ist von Interesse für die SICHERHEITSPOLITIK.
- Der Vollbeitritt bringt WIRTSCHAFTLICHE VORTEILE für Europa und Deutschland.

6.1.2 Die Opposition der Unionsparteien

In der 15. Wahlperiode ziehen die Unionsparteien mit 38,5 % ins Parlament ein und agieren als größte Oppositionsfraktion. Die *Christlich Demokratische Union* (CDU) und die *Christlich Soziale Union* (CSU) bilden im Bundestag aufgrund der weitgehenden Entsprechung ihrer politischen Weltanschauung und Interessen eine gemeinsame Fraktion. Die beiden Volksparteien teilen sich eine konservative Werteorientierung. Ihre Politik beruht auf einem christlichen Verständnis vom Menschen und daraus resultierender sozial und ethisch verantwortlicher Politik (vgl. CDU 1994: 4; CSU 1993: 7). In diesem Rahmen wird der Erhalt der sozialen Marktwirtschaft von den Unionsparteien vor allem über die Stärkung nationaler ökonomischer Interessen verfolgt (vgl. Gellner/Robertson 2001).

Da wirtschaftliches Wachstum hohe Priorität genießt, ist die Frage des EU-Beitritts der Türkei für CDU und CSU eingebettet in einen ökonomischen Interessenkonflikt. Ein Vollbeitritt wird die Konkurrenzfähigkeit türkischer Unternehmen stärken, beispielsweise durch Subventionen in Infrastruktur und Bildung. Ebenso wird eine höhere finanzielle Belastung für das Mitgliedsland Deutschland durch immense Beitrittskosten erwartet.

Die Stärkung der wirtschaftlichen Kraft der Türkei birgt eine ökonomische Schwächung deutscher Unternehmen durch geminderte Wettbewerbsfähigkeit, die sich auch negativ auf den deutschen Arbeitsmarkt auswirken könnte. Andererseits unterhält ein Teil der Unionsklientel erfolgreiche Handelsbeziehungen zum türkischen Handelspartner. Die Bedeutung der Türkei als wichtiger Partner für militärische Sicherheit wird ebenso hoch eingeschätzt.

Im Zusammenhang der Werteorientierung ergibt sich für den Fall eines Vollbeitritts aus Sicht von CDU und CSU jedoch ebenfalls eine Unvereinbarkeit: Die EU ist aus deren Perspektive eine Wertegemeinschaft *christlicher* Nationen. Die bayerische Unionspartei proklamiert in ihrem Programm zur Europawahl 2004: „Für uns ist die christlich-abendländische Wertegemeinschaft das Fundament Europas" (CSU 2004: 5). Die CDU äußert sich zur europäischen Identität zwar etwas gemäßigter als die CSU, jedoch ebenso konfessionell orientiert (CDU 2004: 5):

> Wir verstehen die Europäische Union als eine Kultur- und Wertegemeinschaft, die sich dem europäischen, maßgeblich durch das Christentum und die Aufklärung beeinflussten Menschenbild verpflichtet sieht.

Eine Ablehnung des Beitritts der Türkei durch diese Parteien impliziert die Sichtweise, dass sich christliche und islamische Werte nicht vereinbaren lassen. Somit würde der Beitritt eines muslimisch geprägten Landes wie der Türkei die europäische Identität untergraben und die Europäische Union politisch handlungsunfähig machen. Befürchtet werden zudem strukturelle Probleme aufgrund des erwarteten Anstiegs der Migrationsraten aus der Türkei. Eine vollständige Ablehnung des Beitrittsgesuchs könnte sich auf die zukünftige Sicherheit und Stabilität in Europa jedoch nachteilig auswirken. Sie würde mit hoher Wahrscheinlichkeit die Kooperationsbereitschaft der Türkei mindern.

Aufgrund seines nationalen Selbstverständnisses und seiner historischen Bemühungen um eine Annäherung würde das Land ein „Nein" zur Vollmitgliedschaft als Verletzung seiner Würde verstehen, was auch Auswirkungen auf die Einstellung der türkischstämmigen Wählerschaft in Deutschland haben könnte. Somit hätten die Unionsparteien geringere Chancen, konservativ orientierte türkische Wählende in Deutschland für sich zu gewinnen. Die Lösung für ihr Dilemma findet die Unionsfraktion mit einem alternativen Standpunkt weder für noch gegen eine Vollmitgliedschaft: Sie beabsichtigt, der Türkei zwar keine vollwertige Mitgliedschaft in Aussicht zu stellen, die türkische Regierung jedoch auch nicht mit der Ablehnung einer weiteren politischen Integration vor den Kopf zu stoßen.

Als Alternativvorschlag soll das *Modell einer privilegierten Partnerschaft* ausgehandelt werden. Mit einer alternativen Mitgliedschaft können kulturelle Identitätsinteressen gewahrt werden, z. B. durch die Verhinderung von Massenmigration und Überfremdung, ökonomische Risiken werden gleichzeitig minimiert. Auf Grundlage eines besonderen Mitgliedsstatus bleibt außerdem die Möglichkeit bestehen, militärische Kooperationen mit dem strategisch bedeutenden NATO-Partner und bestehende Wirtschaftsbeziehungen zu erhalten und auszubauen. Insbesondere für die CSU beinhaltet diese Alternative eine Abgrenzungsmöglichkeit ohne zu präzise auf kulturelle Hintergründe eingehen zu müssen (CSU 2004: 6):

> Die geostrategische Lage, die Größe der Türkei, ihre im Verhältnis zu den Mitgliedstaaten der Europäischen Union völlig andere gesellschaftliche Entwicklung und vor allem die großen Unterschiede in der Wirtschaftskraft sprechens statt einer Vollmitgliedschaft für das Angebot einer privilegierten Partnerschaft der Europäischen Union mit der Türkei als tragfähiges Zukunftskonzept.

Zusammenfassend vertritt die CDU/CSU-Fraktion die Position:

Die Aufnahme von Beitrittverhandlungen ist von Nachteil *für die EU. Es ist im nationalen Interesse, eine 'privilegierte Partnerschaft' auszuhandeln.*

Die Argumentation der CDU/CSU-Fraktion beinhaltet folgende Kernargumente:

- Die EU ist definiert über das EUROPÄISCHE TERRITORIUM und ihre CHRISTLICHE IDENTITÄT.

- Die KULTURELLE IDENTITÄT des islamischen Landes ist NICHT KOMPATIBEL mit der christlichen Wertegemeinschaft.
- Die Türkei MISSACHTET MENSCHENRECHTE und ERFÜLLT somit NICHT DIE KOPENHAGENER KRITERIEN.
- Die politische INTEGRATION DER TÜRKEI zieht die Probleme des Landes nach Europa bzw. nach Deutschland.
- Die Alternative einer „privilegierten Partnerschaft" bringt WIRTSCHAFT-LICHE VORTEILE für Europa mit WENIGER POLITISCHEN RISIKEN.

6.2 Erste Offensive der Opposition

6.2.1 Stärkung der eigenen Autorität gegen die SPD

Der erste Redner der deutschen Debatte ist Wolfgang Schäuble. Im Jahr 2004 ist dieser seit 32 Jahren parlamentarisches Mitglied und tritt hier in mehreren institutionellen Rollen auf. Zur Zeit der Debatte ist er stellvertretender Fraktionsvorsitzender, stellvertretendes Mitglied im Ausschuss für Menschenrechte und humanitäre Hilfe, für Angelegenheiten der Europäischen Union, im auswärtigen Ausschuss und Verteidigungsausschuss.

Neben diesen parlamentarischen Funktionen ist Schäuble führendes Parteimitglied im CDU-Präsidium. Der erfahrene Politiker und Rhetoriker eröffnet das Handlungsspiel und lenkt zu Beginn den Aufmerksamkeitsfokus vom Beitrittsland Türkei zur Europäischen Union. Er ordnet die Streitfrage in einen übergeordneten Zusammenhang ein:

027	WS	Herr Präsident! Meine Damen und Herren! Gegenstand
028		unserer heutigen Debatte ist in erster Linie **eigentlich nicht**
029		die Türkei, sondern die Europäische Union oder genauer
030		die **Vorstellung, die wir** mit der politischen Einigung Europas
031		verbinden. Die europäische Einigung befindet sich

Das Argument EINIGUNG SETZT STÄRKUNG DER GEMEINSAMEN IDENTITÄT VORAUS formuliert das sehr allgemeine Prinzip der kulturellen Identität. Das Identitätsargument schiebt seine gesamte Argumentationskette an, die durch die Schlussprinzipien der *Gleichheit* und des *relativen Gegensatzes* strukturiert ist:

- 1. Hauptargument nach dem *Gleichheitsprinzip*: EUROPÄISCHE IDENTI-
  TÄT = KULTURELLE IDENTITÄT = POLITISCHE INTEGRATION
  (WS 027-119)
- 2. Hauptargument nach dem *relativen Gegensatzprinzip*: TÜRKEI ≠ EU-
  ROPA
- 1. Unterargument: TÜRKEI WENIGER EUROPÄISCH (Vergleich zu
  Russland) (WS 147-165)
- 2. Unterargument: TÜRKEI = MODELLFUNKTION = ISLAMI-
  SCHE IDENTITÄT (WS 170-183)

Der abstrakte Begriff *europäische Identität* wird in zwei Bedeutungsdimensio-
nen dargestellt. Zunächst definiert Schäuble diesen Begriff als emotional begründeten Konsens:

050	WS	anvertrauen. **Das setzt** ein Gefühl der Zusammengehörigkeit
051		und der Zugehörigkeit zu Europa **voraus**, eine europäische
052		Identität.

Eine besondere Rolle spielt die Kollokation „Gefühl der Zusammengehörigkeit"
(WS 050f.), da sie in diesem Zusammenhang mit Nationalgefühl assoziiert ist.
Europäische Identität wird im weiteren Redeverlauf als historischer und politi-
scher Konsens beschrieben: „Europäische Identität entsteht aus Gemeinsamkeit
in Geschichte und Kultur wie auch aus gemeinsamer Verantwortung in einer
Welt der Globalisierung." (WS 054ff.).
      Schäuble zielt auf einen europäischen Patriotismus als besondere Zustim-
mungsmotivation der Bevölkerung zur Europäischen Union ab. Er bindet hier ein
Kernargument seiner Fraktion ein: DIE TÜRKEI PASST KULTURELL NICHT
ZUR EU. Obwohl es dem Programm seiner Partei nahe läge, benennt das Präsi-
diumsmitglied die religiöse Dimension kultureller Identität nicht, auch um dem
Vorwurf vorzubeugen, die konservative Fraktion diskriminiere das Beitrittsland.
      Schäuble räumt zwar die bisherigen Anpassungsleistungen der Türkei ein,
um dann jedoch seine Position gegen den Vollbeitritt mit der adaptiven Zitation
eines Europaparlamentariers der SPD zu untermauern, der das Argument der
politischen Integrationsfähigkeit einsetzt:

101	WS	Neuhardenberg ausgeführt: Die Fähigkeit der Union, neue
102		Mitglieder aufzunehmen, dabei jedoch die Stoßkraft der
103		europäischen **Integration** zu erhalten, stellt ... einen sowohl
104		für die Union als auch für die Beitrittskandidaten **wichtigen**

105		**Gesichtspunkt** dar, hat der Europäische Rat 1993 in Kopen-
106		hagen festgelegt. Dieses Kriterium hat 1997 beim Beschluss
107		über die Aufnahme von Beitrittsverhandlungen mit
108		den mittel- und osteuropäischen Staaten noch eine Rolle
109		gespielt. Aus den Beschlüssen der Regierungschefs 1999 und

Der zitierte Ausschnitt aus der Rede „EU-Beitritt der Türkei – Europäische Skepsis und europäische Erwartungen", kurz vor der Debatte gehalten vom Sozialdemokraten Klaus Hänsch (Hänsch 2004), kritiert die Missachtung des Kriteriums der Integrationsfähigkeit der Europäischen Union durch Beschlüsse zur Türkei von 1999 und 2002:

109	WS	gespielt. Aus den Beschlüssen der Regierungschefs 1999 und
110		2002 zur Türkei ist es jedoch verschwunden. **Das ist ein Feh-**
111		**ler.**

112		(Beifall bei der CDU/CSU und der FDP)

113	WS	Wir sollten diesen Fehler nicht fortsetzen,

Die sprachliche Adaption vollzieht Schäuble geschickt, um die Zitation für die Interessen seiner Partei zu nutzen. Die zitierte Feststellung, „Das ist ein Fehler" (WS 110f.), greift Schäuble auf. Nach dem Beifall seiner Fraktion (WS 112) wechselt Schäuble vom Zitat in seine eigene Rede. Er ergänzt in einer Warnung das handelnde Subjekt: „Wir sollten diesen Fehler nicht fortsetzen" (WS 113). Mit dem einschließenden Personalpronomen *Wir* bezieht er sich auf alle Subjekte, die der Türkei einen falschen Eindruck vermitteln. Zitat und Eigenrede gehen hier nahtlos ineinander über.

Schäuble bleibt vage und expliziert nicht das mit dem Personalpronomen bezeichnete handelnde Subjekt, so dass diese an die Regierung gerichtete Aufforderung als wohlwollende Empfehlung zum gemeinsamen vernünftigen Handeln erscheint. Die zitierte Äußerung von Hänsch bleibt an dieser Stelle in dem Punkt vage, ob eine politische oder kulturelle Integration gemeint ist. In der zitierten Rede Hänsch's heißt es nach der Feststellung „Das ist ein Fehler" weiter: „In den Beschluß, den die Staats- und Regierungschefs im Dezember 2004 zu fassen haben, muß der Gesichtspunkt der Aufnahmefähigkeit wieder eingeblendet werden." (Hänsch 2004: 8). Das Schlüsselwort der „Aufnahmefähigkeit" wird im Beitrittskontext vor allem mit der Frage der *politischen* Integration in Verbindung gebracht.

Schäuble setzt hier implizit einen Zusammenhang zwischen Integration und kultureller Identität voraus und *missachtet* dabei bewusst die naheliegendere Bedeutung der Äußerung von Hänsch, der nicht kulturell, sondern politisch argumentiert. In dem von Schäuble nahegelegten Kontext bedeutet europäische Integration die Vereinheitlichung der gemeinsamen Identität.

Zur Stärkung seiner Sichtweise kann er sich die *Autorität des zitierten Hänsch* doppelt zunutze machen: Zum einen ist dieser ein Experte im Bereich der Beziehungen der EU zur Türkei, zum anderen bewegt er sich als Sozialdemokrat im Europäischen Parlament. Er genießt ein hohes Maß an Respekt in der SPD.

Was der Redner mit europäischer Identität als „Gemeinsamkeit in Geschichte und Kultur wie auch aus gemeinsamer Verantwortung in einer Welt der Globalisierung" (WS 054ff.) meint, expliziert er anhand eines *Vergleichs* mit Russland als einem Land, das sowohl auf europäischem als auch auf asiatischem Boden liegt und einer Einordnung der Türkei als Modell der „islamischen Welt" (WS 172). In der geografischen Analogie wird Russland in seinen Eigenschaften eine größere europäische Zugehörigkeit als der Türkei zugeschrieben:

158	WS	Europa sind. Russland gehört übrigens zu einem **größeren**
159		**Teil zu Europa** und gewiss in einem **größeren Maße** zur
160		europäischen Geschichte. Dennoch ist wohl eine Europä-
161		ische Union, die bis Wladiwostok reicht, als gelingende
162		politische Einheit **nicht vorstellbar**. Ich denke, die Antwort,
163		die wir heute für die Türkei finden, muss auch halten, wenn
164		eines Tages Russland einen entsprechenden Wunsch
165		äußern sollte.

Trotz dieses qualitativen Vorsprungs Russlands spricht Schäuble dem Land mit der Negation des prädikativen Adjektivs *vorstellbar* die Möglichkeit eines Beitritts ab. Implizit verwendet der Redner hier das Schlussprinzip des Vergleichs: Wenn ein Beitritt des *ähnlicheren* Landes (= Russlands) nicht vorstellbar ist, dann erst recht nicht ein Beitritt des *unterschiedlicheren* Landes (= der Türkei). Implizit ist hier das Unterscheidungskriterium der religiösen Identität bedeutend: Russland liegt wie die Türkei auf europäischem und asiatischem Boden, ist jedoch ein christlich geprägtes Land.

Schäuble greift ein *Kernargument der Regierungskoalition* auf, das er als „Argument der Brücke" (WS 171) prädiziert und nutzt es geschickt zur Stärkung seiner eigenen Position, der „privilegierten Partnerschaft" mit der Türkei. *Verschiedenheitsprinzip* und *Modellprinzip* werden geschickt kombiniert:

170	WS	finden als die volle Mitgliedschaft. Das so oft angeführte
171		**Argument der Brücke**, die die Türkei zwischen Europa und
172		der islamischen Welt bilden soll, **spricht ebenfalls für eine**
173		**privilegierte Partnerschaft**. Eine Brücke gehört eben nicht
174		nur zu einem Ufer. Wer auf die Wirkung der Türkei in der
175		islamischen Welt als Vorbild auf dem Weg zu Demokratie,
176		Rechtsstaatlichkeit, zur Achtung der Menschenrechte, zum
177		Aufbau von Zivilgesellschaften und dergleichen mehr
178		setzen möchte, sollte einmal darüber überlegen, ob durch
179		eine Mitgliedschaft der Türkei in der Europäischen Union
180		eine solche Wirkung in der islamischen Welt nicht eher
181		geschwächt als gefördert wird; **denn wenn die Türkei Teil**
182		**Europas ist, wird sie in der islamischen Welt weniger als**
183		**Vorbild angesehen werden,** als wenn sie es nicht ist.

Schäuble lobt die Türkei, indem er ihr die Funktion eines Vorbilds und einer Brücke zuweist und negiert sie dabei gleichzeitig als Teil Europas: „...all das ist **richtig und wichtig**; aber es kann doch nicht die Einverleibung in Europa zur Voraussetzung haben." (WS 232 ff). Die als KONDITIONAL formulierte Vorhersage der Schwächung ihrer Vorbildfunktion stellt die Möglichkeit einer Doppelrolle nachteilig dar: „denn wenn die Türkei Teil Europas ist, wird sie in der islamischen Welt weniger als Vorbild angesehen werden, als wenn sie es nicht ist." (WS 181ff.) Die Rolle des Modells wird mit hohem Prestige assoziiert, sie zwingt jedoch die Türkei auch, dieser Rolle Priorität zu verleihen: Der Beitrittskandidat kann seine Anpassungsleistungen nicht nur als Mittel zum Zweck des Beitritts einsetzen.

6.2.2 Schäubles Angriff auf Grüne und Sozialdemokraten

Das eigene demonstrativ abgegrenzte Wertegerüst *kontrastiert* Schäuble im Folgenden mit einer scheinbar opportunistischen Haltung des damaligen Außenministers. Er schwächt Fischers Autorität, indem er dessen Verhalten als Symptom seiner Unsicherheit auslegt: „Wie **unsicher** unser Außenminister **in Wahrheit** noch immer ist..." (WS 211 f.). Dazu zitiert Schäuble exemplarisch Joseph Fischer aus einem Interview mit der Frankfurter Allgemeinen Zeitung. Hier hat der Außenminister ein Argument angebracht, das von Befürwortern als grundlegend angesehen wird. Fischer betonte den positiven Effekt des Beitrittsprozesses auf die zukünftige Türkei und bewertete somit die DYNAMIK positiver als die ERHALTUNG DES STATUS QUO:

221	WS	Hören Sie genau zu! In jedem Falle **werde** eines Tages eine
222		**europareife** Türkei leichter mit der Entscheidung umgehen
223		können, ob ein Beitritt vollzogen werden könne oder nicht.
224		Ihr Kollege Cohn-Bendit, Mitglied der Fraktion

Schäuble nutzt hier die *indirekte Rede*, d. h. es ist für die Zuhörer nicht zu erschließen, in welcher Form Fischer das Argument vorgebracht hat. Die Äußerung des Außenministers erhält aus Schäubles Sicht eine neue Bedeutung: *Man kann mit der Türkei Beitrittsverhandlungen aufnehmen, weil die EU die Möglichkeit hat, sich in Zukunft dagegen zu entscheiden. Eine demokratisierte Türkei wird das leichter akzeptieren als momentan.* Sowohl Fischer, als auch die Türkei werden in ein negatives Licht gerückt: Die Türkei muss zur „Europareife" (WS 222) erzogen werden und wird in ihrem eigenen Interesse geschont. Somit wird dem Land eine gegenwärtige Schwäche zugeschrieben. Der Zitierte scheint dabei eine Entscheidung aufschieben zu wollen, weil es in einer zukünftigen Situation opportuner erscheint, der Türkei einen Beitritt abzusagen. Das impliziert, dass Fischer auch die Möglichkeit in Betracht zieht, dem Land in Zukunft eine Absage erteilen zu müssen. Der Außenminister erscheint hier in einer *Dilemma-Situation*, in der er die Türkei trotz besseren Wissens täuscht.

Dieses Fischer unterstellte Ziel wertet Schäuble als „demagogische Haltung" (WS 226f.) moralisch ab - allerdings nicht direkt, sondern aus dem Mund eines Parteifreunds Fischers, des grünen EU-Parlamentariers Daniel Cohn-Bendit. Er *spielt die Parteifreunde gegeneinander aus*: Die Argumentation Fischers wird durch Cohn-Bendits Bewertung moralisch disqualifiziert. Schäuble setzt dabei voraus, dass diese Äußerung Cohn-Bendits aus einem ähnlichen Zusammenhang für den vorliegenden Kontext adäquat ist und kommentiert das sarkastisch:

224	WS	oder nicht. Ihr Kollege Cohn-Bendit, Mitglied der Fraktion
225		der Grünen im Europäischen Parlament, nennt dies - allerdings bezogen auf Frankreich - eine "demagogische Haltung".
226		dings bezogen auf Frankreich - eine "demagogische Haltung".
227		**Wo er Recht hat, hat er Recht.**

Umgekehrt nutzt Schäuble die *sozialdemokratische Autorität* Egon Bahr zur Stärkung der eigenen Position, indem er den Sozialdemokraten als Fürsprecher des CSU-Politikers Edmund Stoiber einsetzt. Das Argument der politischen Überdehnung der EU wird als Zitat Bahrs ins Spiel gebracht:

257	WS	Bahr schrieb vor kurzem im "Spiegel": Bayerns Minister-

258   präsident **Edmund Stoiber hat Recht**, wenn er erklärt:
259   Nimmt man die Türkei auf, dann ist das das Ende der Vision
260   von der politischen Union Europas.

Für diesen doppelten Angriff auf Fischer nutzt Schäuble die Wiederholung der Verbalphrase „hat Recht" (WS 227, WS 258) als Schablone. Er drückt damit einerseits die Akzeptanz dieser Personen als Autoritäten aus, was ihn als unvoreingenommen gegenüber Vertretern anderer Parteien und sachorientiert erscheinen lässt. Durch diese identische Zuschreibung werden zugleich die Personen Cohn-Bendit, Bahr und Stoiber in eine Reihe gegen Fischer gestellt.

6.2.3 Schwache Verteidigung durch Roth

Claudia Roth, Bundesvorsitzende der Grünen, ergreift hier die Initiative zur *Verteidigung* der Position ihrer Partei. Schäuble reagiert auf ihre Einwände, sodass ein *kurzer Meinungsaustausch* stattfindet. Roth kann innerhalb der beschränkten Interventionsmöglichkeit der Zwischenrufe die Argumente Schäubles lediglich zurückweisen, indem sie diese negiert und durch Wut ihren Dissens emotional unterlegt. Zuerst wertet sie das Argument vom „Ende der Vision von der politischen Union" (WS 259f.) mit dem IDENTIFIKATIV „Das ist ein solcher Schmarren!" (WS 261: Zwischenruf Claudia Roth) ab. Schäuble reagiert direkt auf ihren Zwischenruf: „Das hat Egon Bahr geschrieben." (WS 262). Roth lehnt jedoch seinen ausdrücklichen Verweis auf die prominente Herkunft des Zitats ab, indem sie die *rationale Grundlage* des Arguments über den Respekt vor der Autorität des ehemaligen Ministers und Abgeordneten Bahr stellt: „Ja, aber deswegen ist es nicht richtig!" (WS 263: Zwischenruf Claudia Roth). Sie entlarvt Schäubles Replik als *argumentum ad verecundiam*. Sie bringt in ihren Ausführungen jedoch *keine Gegenargumente*, so dass sie dem Angriff des Redners nur emotional unterlegten Dissens entgegenstellt.

Dementsprechend kann Schäuble ihre Zurückweisungen durch Vertiefung seiner Argumentation annullieren: Er reagiert zunächst *gezielt* auf Roth, indem er das Zitat des Sozialdemokraten Hänsch direkt gegen sie richtet. Er deutet dessen IDENTIFIKATIV „Das ist ein Fehler" (WS 110f.) nochmals an: „Frau Kollegin Roth, ich glaube, Sie machen einen schweren **Fehler, wenn Sie** Vertiefung gegen Erweiterung austauschen." (WS 264ff.) Er wiederholt hier das adaptierte Zitat als KONDITIONAL, wobei er das handelnde Subjekt verändert. Das einschließende 'Wir' in der ersten Person Plural ersetzt er hier durch die Höflichkeitsform der zweiten Person Singular, wobei mit dieser Form sowohl die Vertreterin der Koalition *persönlich* als auch die Koalition *als Kollektiv* angesprochen ist. Roth weist den von Schäuble formulierten Konditional zurück, um zu verhindern, dass er als Feststellung *Sie tauschen Vertiefung gegen Erweiterung aus* verstanden wird: „Das tun wir doch gar nicht!" (WS 267: Zwischenruf Claudia Roth). Mit dem einschließenden *Wir* verteidigt sie die Regierungskoalition. Wie hier mit dem Gradpartikel *gar* intensiviert Roth ihre Einwände und zeigt demonstrativ ihre Wut. Schäuble schließt den Diskurs ab, indem er zu seiner Argumentation zurückkehrt (WS 280-286). Diese begründet die Position der CDU/CSU-Fraktion, die „bessere Lösung einer privilegierten Partnerschaft" (WS 278 f.). Wie diese Partnerschaft genau aussehen soll, expliziert Schäuble jedoch nicht, er nutzt den Begriff hier nur als politisches Schlagwort. Abschließend weist Schäuble das Gegenargument ab, die gegenwärtige Situation der EU und somit auch Deutschlands sei ein DILEMMA, da ein Vollbeitritt einerseits die europäische Einigung, eine Ablehnung der Beitrittsverhandlungen andererseits die Beziehungen zur Türkei gefährde: „Ein solches Verhandlungsmandat weist die Türkei nicht ab, beschädigt die Türkei nicht" (WS 280ff). Als „bessere Lösung" baut er der Türkei symbolisch eine *goldene Brücke*: Das Land kann sich zurückziehen, ohne sein Gesicht zu verlieren. Die Möglichkeit einer späteren Ablehnung der Türkei, beispielsweise durch einen französischen Volksentscheid, stellt er als Gefahr sowohl für die EU als auch für die Türkei dar.

6.2.4 Kritik und persönliche Abwertung: Erlers Replik

Gernot Erler legt die Sichtweise der Regierungskoalition dar. Im Jahr der Debatte ist Erler als stellvertretender Fraktionsvorsitzender zuständig für die Koordination der parlamentarischen Arbeitsgruppen in den Bereichen Außen-, Verteidigungs- und Entwicklungspolitik sowie Menschenrechte. Der SPD-Politiker baut mit seiner Argumentation einen Gegensatz zwischen *eigener Sachorientierung* und der *Interessenorientierung der Opposition* auf, die er Wolfgang Schäuble und Michael Glos persönlich zuweist.

Erler formuliert zu Beginn seiner Rede die protürkische Position seiner Fraktion als Konsens (GE 007-009). Das Hauptargument der konservativen Opposition, ein BEITRITT GEFÄHRDET DIE WERTVORSTELLUNG EINER EUROPÄISCHEN IDENTITÄT, wird zurückgewiesen. Ihm stellt Erler die Argumente des ANNÄHERUNGSPROZESSES und der ZUKÜNFTIGEN ENTWICKLUNGSCHANCEN gegenüber.

021	GE	sowohl in der Türkei als auch in der EU folgen. Jetzt wird
022		ein langer Prozess der Abwägung und der Vorbereitung
023		abgeschlossen, zugleich aber ein langer und anstrengender

024	Prozess von Reform und Transformation eröffnet. Er
025	birgt nicht unerhebliche Risiken, aber auch große Chancen
026	für die EU und für Deutschland. Wir wollen, dass der Weg
027	für diese Beitrittsverhandlungen frei gemacht wird, weil
028	diese Entscheidung im Interesse Deutschlands und im
029	Interesse der EU liegt.

Die sachlich begründete positive Beurteilung des Annäherungsprozesses, „dass die Türkei als eine große islamisch geprägte Gesellschaft vor aller Welt den Beweis dafür erbringt, dass Islam und westliche Werte miteinander vereinbar sind" (GE 048-051), bringt Erler mit der politischen Eigenschaft der *Glaubwürdigkeit* zusammen. Er kündigt ein Statement an: „Ich möchte etwas zum Stichwort Glaubwürdigkeit sagen." (GE 056). Damit bezieht er sich auf das Antragspapier der Opposition vom 19.10.2004, mit dem diese die Debatte initiiert hat (vgl. CDU/CSU 2004).

Das Schlüsselwort *glaubwürdig* bezeichnet als Adjektiv eine grundlegende politische Kompetenz, die in direktem Zusammenhang mit der Achtbarkeit und somit dem Respekt steht, den ein politischer Akteur genießt und ohne den er handlungsunfähig wird. Der Titel des Antragspapiers präsupponiert, dass das bisherige Verhalten der Regierung nicht glaubwürdig war und kann somit als Angriff der Opposition aufgefasst werden.

Erler lenkt die Aufmerksamkeit auf die Türkei und ihre Reformanstrengungen. Diese beschreibt er und honoriert deren Anerkennung durch die Opposition explizit, wobei er seinen Vorredner persönlich anspricht:

064	GE	Seit 41 Jahren hat die Türkei ein Assoziationsabkommen
065		mit Beitrittsperspektive. Seit neun Jahren hat die Türkei
066		eine Zollunion mit der EU. Seit fünf Jahren ist die Türkei
067		offizielle Beitrittskandidatin. Vor zwei Jahren hat der Euro-
068		päische Rat klare Bedingungen für die Aufnahme von Ver-
069		handlungen formuliert. Das hat eindrucksvolle Reformbe-
070		mühungen in Ankara ausgelöst. **Ich bin Ihnen dankbar, Herr**
071		**Kollege Schäuble, dass auch Sie das anerkennen.** Die
072		Türkei hat in kürzester Zeit acht Reformpakete auf den Weg
073		gebracht. Sie hat die Todesstrafe abgeschafft. Sie hat Folter
074		und andere Menschenrechtsverletzungen verboten und
075		verfolgt Verstöße dagegen, die es nach wie vor gibt. Die
076		Türkei hat die Staatssicherheitsgerichte abgeschafft. Die
077		Türkei hat den Einfluss des Militärs auf Politik und Gesell-
078		schaft spürbar reduziert. Sie hat angefangen, Kurden und
079		anderen Minderheiten kulturelle Rechte zu geben, und sie

| 080 | | hat Beschränkungen bei der Meinungs- und Versamm- |
| 081 | | lungsfreiheit aufgehoben. |

Aus seiner genauen Aufzählung der türkischen Anpassungsleistungen und der europäischen Vorgehensweise wird deutlich, dass er dem Wert der *Sachorientierung* Priorität gibt und diesen Maßstab auch an sein eigenes Handeln anlegt. Er beurteilt die Arbeit der Europäischen Kommission als gewissenhaften und kritischen Prüfungsprozess (GE 088f.). Somit kann sowohl der Türkei aufgrund ihrer Reformanstrengungen als auch der Europäische Union das Prädikat *glaubwürdig* eindeutig zugeschrieben werden. Eine leichtsinnige Absage, als die der SPD-Politiker den Vorschlag der CDU/CSU-Fraktion deutet, würde die Glaubwürdigkeit der EU jedoch in Frage stellen.

Seiner Beurteilung unterliegt ein logisches Schlussprinzip: Wenn nach genauer Prüfung trotz positiven Ergebnisses eine Absage gegeben wird, so sind die zugrunde liegenden Kriterien nicht sachorientiert. Dies legt den Verdacht verborgener Interessen nahe, die die zugrunde liegenden Kriterien beeinflussen.

046	GE	Es liegt in unserem Interesse - **Herr Kollege Schäuble, ich**
047		**glaube, da haben Sie mit dieser Brücke etwas falsch**
048		**verstanden -,** dass die Türkei als eine große islamisch ge-
049		prägte Gesellschaft vor aller Welt den Beweis dafür erbringt,
050		**dass Islam und westliche Werte miteinander vereinbar**
051		**sind,** weil dies die denkbar beste und wirksamste Antwort auf
052		jene blutigen Strategen des Terrorismus ist, die den Kampf
053		der Kulturen predigen.

Die eigene Sachorientierung kontrastiert Erler mit dem Verhalten der konservativen Fraktion. Das Argument Schäubles, dass die Türkei nur als MODELL FÜR DIE ISLAMISCHE WELT funktioniert, wenn sie als *Brücke* Teil dieser Welt bleibt, legt Erler als *Voreingenommenheit* Schäubles aus. Er deutet aus dem Argument, dass Schäuble „Islam und westliche Werte" (GE 050f.) als unvereinbare Gegensätze auffasst. Die von Schäuble als „bessere Lösung" und damit als rationales und positives Konzept dargestellte privilegierte Partnerschaft prädiziert Erler als „Zauberwort" (GE 130), als politische Beschwörungsformel und damit als leere Worthülse ohne sachlichen Gehalt. Der Positionswechsel wird zum „Schwenk in letzter Minute" (GE 128f.). Modell und Strategie erscheinen *irrational und unzuverlässig.*

Der SPD-Politiker wirft der CDU/CSU-Fraktion mangelnde Präzision zum eigenen Vorteil vor. Dazu *paraphrasiert* er ein Zitat aus dem Antragspapier:

156	GE	**Das heißt auf Deutsch**: Die CDU/CSU sagt, sie wolle keine
157		Beitrittsverhandlungen und keinen Beitritt der Türkei, son-
158		dern stattdessen die privilegierte Partnerschaft. **Man wisse**
159		**zwar nicht, was das ist, aber es soll gefälligst die Europä-**
160		**ische Kommission definieren, was das eigentlich ist.**

In der Paraphrase erscheint die Opposition ungeduldig und unwillig, so als zwinge sie der Kommission die ganze Konzeptarbeit auf. Mit einer Redewendung entlarvt Erler das Konzept als misslungenen Täuschungsversuch:

162	GE	Meine Damen und Herren, der Volksmund hat für ein solches
163		Angebot einen trefflichen Begriff: **Mogelpackung.**

Die Prädikation *Mogelpackung* als abgeschwächter Stellvertreter für das Synonym *Täuschungsversuch* weist Erler dem Verhalten der CDU/CSU-Fraktion allgemein zu. Dieses sei im Rahmen der Türkeifrage als „Hantieren mit einer Mogelpackung" (GE 166) zu beschreiben, wofür er Beispiele aus dem Reden und Handeln von Michael Glos angibt. Glos, Mitglied des Parlaments seit 1976, ist zum Zeitpunkt der Debatte erster stellvertretender Vorsitzender der CDU/CSU-Fraktion und stellvertretendes Mitglied im Auswärtigen Ausschuss. Als Vorsitzender der CSU-Landesgruppe ist er ebenso eine Führungsperson seiner Partei und damit eine *Schlüsselfigur.*

Erler eröffnet sich durch die Beispiele die Möglichkeit Glos direkt anzugreifen und ihm die *Autorität abzuerkennen*, indem er ihn stellvertretend für seine Partei persönlich verspottet. Glos werden einige äußerst negative persönliche Eigenschaften zugeschrieben, diese sarkastisch kommentiert und mit seiner früheren, rationalen Haltung kontrastiert. Seine Initiative für eine Unterschriftenaktion gegen den Beitritt führt Erler an mit der lapidaren Vermutung „[...] war dem Kollegen Glos – was manchmal passiert - wohl langweilig." (GE 170f.). Die Initiative benennt Erler weiter als „Spiel mit dem Feuer" (GE 174) und „Spuk" (GE 178) und bewertet das so als vollkommen irrational gekennzeichnete Ereignis sarkastisch mit dem IDENTIFIKATIV „Das ist wahrlich Führungsfähigkeit, auf die Deutschland und Europa warten." (GE 178f.).

Dieser Beschreibung nach ist der Protagonist alles andere als führungsfähig, sondern *unberechenbar*, wie der Redner dies auch in allgemeinen Bewertungen wie „Das ist auch für Ihre Verhältnisse, Herr Glos, eine unglaubliche Entgleisung, die eigentlich Klärung fordert." (GE 207ff) deutlich macht. Erler provoziert Glos bewusst, indem er ihn diagnostiziert und sein Verhalten *psychologisch pathologisiert.* Symptome findet er in der momentanen Beschäftigung des Politikers mit einer Verschwörungstheorie:

188	GE	nachzulesen in der "FAZ". Die neue Parole heißt: Bei einem
189		EU-Beitritt der Türkei **wird Deutschland von Türken**
190		**überschwemmt und dabei untergehen,** allerdings nicht aus
191		Versehen, sondern ganz absichtsvoll, **weil die Linken, die**
192		**jetzt Deutschland führen, das so wollen.** Wörtlich, Herr

Er konfrontiert den CSUler mit einer unterstellten *krankhaften Irrationalität*, die aus einer offensichtlichen Verdrängung seiner früheren pro-türkischen Haltung zu resultieren scheint:

211	GE	Sonst müssen Sie sich nicht wundern, wenn man Sie dem-
212		nächst fragt, **ob mit Ihnen noch alles in Ordnung ist.**
213		Oder, Herr Glos, liegt das etwa daran, dass Sie **Ihre eigene**
214		**Vergangenheit aufarbeiten müssen?** Manchmal hilft ja ein

Erler deutet damit die Wende des Politikers als *subjektiven Verdrängungsmechanismus*, der sich gegenwärtig in krankhaftem Verhalten ausdrückt. Die Überleitung zur abschließenden sachlichen Abwägung, „die Chancen und Vorteile für die EU und für unser Land überwiegen" (GE 262f.) konstruiert Erler durch eine scheinbar gut gemeinte Empfehlung: „[M]achen Sie sich Ihren eigenen Rat zu Eigen, dann sind Sie unterwegs und wir können noch Hoffnung haben!" (GE 236ff.). Als *Gutachter* bzw. Diagnostiker erhebt sich Erler in eine *übergeordnete Position*, schreibt sich selbst analytische Kompetenz, Problemlösungsfähigkeit und Objektivität zu, während er einer führenden Figur aus den Reihen der Opposition subjektiv-irrationale Beweggründe, Unberechenbarkeit bzw. das Talent, sich Probleme zu schaffen und damit absolut mangelnde Kompetenz zuschreibt. Erler stärkt seine eigene Autorität, indem er seinem Gegenüber politische Autorität aberkennt.

6.2.5 Zusammenfassung

Die rhetorische Strategie Schäubles zeichnet besonders aus, dass er seine eigene Autorität stärkt, indem er mit der europäischen Identität als kultureller Wertorientierung argumentiert. Von dieser grenzt er die türkische Identität ab, indem er sie kulturell definiert. Durch die Hervorhebung der geographischen Grenzen

und der kulturellen Verschiedenheit vermeidet Schäuble den gegnerischen Vorwurf einer national oder religiös begründeten Diskriminierung. Die gegnerische
Autorität des Außenministers Fischer schwächt Schäuble, indem er ihm eine
unsichere und unbedachte Haltung unterstellt. Der Kontrast zur scheinbar opportunistischen Haltung des Außenministers stärkt wiederum seine eigene klar abgegrenzte Position. Zur Unterstützung des *Identitätsarguments* deutet Schäuble
ein Hauptargument der Regierungskoalition, die integrative Brückenfunktion der
Türkei, dahingehend, dass eine Brücke nie allein zu einer Seite gehören könne.
Die Vorhersage, die Vorbildfunktion der Türkei für islamische Länder würde
geschwächt, wenn sie als EU-Mitglied Teil Europas werde, stellt auch die Möglichkeit einer Doppelrolle nachteilig dar. So erscheint das CDU-Modell der „privilegierten Partnerschaft" sowohl logisch als auch in der praktischen Durchführung als beste Möglichkeit. Schäuble spielt Äußerungen des grünen EU-
Parlamentariers Cohn-Bendit gegen dessen Parteifreund und Außenminister
Fischer aus, woraufhin Claudia Roth mit Zwischenrufen interveniert. Die Bundesvorsitzende der Grünen fühlt sich provoziert und reagiert emotional, sie wertet die Argumente Schäubles ab und negiert sie, entkräftet sie jedoch *nicht argumentativ.* Ihre emotionale Reaktion nutzt Schäuble zu einem weiteren Angriff
gegen die Schlüsselfigur der Grünen. Er richtet seine Behauptung, die Zustimmung zum EU-Beitritt durch die rot-grüne Regierung bedeute die Vertauschung
der politischen Prozesse von Vertiefung und Erweiterung der EU, direkt gegen
die Politikerin Roth. Schäuble unterstellt der Regierung, dass sie die Türkei trotz
besseren Wissens über die faktische Lage und die europäische Stimmung
täuscht.

Insgesamt liefert Schäuble, der seine eigene Autorität einbringt und die
emotional dominierte Intervention Roths dazu nutzt, seinen Angriff gegen die
Koalition noch weiter zu vertiefen, eine starke Debatteneröffnung. Die Replik
des ersten Redners der Regierungskoalition ist jedoch ebenso gut vorbereitet: Er
profiliert sich als sachorientierter Gutachter des europäischen und türkischen
Verhaltens. Erler setzt dem Identitätsargument Schäubles klar die im positiven
EU-Fortschrittsbericht dokumentierte offensichtliche Annäherungsleistung der
Türkei entgegen. Somit stellt er sich als Autorität gegen Schäuble und die von
ihm vertretene CDU/CSU.

Nach dieser vor allem gegen den Vorredner gerichteten Replik wendet sich
Erler den konservativen Parteien zu. Er wirft dem politischen Gegner Unge-
nauigkeit und Unsachlichkeit bis hin zur Eitelkeit vor, sodass er ihm seine
Glaubwürdigkeit und somit seine politische Autorität aberkennen kann. Hier
zielt er präzise auf Michael Glos als Schlüsselfigur des Wirtschaftsflügels der
Unionsfraktionen ab, dessen Verhalten er als irrational disqualifiziert.

Sowohl Schäuble als auch Erler richten ihre rhetorische Strategie auf den Aufbau der eigenen fachlichen Autorität aus, wobei beide sich mit einem bedeutenden Akteur identifizieren: Schäuble mit der europäischen Bevölkerung, Erler mit der Türkei. Gleichzeitig sprechen beide ihrem Gegner Autorität ab und wechseln dabei gezielt von allgemeinen Ausführungen zu Angriffen auf einzelne Personen in institutionellen Schlüsselpositionen.

6.3 Erste Gegenoffensive des Koalitionspartners

6.3.1 Vorausdeutung eines Konflikts

Im zweiten Schlagabtausch zwischen der Regierungskoalition und den opponierenden Konservativen greift Roth die CDU/CSU-Fraktion an, indem sie deren Position der „privilegierten Partnerschaft" als *inkompatibel* mit den Interessen der eigenen Klientel aus dem Wirtschaftsbereich darstellt und so einen internen Interessenkonflikt vorausdeutet:

156	CR	Jetzt möchte ich noch etwas zum **Wirtschaftsflügel in der**
157		**Union** sagen. Die Heranführung der Türkei an die Europä-
158		ische Union liegt im **unmittelbaren Interesse auch und gera-**
159		**de der deutschen Wirtschaft.** Es ist die deutsche Wirtschaft,
160		die einen weiteren Ausbau der Beziehungen, strategische
161		Partnerschaften und die Öffnung von neuen Märkten er-
162		wartet. Die deutsche Wirtschaft sagt: Eine integrierte Türkei
163		ist ein stabiler und sicherer Ort für Investitionen. Hier
164		liegt das Interesse der deutschen Wirtschaft. Ihre Ableh-
165		nung, werte Kollegen von der Union,

Roth verwendet gezielt das lateinische Lehnwort *Interesse*. Es wird häufig als politisches Schlagwort ohne eine eindeutige Explizierung von Subjekt und Objekt gebraucht. Roth spricht zunächst vage von dem „Interesse auch und gerade der deutschen Wirtschaft" (158f.). Sie richtet ihr Argument jedoch gezielt an den „Wirtschaftsflügel in der Union" (CR 156). Die christlich-demokratischen Parteien repräsentieren bekanntermaßen zu einem großen Teil Wirtschaft und Unternehmen. Wirtschaftlicher Wohlstand ist eine der Prioritäten christlich-demokratischer Politik.

Das Lehnwort *Interesse* besteht aus den Komponenten *Inter* (dt. *zwischen*) und *esse* (dt. *sein*), und bedeutet, dass sich etwas zwischen zwei oder mehreren Positionen befindet. Mit diesem Schlüsselwort deutet die Rednerin die Zwiespältigkeit der Positionierung der konservativen Parteien zwischen wirtschaftlicher Ausrichtung und dem scheinbaren Verzicht auf das wirtschaftliche Potential der Türkei an. Ein *Interessenkonflikt zwischen Partei und Klientel* dieser Art kann die zukünftige Handlungsfähigkeit der CDU/CSU gefährden, die Voraussage eines solchen Konflikts schwächt somit den Gegner.

Der nächste Redner Dr. Gerd Müller reagiert auf diesen Angriff bereits mit der Kontaktaufnahme zum Plenum (GM 003). Der CSU-Politiker bezieht sich explizit auf seine Vorrednerin Claudia Roth. Roths sachlich begründetes Argument, dass die konservative Fraktion mit einer Ablehnung der türkischen Vollmitgliedschaft gegen die eigenen Interessen kämpft, ist für diese als *schwerer Angriff* zu werten, da sich CDU und CSU als wirtschaftsnahe Parteien verstehen. Dieses Argument wird jedoch nicht entkräftet, sondern lediglich die *Form der Rede* Roths diskreditiert:

| 003 | GM | Herr Präsident! Meine Damen und Herren! Mit **Schreien,** |
| 004 | | **Kreischen und Verleumden**, Frau Kollegin Roth, |

| 005 | | (Beifall bei Abgeordneten der CDU/CSU) |

006	GM	werden wir der historischen Bedeutung der Entscheidung
007		nicht gerecht, die hier zu treffen ist. Ich würde Ihnen zuru-
008		fen: **Mehr Kompetenz und weniger Emotionen!**

Roth wird durch eine als Steigerung angelegte direkte Zurechtweisung („Schreien, Kreischen und Verleumden") übertrieben als hysterische Furie dargestellt. Krista Sager *unterstützt* mit einem Zwischenruf ihre Parteifreundin und kontert, dass Müller dabei das Verhalten der eigenen Fraktionsmitglieder ignoriert:

| 010 | (Krista | (Ihre Kollegen haben doch die ganze Zeit gebrüllt wie die |
| 011 | Sager) | Affen!) |

Sie stellt ihre Gegner verbal auf eine untergeordnete Entwicklungsstufe und kontert damit die Polemik Müllers. Mit der adverbialen Bestimmung der Art und Weise *wie die Affen* mildert sie die vertierlichende Zuschreibung ab, sodass sie die Abgeordneten nicht direkt beschimpft.

6.3.2 Destruktion der Regierungsautorität

Als zweiter Redner der CDU/CSU-Fraktion bestärkt der CSU-Politiker Dr. Gerd Müller die Argumentation seines Fraktionskollegen Schäuble in dem Aspekt, dass die AUFNAHMEFÄHIGKEIT DER EU zu berücksichtigen ist, zieht jedoch die ERFÜLLUNG DER POLITISCHEN KRITERIEN auf Seiten des Beitrittskandidaten Türkei hinzu. Auf diesen beiden Argumentationslinien geht er einerseits gegen die SPD in der Frage der Umsetzung des europäischen Gedankens, andererseits gegen die Grünen in der Frage des Menschenrechtskriteriums in die Offensive.

In der Stärkung der Front gegen die SPD orientiert sich Gerd Müller vor allem an der Zitation unterschiedlicher Autoritäten aus dem sozialdemokratischen Lager. Er eröffnet seine Rede bereits mit den Zitaten bekannter Historiker, Journalisten, sozialdemokratischer Politiker, um aus den Augen renommierter Vertreter unterschiedlichster Handlungsbereiche vor der Zerstörung der EU durch die Integration der Türkei zu warnen. Auf die Handlungsfunktion *warnen* nimmt er implizit und explizit Bezug: „Nicht nur wir, sondern auch [die Experten] **warnen** vor dieser Entwicklung" (GM 028-031).

Als Panorama angelegt, formulieren alle Zitate dieselbe Vorhersage, die dem Plenum in unterschiedlichen Variationen eingehämmert wird: *Zerstörung der EU durch Beitritt der Türkei.* Die Persönlichkeiten, auf die sich Müller adaptiv beruft, sind aus den Reihen der SPD rekrutiert. Müller wendet das Prinzip des *Respekts vor Autoritäten* hier gegen die Regierung: Er konfrontiert sie mit den Positionen von Autoritäten aus dem eigenen Lager, der Respekt vor tonangebenden Persönlichkeiten der eigenen Seite wird es der Regierungsfraktion erschweren, deren Äußerungen anzugreifen.

Für den Angriff auf die Grünen zieht Müller den *Standpunkt* des Außenministers Joseph Fischer heran, wie er ihn in der Rede „Vom Staatenbund zur Föderation – Gedanken über die Finalität der europäischen Integration" (Fischer 2000) vertreten hat. Der von Müller salopp „Humboldt-Rede" (GM 036) genannte Vortrag, gehalten vom damaligen Außenminister Joseph Fischer an der Humboldt-Universität Berlin, gehört zu den Grundlagentexten der europäischen Integrationsdiskussion. Müller simuliert einen Abschiedsgruß, wobei er den Ausdruck *Humboldt-Rede* elliptisch gebraucht („-Rede" wird weggelassen) und so auf den Gründer der Universität, Wilhelm von Humboldt, anspielt. „Humboldt ade" (GM 036) - der mit dieser Persönlichkeit assoziierte kritische Geist und Reformwille wird aufgegeben. Die Position des Außenministers wird *verbal abgewertet*. Gleichzeitig erscheint Fischer als Politiker, der seine eigenen Ideale preisgibt.

Der Redner schwächt die gegnerische Position durch eine *Metapher*, mit der er das auch vom Fraktionskollegen Schäuble angebrachte Hauptargument der CDU veranschaulicht: Zur Darstellung der UNVEREINBARKEIT VON VERTIEFUNG UND ERWEITERUNG zieht er ein Zitat des Historikers Winkler heran: „Ein Großeuropa von Lappland bis zu Euphrat und Tigris wäre ein **Koloss auf tönernen Füßen**, räumlich groß, aber politisch handlungsunfähig" (GM 016). Die Metapher bezieht sich auf den „Koloss von Rhodos". Das Weltwunder war eine Konstruktion von unermesslichem Ausmaß. Das zentrale Adjektiv *tönern* steht für ein äußerst fragiles Fundament. Für den Zuhörer leicht zu erschließen ist, dass sich das Ausmaß auf die Erweiterung bezieht, das Fundament auf die Vertiefung der Union. Es erscheint unmöglich, dass eine solche starre Konstruktion widrigen Umwelteinflüssen widerstehen kann. Durch diese Metapher wird die Zerbrechlichkeit dieser Verbindung unvereinbarer Gegensätze als zwangsläufiger Prozess dargestellt.

6.3.3 *Demonstration des eigenen Konsenses*

Der CSU-Politiker demonstriert den auf die EU bezogenen eigenen *Konsens* und kombiniert diese Demonstration mit einem *Vorwurf der mangelnden Kooperationsbereitschaft*, stellt zu dieser auch das unkooperative Verhalten der Türkei und schließt mit einem sachfernen Angriff auf die Regierungskoalition. Müller bezieht sich mit einer Definition des Verhältnisses Deutschlands zur Türkei auf einen *interfraktionellen Konsens* und kann davon ausgehen, dass die anderen Parteien diese Definition nicht zurückweisen werden: „Die Türkei ist unser Freund und Partner" (GM 059f.). Der Redner formuliert das Ziel seiner Fraktion – eine „privilegierte Partnerschaft" für den Beitrittsaspiranten – und verknüpft mit der wiederholten Modalverbkonstruktion *wir wollen* dieses Ziel mit Vorteilen, die generell von der Gegenseite bzw. den Befürwortern einer Vollmitgliedschaft angeführt werden:

060	GM	ist unser Freund und Partner. **Wir wollen** diese Freund-
061		schaft zu einer privilegierten Partnerschaft weiterentwi-
062		ckeln. **Wir wollen** den Ausbau der Wirtschaftsbeziehun-
063		gen, den kulturellen Dialog, **wir wollen** den Ausbau der
064		Sicherheitspartnerschaft. Mit der Türkei

Die Anapher *wir wollen* macht die Beteuerung eindringlicher. Sie stärkt die nahegelegte Beziehung zwischen den politischen Zielen der mit *Wir* als Kollektiv gekennzeichneten Partei und den Argumenten für eine Vollmitgliedschaft. Auf diese Weise wird suggeriert, dass auch durch die politische Alternative die Vorteile eines Beitritts zu erlangen sind. Ebenso wird dem Gegenüber nahegelegt, dass die andere Seite diese Vorteile *nicht* will.

Müller kontrastiert die positive eigene Perspektive mit dem Contra-Argument NICHTERFÜLLUNG DER POLITISCHEN KRITERIEN: „Die Türkei erfüllt weder heute noch morgen die politischen Kriterien, [...] die in Kopenhagen festgelegt worden sind." (GM 075-078). Die Redewendung *weder heute noch morgen* kombiniert Feststellung und Vorhersage und demonstriert die weitreichende Geltung des Wahrheitsanspruchs. Die *Wahrscheinlichkeit* der schnelleren Umsetzung der politischen Kriterien erscheint *minimal*.

Die Darstellung der eigenen Kooperationsbereitschaft mündet in den Vorwurf, der sich vor allem an die Regierungskoalition und somit an die Konkurrenten SPD/Grüne richtet: Die Vorgabe der EU, Beitrittsverhandlungen erst bei Erfüllung der politischen Kriterien zu beginnen, wird anhand eines einschließenden *Wir* als eigene Haltung gekennzeichnet: „**Wir** haben uns eigentlich vorgegeben, dass es erst nach Erfüllen dieser Kriterien zu Beitrittsverhandlungen kommen wird" (GM 079f.). Mit einer pronominalen *Wir - Sie* - Gegenüberstellung wird diese Position vom unerwünschten Verhalten der Regierung abgegrenzt: „Die für die Währungsunion vorgegebenen Kriterien brechen **Sie** im **Nachhinein**. Hier brechen Sie die Kriterien bereits im **Vorhinein**" (GM 080-083). Die Parallelstellung der Temporaladverbien *im Nachhinein – im Vorhinein* legt eine sich steigernde fahrlässige Inkompetenz nahe. Das Lexem *Währungsunion* unterstützt den Angriff als politisches Reizwort. Müller spielt damit auf den Stabilitätspakt der EU an, dessen Defizitgrenzen von der Regierung mehrmals überschritten worden sind.

6.3.4 Nachweis argumentativer Schwächen

Nachdem Müller durch die Diskreditierung der Humboldt-Rede Fischers die Glaubwürdigkeit seines Kontrahenten geschwächt hat, provoziert er diesen, indem er ihm den *parlamentarischen Respekt* zwar erweist, seine *argumentative Kompetenz* jedoch immer wieder *in Frage* stellt: Zunächst spielt der Redner anhand offizieller Bezeichnungen mit der parlamentarischen Zugehörigkeit und exekutiven Funktion des Außenministers. Mit der Anrede „Herr Kollege Fischer" setzt er sich auf eine Stufe mit dem Regierungsmitglied (GM 034f.). Darauf redet er den Außenminister in seiner Regierungsfunktion an, um wiederum dessen mangelnde argumentative Kompetenz aufzuzeigen:

| 065 | GM | als NATO-Partner gibt es überhaupt keine Probleme. Herr |
| 066 | | Außenminister, Sie haben ein neues Hilfsargument, den D- |

067   Day. Ich denke bei D-Day an etwas anderes. Nach dem

Wer ein *Hilfs*-Argument benutzt, noch dazu seine Argumentation ständig zu erneuern scheint („ein neues"), dessen Position scheint nicht richtig durchdacht zu sein. Fischer benutzt den Begriff *D-Day* („Decision-Day") im Zusammenhang mit dem terroristischen Angriff auf das World Trade Center vom 11. September 2001. Müller korrigiert Fischer im Sinne der Bedeutung *Invasion der alliierten Truppen 1944*: „**Ich** denke bei D-Day **an etwas anderes**" (GM 067). Er unterstellt Fischer eine verzerrte Wahrnehmung historischer Gegebenheiten und politischer Fakten.

Noch stärker erschüttert Müller die Glaubwürdigkeit des Gegners, indem er eine Kontradiktion aufdeckt: Er bringt das Unterargument ASYLANTRÄGE IN DEUTSCHLAND an. Die Türkei gehört zur Spitzengruppe der Herkunftsländer von Asylbewerbern in Deutschland. Das Phänomen der türkischen Asylbewerber wird als Indiz genutzt: Die Existenz der Anträge, insbesondere die durch die rhetorische Frage „Lehnen Sie diese Asylanträge ab?" (GM 124) implizierten anerkannten Asylverfahren, ist ein Hinweis auf Menschenrechtsverletzungen. Dem liegt ein Schlussprinzip von *Grund und Folge* zugrunde: *Wenn deutsche Behörden türkische Asylbewerber akzeptieren, dann müssen diese den Behörden vorher glaubhaft nachgewiesen haben, dass ihre Menschenrechte verletzt worden sind.* Einerseits diesen Wahrheitsanspruch zu akzeptieren, andererseits den Wahrheitsanspruch zu vertreten, die Menschenrechtslage in der Türkei habe sich verbessert, ist ein Widerspruch der Regierung. Müller macht das Handeln der damaligen rot-grünen Regierung bzw. der politischen Gegenseite zum *Indikator* für das eigene Argument NICHTERFÜLLUNG DER POLITISCHEN KRITERIEN. Müller gebraucht in diesem Zusammenhang das Kompositum *Asylbewerber*. Das Lexem hat eine besondere Schlagkraft, da es in der Zuwanderungs-Diskussion der letzten Jahre auch assoziiert wurde mit der Problematik des *Missbrauchs* des deutschen Asylrechts (vgl. Yazicioglu 2000: 22).

Mit der zwar offiziell korrekten, jedoch euphemisierenden Prädikation politisch Verfolgter als Asyl-*bewerber* – denn aus politischen Gründen verfolgt müssen die Angesprochenen sein, wenn sie in der Argumentation Müllers als Indiz für die Nichterfüllung der politischen Kriterien in der Türkei gelten sollen – werden diese auch in den Zusammenhang des missbrauchsanfälligen Asylverfahrens gestellt. Da der Außenminister aufgrund seiner institutionellen Rolle für den politischen Bereich der Asylverfahren zuständig ist, kann Müller seinerseits diese Argumentation mit einem thematisch irrelevanten Angriff auf Fischer verbinden: „Herr Außenminister, Sie haben nicht verhindert, dass es durch die Einführung der doppelten Staatsbürgerschaft dazu kam, dass heute 50 000 Türken illegal einen deutschen Pass besitzen." (GM 132-135).

6.3.5 Verteidigung durch Dissens: Roths Intervention

Der CSU-Politiker versucht einen *scheinbaren Konsens mit der Regierung* herzustellen, um einen Machtkampf zu provozieren, indem er mit der Menschenrechtssituation der Türkei argumentiert: „Frau Roth, Ankara missachtet die Menschenrechte" (GM 089). Die VERBESSERUNG DER MENSCHENRECHTS-SITUATION ist ein Hauptargument der Grünen. Die Partei verfolgt in diesem Zusammenhang eine von Optimismus geprägte Strategie, die aufbaut auf dem Vertrauen in den politischen Willen des Landes. Das Menschenrechtsproblem in der Türkei besteht seit längerer Zeit und liegt im Zentrum politischer Bemühungen der Europäischen Union. Die immer noch nicht eindeutige Verbesserung macht einen wunden Punkt in der Argumentation der Grünen aus, die der CSU-Politiker für den Versuch nutzen kann, den Grünen dieses Argument zu *entziehen*. Dabei spricht Müller Claudia Roth bewusst persönlich an: Die Bundesvorsitzende von Bündnis 90/Die Grünen ist zum Zeitpunkt der Debatte ebenso die Beauftragte der Bundesregierung für Menschenrechte und Humanitäre Hilfe. Roth hat sich in ihrer politischen Laufbahn immer wieder leidenschaftlich für die politischen Probleme der Türkei – insbesondere für die Menschenrechtssituation - eingesetzt und stellt dieses auch in ihrer Internetpräsentation dar (vgl. Bündnis 90/Die Grünen 2005). Der CSU-Politiker Müller kann erwarten, dass Roth emotional reagieren wird, denn das Argument MISSACHTUNG DER MEN-SCHENRECHTE wird von Müller im Sinne der Wertvorstellungen der Konservativen umgedeutet:

Grüne (Position Pro Beitritt):

- Argument: TÜRKEI MISSACHTET MENSCHENRECHTE
- Folgeargument: TÜRKEI MUSS STÄRKER UNTERSTÜTZT WERDEN
- Schlussprinzip: *Intaktes System verbessert defektes kooperierendes System*

CDU (Position Contra Beitritt):

- Argument: TÜRKEI MISSACHTET MENSCHENRECHTE
- Folgeargument: TÜRKEI MUSS STÄRKER SANKTIONIERT WERDEN
- Schlussprinzip: *Defektes System schadet intaktem kooperierenden System*

Die differierenden Folgeargumente ergeben sich aus den unterschiedlichen Bewertungen desselben politischen Faktums aufgrund der stark differierenden
Wertvorstellungen von Grünen und CDU. Mit der Bemerkung: „Frau Roth, Ankara missachtet die Menschenrechte" (GM 089) stellt der Redner den Status quo
ohne Differenzierung dar. So wird das Schlüsselwort *Menschenrechte* in der
Interaktion zum Reizwort, die Äußerung zur *Provokation*. Roth wird wütend und
bringt ihre Emotion über abwertende Superlative zum Ausdruck: „Von Ihnen
muss ich mir **nichts** über Menschenrechte sagen lassen! Sie sind der **Allerletzte**,
der mir etwas über Menschenrechte erzählt!" (GM 090-092: Zwischenruf Claudia Roth). Sie zeigt Missachtung über das unangemessene Verhalten Müllers, da
dieser das Kernargument der Grünen gegen sie verwendet. Roth beleidigt Müller
und bringt sich in Gefahr, vom Präsidium disqualifiziert zu werden.

Die Bundesvorsitzende der Grünen schaltet sich mit einer Zwischenfrage
offiziell in die Rede ein. Hier versucht sie, den grundlegenden Dissens wieder
herzustellen. Die von Müller geschaffene Nähe wird mit dem ironischen Satz
„Wir kennen uns ja schon lange" konterkariert. Sie stellt ihm die rhetorische
Frage: „Herr Kollege Müller, **haben Sie gehört**, dass ich gesagt habe, dass es
zwar große Reformen gibt, dass sie aber nicht ausreichen, wenn sie nur auf dem
Papier stehen?" (GM 142f.). Somit entzieht sie, mit bewusster emotionaler Neut-
ralität, der Argumentation Müllers die Grundlage und unterstellt ihm Unauf-
merksamkeit. Sie erklärt das Menschenrechtsargument aus Sicht der Grünen,
auch um zu demonstrieren, dass die Autorität im Bundestag auf diesem Gebiet
bei ihr liegt: „Jetzt geht es darum, sie auch zu implementieren. Das Folterverbot
muss bis in die letzte kleine Polizeistation mit null Toleranz **umgesetzt werden**." (GM 145f.).

6.3.6 *Zusammenfassung*

Roth weist die Inkompatibilität der Position CDU/CSU-Fraktion mit den Interessen der eigenen Wählerschaft aus dem Wirtschaftsbereich nach. Die Vorausdeu-
tung eines drohenden Interessenkonflikts zwischen der Partei und der Klientel
aus der Wirtschaft schwächt die Oppositionspartei. Der Stärke dieses Angriffs
begegnet Müller mit einem persönlichen Angriff auf Claudia Roth. Seine Strategie zielt darauf ab die Grünen zu schwächen, indem der Vorsitzenden mangelnde
Kontrolle über Emotionen bzw. damit zusammenhängendes irrationales Verhalten zugeschrieben wird.

Diesen Eindruck verstärkt Müller, indem er Roth durch eine *scheinbare
Konsensherstellung* die Vereinnahmung des Arguments MISSACHTUNG DER
MENSCHENRECHTE provoziert, emotional zu reagieren. Sie interveniert und

versucht, den Dissens zwischen der Auffassung des Menschenrechtsarguments durch die Grünen und seinem Verständnis wiederherzustellen und die Autorität auf diesem Gebiet zurückzuerlangen.

Die SPD konfrontiert der CSU-Politiker Müller mit den Positionen ihrer Autoritäten. Er nutzt den Respekt vor tonangebenden Persönlichkeiten aus ihren eigenen Reihen, um die Sozialdemokraten zu schwächen. Das wichtigste Argument Müllers besteht hauptsächlich in der UNVEREINBARKEIT VON VERTIEFUNG UND ERWEITERUNG. Dazu stellt er zunächst die Wahrscheinlichkeit der schnelleren Umsetzung der politischen Kriterien durch die Türkei als minimal dar und wirft dem Land mangelnden Kooperationswillen vor. Darauf aufbauend kann er eine *Kontradiktion* zwischen der außenpolitischen Handlungsweise der Regierung und ihrer türkeibezogenen Argumentation aufdecken: Einerseits akzeptiert die Regierung Asylbewerber aus dem Land, andererseits vertritt sie den Wahrheitsanspruch, die Menschenrechtslage in der Türkei habe sich verbessert. Er macht dabei das Handeln der damaligen rot-grünen Regierung bzw. der politischen Gegenseite zum *Indikator* für das eigene Argument NICHTERFÜLLUNG DER POLITISCHEN KRITERIEN.

Nach diesem Schlagabtausch zwischen Müller und Roth scheint die erste Gegenoffensive des Koalitionspartners zunächst geschwächt.

6.4 Hauptoffensive der Regierung

6.4.1 Schwächung der Opposition durch negatives Argumentieren

Als Regierungsmitglied steht der von der konservativen Fraktion in mehreren Bereichen gezielt angegriffene Außenminister nun vor der Aufgabe, sowohl die Koalitionsparteien als auch sich persönlich zu verteidigen. Dabei muss er jedoch effektiv die Thematisierung eines Interessenkonfliktes seiner Fraktion *vermeiden*, der durch die zentrale Positionierung der grünen Partei im Hinblick auf die türkischen Menschenrechtsprobleme verursacht worden ist. Diese befürwortet eine Beitrittszusage nur bei eindeutiger Verbesserung der Menschenrechtssituation. Innerhalb der ehemaligen rot-grünen Koalition (1998-2005) befürwortet Fischer jedoch den kompromissbereiteren pro-türkischen Kurs des Bundeskanzlers. Dieser honoriert die bisherigen Beitrittsbemühungen des Landes, um das Land bei seiner Europäisierung zu unterstützen. *Angriff ist die beste Verteidigung* – nach dieser Maxime wählt der damalige Außenminister den Weg, die Aufmerksamkeit des Plenums gezielt auf Schwächen im Verhalten der Opposition zu richten. So kann er von der Frage einer strategischen Motiviertheit seiner eigenen Position ablenken. Um aus Perspektive der deutschen Regierung die

Position durchzusetzen, dass die Aufnahme von Beitrittverhandlungen von Vorteil für die EU ist, *schwächt* Fischer die Gegenposition der CDU/CSU-Fraktion:

> *Die Aufnahme von Beitrittverhandlungen ist <u>von Nachteil für die EU</u>.*

Wie seine Position ist auch die argumentative Struktur der Rede Fischers negativ geprägt (vgl. Bollow 2007: 72). Die Argumentation lenkt die Aufmerksamkeit auf den Gegner. Fischer kontrastiert die Gegenposition der CDU mit ihrer ehemaligen pro-türkischen Position. Unterstützend entdeckt Fischer in einer früheren Äußerung einer Autorität der Gegenseite die *eigene* Position: „Die Türkei soll vollberechtigtes Mitglied der Gemeinschaft sein" (JF 094f.). Fischer adaptiert ein Zitat des CDU-Politikers Walter Hallstein:

084	JF	Lassen Sie mich noch einmal auf die Geschichte zurück-
085		kommen. **Gerade die politische Geschichte**, die im Wesent-
086		lichen durch die Kontinuität der Haltung der Bundesregierun-
087		gen geprägt wurde, **spielt in diesem Zusammenhang eine**
088		**entscheidende Rolle.** Walter Hallstein hat am 12. September
089		1963 gesagt: Getragen von den gleichen Vorstellungen,
090		werden sie die beiden Parteien - nämlich die Europäische
091		Wirtschaftsgemeinschaft und die Türkei - gemeinsam über-
092		legen, wie sie diese im Rahmen der Assoziation verwirkli-
093		chen können. Und eines Tages soll der letzte Schritt voll-
094		zogen werden: Die Türkei soll vollberechtigtes Mitglied der
095		Gemeinschaft sein. Dieser Wunsch und die Tatsache, daß
096		wir in ihm mit unseren türkischen Freunden einig sind, sind
097		der stärkste Ausdruck unserer Gemeinsamkeit. Nun kommt
098		das Argument, die heutige Europäische Union sei eine
099		andere. So wurde das

Das Zitat äußerte Hallstein als Präsident der Europäischen Gemeinschaft anlässlich der Unterzeichnung des Assoziationsabkommens der Europäischen Wirtschaftsgemeinschaft mit der Türkei. Die Wichtigkeit dieses Datums deutet Fischer mit „hat am 12. September 1963 gesagt" (JF 089) lediglich an. Fischer nutzt dieses *Zitat* nicht nur, um sich auf die besondere Autorität Hallsteins zu berufen, sondern er setzt es als *argumentativen Ankerpunkt* ein.

Der ausdrückliche Verweis auf die Bedeutung der Historie (JF 085-088) lässt darauf schließen, dass Fischer sich auf das kausale Schlussprinzip von *Grund und Folge* beruft. Er stellt einen Zusammenhang her zwischen einer politischen Folge, die hier in der Unterzeichnung des zitierten Abkommens besteht, und dem Grund, der in der Absicht besteht, die Türkei in die EU zu integrieren. Der gegenwärtige Positionswechsel der Konservativen bricht dieses Schema.

Durch die Ablehnung der Vollmitgliedschaft ist demnach aus Sicht von Fischer in Frage gestellt, ob überhaupt noch der *Wille* besteht, die Türkei langfristig zu integrieren. Die Position der CDU steht in *Kontradiktion* zu der 40 Jahre lang vertretenen Weltsicht der konservativen Fraktion und dem Konsens mit der Regierungskoalition. So erweckt Fischer den Verdacht, dass die Ablehnung der Vollmitgliedschaft durch die CDU Folge der Absicht ist, die Türkei *kulturell auszugrenzen*.

6.4.2 Deutung des Positionswechsels als Kooperationsbruch

Die CDU/CSU-Fraktion beschreibt ihr Modell der „Privilegierten Partnerschaft" als *Alternative* zu einer Vollmitgliedschaft der Türkei. Der Außenminister stellt diese gegenwärtige gegnerische Position jedoch so dar, als bedeute sie eine vollkommene *Ablehnung* des Landes:

051	JF	Ich war auch der Meinung, dass **wir** unbeschadet der Ent-
052		scheidung über die Vollmitgliedschaft hinsichtlich der Be-
053		deutung der zukünftigen Entwicklung der Türkei **eine ge-**
054		**meinsame strategische Position vertreten haben**. Wenn
055		dies aber der Fall ist, dann müssen Sie sich fragen lassen,
056		meine Damen und Herren von der Union und Frau Vorsit-
057		zende Merkel, **warum Sie jetzt, nach 40 Jahren, in dem**
058		**Wissen um die Konsequenzen eines Nein** - ungeachtet
059		dessen, wie Sie dieses Nein verpacken werden; ob als
060		privilegierte Partnerschaft oder wie auch immer - **diese**
061		**Wende vornehmen**, nachdem Ihre Partei vier Jahrzehnte
062		lang eine ganz andere Politik verfolgt hat

Sowohl das Personalpronomen *wir* (JF 051) als auch die Nominalphrase *gemeinsame strategische Position* (JF 054), die sich auf die Wichtigkeit der Türkei für die europäische Verteidigungspolitik bezieht, deuten eine Vereinbarung zwischen Regierung und Opposition an. Um sich nicht angreifbar zu machen, geht Fischer nicht auf Details ein. Er markiert die gemeinsame Position mit der *Vergangenheitsform* und kontrastiert sie mit dem gegenwärtigen Alleingang der Opposition, die er als politischen *Richtungswechsel* interpretiert. Er nutzt dabei den Begriff Wende. Hier spielt Fischer auf die positive Bedeutung des Lexems *Wende* während der Kanzlerschaft von Helmut Kohl an (1982 – 1998), der eine geistig-moralische Wende nach 13 Jahren Regierungskoalition von SPD/FDP postulierte. Fischer benutzt das Lexem ironisch, um der Opposition einen Mangel an moralischer Integrität zu unterstellen.

6.4.3 Irritation des Gegners

Ein älteres Zitat nutzt Fischer geschickt, um die Opposition vorzuführen. Dabei spielt eine wichtige Rolle, dass die Argumente der CSU-Autorität Glos, SICHERHEIT EUROPAS, PARTNERSCHAFT und GLEICHBEHANDLUNG DER TÜRKEI (JF 136-141), vom gegnerischen Plenum akzeptiert werden. Sie stützen jedoch eine Position, die zum gegenwärtigen Zeitpunkt nicht akzeptabel ist:

135 136 137 138 139 140 141	JF	Wortwörtlich heißt es in der Presseerklärung von Michael Glos: Es ist nicht nur im deutschen, sondern im europäischen Interesse, die Türkei an Europa zu binden. An der Schwelle Europas, im Schnittpunkt der Krisenregionen des Nahen und Mittleren Ostens, war die Türkei über Jahrzehnte ein verlässlicher Partner und Freund der Deutschen.
142		(Beifall bei Abgeordneten der CDU/CSU)
143 144 145 146 147 148	JF	Sehr gut! Klatschen Sie ruhig weiter. Weiter heißt es: Die Bedeutung der Türkei für die Sicherheit Europas besteht über das Ende des Ost-West-Konflikts hinaus. Es dient nicht europäischen Interessen, wenn die Türkei auf ihrem Weg nach Europa durch Übertaktieren vor den Kopf gestoßen wird.
149 150		(Beifall bei Abgeordneten des BÜNDNISSES 90/DIE GRÜNEN und der SPD)
151 152 153 154 155 156	JF	**Gleich werden Sie**, meine Damen und Herren von der CDU/CSU, **hoffentlich wieder klatschen**, wenn es heißt: Für Europa und die Türkei muss klar sein, dass ein türkischer Beitrittsantrag grundsätzlich an den gleichen Kriterien gemessen wird wie der jedes anderen europäischen Staates.

Die Schlussfolgerung, „dass ein türkischer Beitrittsantrag grundsätzlich an den gleichen Kriterien gemessen wird wie der jedes anderen europäischen Staates" (JF 153f.), basiert auf dem Schlussprinzip der *Gleichbehandlung* (vgl. Kolmer & Rob-Santer 2002: 191).

Fischer nutzt den Umstand aus, dass die Abgeordneten sich *loyal zu Parteiautoritäten* verhalten müssen. So kann er die scheinbar blinde Gefolgschaft der Fraktion vorführen: Durch Demonstration der Priorität von Parteiensolidarität vor Gerechtigkeit schwächt Fischer die gegnerische Seite.

Der Minister interagiert dabei mit dem Plenum, um es bloßzustellen. Die nonverbale Zustimmung auf die Argumente von Glos *lobt* er, die nicht erfolgende Zustimmung auf die Schlussfolgerung kommentiert er ironisch mit einer *Aufforderung* („Gleich werden Sie [...] hoffentlich wieder klatschen" (JF 151f.)), deren Erfüllung logisch konsequent, aufgrund der Bindung der Abgeordneten an die Position ihrer Partei jedoch gegenwärtig nicht möglich ist. Fischer kommt die erste Unsicherheit zugute, die durch das Glos-Zitat ausgelöst wird: Die oppositionellen Zuhörer sind zwar auf der sicheren Seite, wenn sie den ersten Passus beklatschen, können jedoch nicht antizipieren, wie Fischer seine Position damit stärken wird.

6.4.4 Gezielte Überschreitung der formalen Grenzen

Der stellvertretende Bundestagspräsident weist Fischer auf das Ende der fünfzehnminütigen Redezeit und auf die Konsequenzen einer Verlängerung hin. Mit einem ironischen Kommentar spielt der Redner mit dem parlamentarischen Respekt vor dem Präsidenten, jedoch ohne dessen Kompetenz in Frage zu stellen:

169		(Beifall beim BÜNDNIS 90/DIE GRÜNEN und bei der SPD)
170	HOS	Herr Minister Fischer, darf ich Sie darauf hinweisen, dass
171		die vereinbarte Redezeit abgelaufen ist? Nach der Verfas-
172		sung und der Geschäftsordnung dürfen Sie natürlich länger
173		reden. **Dann haben aber die Fraktionen das Recht, die**
174		**Debatte wieder zu eröffnen.**
175	JF	Herr Präsident, ich weiß das.
176	HOS	Ich wollte Sie nur darauf hinweisen.

| 177 | JF | Herr Präsident, vielen Dank für diesen Hinweis.   Es geht |
| 178 | | aber weiter, |

| 179 | | (Heiterkeit beim BÜNDNIS 90/DIE GRÜNEN und bei der |
| 180 | | SPD) |

181	JF	**weil die Geschichte wichtig ist.** Die "FAZ" hat
182		Bundeskanzler a. D. Dr. Helmut Kohl in einem Interview
183		am 22. Januar 2004 gefragt: Die eigentliche Frage aber
184		bleibt die geographische Grenze. Sie sagen, die Türkei
185		könne Mitglied der EU werden, vorausgesetzt, sie erfüllt
186		die Kriterien.

Fischer kann als Mitglied der Bundesregierung seine Redezeit verlängern, muss dann aber in Kauf nehmen, dass alle anderen Fraktionen dadurch das Recht gewinnen, die Debatte fortzusetzen (Deutscher Bundestag 2005: § 35). Er äußert explizit, dass er aufgrund ihrer Wichtigkeit die Debatte *im vollen Bewusstsein der Konsequenz* verlängert. Die Verlängerung der Debatte nimmt der Außenminister in Kauf, da er annehmen kann, dass die Fraktionen dann zwar Rederecht erhalten, dass sich die Hauptargumente jedoch sehr wahrscheinlich wiederholen werden.

Diese „Grenzübertretung" dient vor allem der *Machtdemonstration*, denn sie stellt die Autorität des Regierungsmitglieds wieder her. Im weiteren Verlauf der Rede bringt Fischer auch keine neuen oder wichtigen Argumente mehr an: Auf die SICHERHEITSPOLITISCHEN VERÄNDERUNGEN nach dem Anschlag auf das World Trade Center vom 11. September 2001 (JF 255-267) hatte Fischer bereits zuvor angespielt (JF 039). Die Frage der Europäischen Verfassung hat ebenfalls eher *marginal* mit dem Beitritt zu tun, wird hier also von Fischer zum *Angriff* auf die Opposition bzw. Chefin Angela Merkel genutzt. Er deutet auch hier einen Positionswechsel der Konservativen als Kooperationsbruch (JF 239-253). Mit der Vorhersage „Wenn ich die ‚FAZ' heute richtig gelesen habe, dann sehe ich ein neues Problem auf Sie zukommen." (JF 239f.) spielt Fischer auf einen weiteren damit einhergehenden Konflikt in CDU und CSU an:

292	JF	Sogar abgebrochen werden. Frau Merkel, unterm Strich
293		könnten Sie diesem Beschluss doch klar zustimmen. Aller-
294		dings würde dann **Ihr Laden auseinander fliegen** und
295		deswegen tun Sie es nicht. Ich danke Ihnen.

Der Redner sagt hier eine wahrscheinliche Interessenkollision voraus und veranschaulicht diese durch die Metapher eines *auseinanderfliegenden Ladens*. Der Oppositionschefin wird unterstellt, aufgrund der Solidarität zur eigenen Partei einen Dissens vorzutäuschen, obwohl sie eigentlich anders denkt.

6.4.5 Zusammenfassung

Zur Verteidigung der Regierungsposition und um die Thematisierung eines Interessenkonfliktes seiner Fraktion zu vermeiden, lenkt der Außenminister die Aufmerksamkeit auf zwei Positionswechsel der Opposition, die beide als Kooperationsbrüche gedeutet werden. Mit Vorhersagen politischer Konsequenzen setzt Fischer seine politische Kompetenz ein, um die Gegenseite zu schwächen. Den ersten Bruch entdeckt Fischer im alternativen Beitrittskonzept der „Privilegierten Partnerschaft". Er wird als politische Wende, die der verdeckten Absicht dient, die Türkei auszugrenzen, *disqualifiziert*. Das Verhalten der Opposition wird als unzuverlässig und opportunistisch gebrandmarkt. Mit Hilfe eines älteren Zitats der CSU-Autorität Glos, das in *Kontradiktion* zur gegenwärtigen Position steht, deckt der Außenminister falsche Loyalität auf: Er zeigt, dass die Fraktion der *Loyalität zur Parteiführung* Vorrang vor dem *politischen Prinzip der Gleichbehandlung* gibt. Fischer setzt dabei gezielt einen Hinweis auf das nonverbale Handeln der CDU/CSU-Fraktion ein, um sie bloßzustellen.

Um nach mehreren persönlichen Angriffen der Opposition die eigene Autorität wiederherzustellen, nutzt das Regierungsmitglied den Hinweis des stellvertretenden Bundestagspräsidenten auf Konsequenzen einer weiteren Verlängerung der Redezeit. Die Übertretung der Redezeitvereinbarung dient der Demonstration seiner Macht. In der fortgesetzten Rede schließt Fischer seine Argumentation mit einem Angriff auf Oppositionschefin Merkel ab, in dessen Rahmen ein Positionswechsel im Hinblick auf die Europäische Verfassung ebenfalls als Kooperationsbruch interpretiert wird. Um Merkel weiter zu schwächen, deutet Fischer ihre Positionierung als *vorgetäuschten Dissens*. Mit der Vorhersage der Eliminierung ihrer Fraktion im Falle einer Aufhebung dieser Täuschung verstärkt er die Sicherheit seines Wahrheitsanspruches.

Mit dieser Hauptoffensive hat Fischer nicht nur erfolgreich die Opposition geschwächt, sondern ebenso seine Autorität als erfahrener Regierungspolitiker herausgestellt. Das Alternativmodell der Privilegierten Partnerschaft wurde erfolgreich blockiert, seine gestärkte Position für den Vollbeitritt kann er als Außenminister in die folgenden Verhandlungen einbringen.

7 Das komplexe Handlungsspiel in der Nationalversammlung

7.1 Positionierung der türkischen Regierung und Opposition

7.1.1 Die Regierung der Adalet ve Kalkınma Partisi

Die *Adalet ve Kalkınma Partisi* (AKP, dt. *Partei für Gerechtigkeit und Entwicklung*), in der 22. Legislaturperiode stärkste Fraktion im Parlament, ist eine islamisch-konservative Partei. Sie präsentiert ihr politisches Profil als *Synthese moderner und religiöser Wertvorstellungen* nach dem Vorbild europäischer Christdemokraten. Ihr zufolge kann sich der türkische Staat nur modernisieren und demokratisieren, wenn er den Pluralismus der kulturellen und religiösen Traditionen und Identitäten der türkischen Bevölkerung berücksichtigt. Generell wird die AKP von politischen Experten als Partei der rechten Mitte eingeschätzt, die eine gemäßigte Modernisierungspolitik betreibt (vgl. Çaha 2003: 95). Sie bekennt sich zum republikanischen Erbe der Türkei und kombiniert moderne politische Werte wie Säkularisierung, Menschenrechte, bürgerliche Freiheiten und freie Marktwirtschaft mit einem traditionellen Lebensstil zu einer wertkonservativen Sichtweise (vgl. Çaha 2003: 107). Sie respektiert ausdrücklich die kemalistischen Prinzipien und insbesondere den türkischen Laizismus, nimmt in ihrem Programm jedoch eine ideologiefreie realpolitische Weltanschauung für sich in Anspruch (AKP 2001: 4):

> Partimiz, geleneğin ve geçmişin birikimiyle ülkemizin sorunlarına, dünya gerçekleriyle paralel biçimde, özgün ve kalıcı çözümler sunmayı hedefleyen, topluma hizmet etmeyi esas alan, ideolojik platformlarda değil, çağdaş demokratik değerler platformunda siyaset yapmayı benimseyen bir partidir.

(„Unsere Partei ist eine Partei, die sich zu eigen macht, mit dem Fundus von Traditionen und Vergangenem und entsprechend den Wirklichkeiten der Welt eine Politik zu verfolgen, die zum Ziel hat, originelle und nachhaltige Lösungen anzubieten, die es sich zum Wesen macht, der Gemeinschaft nicht auf ideologischen Grundlagen, sondern auf der Grundlage zeitgenössischer demokratischer Werte zu dienen.")

Traditionen sollen zum Wohl der Nation bestmöglich integriert werden. Dies beinhaltet ein Menschenbild, das freies Praktizieren kultureller und religiöser Traditionen zu den menschlichen Grundbedürfnissen zählt. Diese Überlieferungen sind vom Staat zu respektieren, zu schützen und zu fördern, solange sie die Würde und das Leben des Individuums und die Demokratisierung der Nation nicht gefährden. Modernisierung bedeutet in dieser parteilichen Weltsicht, dass sich der sunnitische Islam, der im türkischen Staatsverständnis als nationales Gut verstanden und vom Staat gelenkt wird, als eigenständiger gesellschaftlicher Faktor emanzipiert. Dazu gehört auch, dass die Benachteiligung anderer Religionen neben dem sunnitischen Islam aufgehoben wird. Die sozio-ökonomische Basis und Stammwählerschaft der AKP findet sich vor allem in der konservativ-religiös orientierten Mittelschicht Anatoliens, die sich in ihrer Identität und ihren Zielen von den türkischen Kemalisten abgrenzt (Seufert 2002: 32):

> Die Partei setzt deshalb stärker auf eine offene Gesellschaft und auf die Legitimität zivilgesellschaftlichen Engagements, was den Staat, der in der Türkei alle Sphären gesellschaftlichen Lebens direkt kontrolliert, zurückdrängen und Freiräume schaffen soll. Es ist eine Bewegung der Mittelschichten, die alle radikalen Töne vermeidet, da sie die Integration ins System, nicht seinen Umsturz will und seine graduelle Veränderung predigt.

Nicht nur die anatolischen Mittel-, sondern auch die Unterschichten sichern der AKP ihre große Wählerschaft. Die in die Großstädte flüchtende Bevölkerung aus den Unterschichten und unteren Mittelschichten ist für religiöse Vorstellungen besonders empfänglich (vgl. Tellenbach 2003). Der große Zuspruch der türkischen Bevölkerung wird auch darauf zurückgeführt, dass die Partei zur Zeit ihrer Gründung 2001 von den türkischen Wählenden als unbelastet von der Korruption der bisherigen Regierungen wahrgenommen und nicht für die damalige prekäre wirtschaftliche Lage des Landes verantwortlich gemacht wurde (vgl. Tellenbach 2003).

Der Vertrauenszuwachs in die neue Partei, der bei den vorgezogenen Neuwahlen im Jahr 2007 bestätigt wurde, geht zu Lasten etablierter konservativer Parteien wie der Doğru Yol Partisi (DYP, *Partei des rechten Weges*). Sie konkurriert mit der islamischen AKP um die traditionell orientierte Wählerschaft. Als türkische Partei der „Rechten Mitte" sieht die DYP den Islam als Verbindung muslimischer Religiosität ländlicher Prägung und türkisch-ethnischer Identität der anatolischen Bevölkerung (vgl. Seufert 2002: 13). Das Wahlprogramm der Partei für das Jahr 2002 räumt dem EU-Beitritt eine Katalysatorfunktion für die Entwicklung des Landes ein (vgl. DYP 2002). Konservative Parteien wie die DYP, die in ihrer Geschichte an vier Regierungen beteiligt war, verloren seit dem Aufstreben der AKP einen sehr großen Teil ihrer Wähler.

Die kemalistische Staatselite, die über juristische und administrative Macht verfügt, beobachtet die AKP seit ihrem parlamentarischen Wahlsieg 2002[43] mit großer Skepsis (vgl. Seufert 2002: 24). Dies ist vor allem darin begründet, dass sie in der Tradition vieler pro-islamischer Parteien in der Türkei steht, in denen islamisch orientierte Kräfte seit den 1960er Jahren versucht haben, sich gegen die streng laizistisch orientierte Staatselite durchzusetzen. So gelang es 1996 der *Refah Partisi* (RP, dt. *Wohlfahrtspartei*) von Necmettin Erbakan, die stärkste Fraktion im türkischen Parlament aufzubauen. Aus der Tradition der RP ist die AKP entstanden: Die RP wurde 1998 verboten, da Erbakan u. a. beabsichtigte, ein paralleles Bildungssystem mit religiös orientierten Schulen zu etablieren. Ihre Nachfolgerin, die *Fazilet Partisi* (FP, dt. *Tugendpartei*), wurde 2001 verboten. Recep Tayyip Erdoğan, ein Vertreter des modernen Flügels der FP, gründete daraufhin im selben Jahr die AKP. Die FP hatte sich u. a. für das Tragen des islamischen Kopftuches an türkischen Universitäten eingesetzt. An der kontrovers diskutierten Kopftuchfrage entzündete sich in der Geschichte der Türkei der Kampf zwischen Islamisten und Laizisten immer wieder (vgl. Göztepe 2004).

Ein wesentlicher Faktor sowohl für das öffentliche Misstrauen als auch für ihren großen Erfolg liegt in der *Volksnähe* der Partei, wie sie der Parteivorsitzende Recep Tayyip Erdoğan selbst verkörpert. Unter kritischer Beobachtung der türkischen Laizisten prägte er als Oberbürgermeister von Istanbul sein Image als integerer und bodenständiger Politiker. Die Rezitation eines Gedichts des republikanischen Chefideologen Zia Gökalp in Südostanatolien, das u. a. Gläubige mit Soldaten verglich, wurde als Versuch der Volksverhetzung ausgelegt. Ein Staatssicherheitsgericht verurteilte Erdoğan 1998 zu zehn Monaten Haft, die er zum Teil abbüßte. Der junge Politiker wurde so zu einem Volkshelden (vgl. Seufert 2002: 20). Zwar machte Erdoğan nach dem AKP-Wahlsieg deutlich, dass seine politischen Sichtweisen sich gemäßigt hätten, für kritische Beobachter bleibt jedoch zweifelhaft, ob die langfristigen Interessen der AKP lediglich in der Demokratisierung und der Verbesserung der ökonomischen Situation der Türkei liegen. Möglich wäre aus kritischer Sicht, dass die Veränderung des säkularen Systems und die ökonomische Stärkung der Mittelschicht als mittelbares Ziel die Durchsetzung islamistischer Interessen erst ermöglichen soll. Die AKP selbst beherbergt neben dem Flügel der „Reformer" auch den kleineren, jedoch politisch extremeren Flügel der „Traditionalisten", die sich für die systematische Aufhebung des laizistischen Systems einsetzen.

Die Erwartungen der Wählerschaft auf der einen und das Misstrauen der Eliten auf der anderen Seite setzen die AKP unter besonderen Handlungsdruck. Die Partei löst dieses Dilemma, indem sie sich vor allem auf die Kooperation mit

---

[43] Die AKP erzielte einen Anteil von 34,2% der Wählerstimmen.

der EU konzentriert (vgl. Çaha 2003: 108f.). In ihrem Programm fordert sie die schnellstmögliche Umsetzung der Kopenhagener Kriterien (vgl. AKP 2001: 10). Nach ihrer Wahl 2002 beschleunigte die AKP den pro-europäischen Kurs der bisherigen Regierungen. So erzielte die Türkei in der 1. Regierungsperiode der AKP[44] im Dezember 2004 die feste Zusage für den Beginn von Beitrittsverhandlungen vom Europäischen Rat. Die AKP sieht Europa in einem betont positiven Licht und setzt voraus, dass die EU selbst *aufrichtig beabsichtigt*, Beitrittsverhandlungen mit der Türkei aufzunehmen. Somit ergibt sich folgende pro-europäische Position:

Die Aufnahme von Beitrittverhandlungen ist von Vorteil für die Türkei. Die EU wird eine realistische Lösung anstreben. Es ist im nationalen Interesse, wenn sich die Türkei so kompromissorientiert wie möglich verhält.

Die AKP vertritt folgende Kernargumente:

- Der Beitritt ist ein Weg zu MEHR DEMOKRATISIERUNG und WIRTSCHAFTLICHER STABILITÄT.
- BEIDE SEITEN ERKENNEN DIE INTERESSEN DES ANDEREN AN; ZUGESTÄNDNISSE (z. B. in der Zypernfrage) sind sowohl auf türkischer als auch auf europäischer Seite AKZEPTABEL.
- Die Türkei ist aufgrund der ISLAMISCHEN IDENTITÄT in ihren Traditionen von Europa zu unterscheiden, jedoch TROTZ IHRER UNTERSCHIEDE KOMPATIBEL.
- Das GESAMTE TÜRKISCHE VOLK hat den HISTORISCHEN ANNÄHERUNGSPROZESS MITGETRAGEN, weshalb die Interessen der Bevölkerung ebenso hohes Gewicht haben wie die der Eliten.

7.1.2 Die Opposition der Cumhuriyet Halk Partisi

Die *Cumhuriyet Halk Partisi* (CHP, dt. *Republikanische Volkspartei*) bildet im Jahr 2004 die einzige Oppositionsfraktion im türkischen Parlament. Als sozialdemokratische Partei repräsentiert sie „Turkey's mainstream left wing politics" (Uçan 2003: 26). Die CHP wurde 1923 von Mustafa Kemal Atatürk gegründet und hat das Land bis 1950 in einem Ein-Parteien-System regiert. Als „Partei Atatürks" sieht sie sich der Wahrung der sechs kemalistischen Grundprinzipien (Laizismus, Nationalismus, Populismus, Republikanismus, Etatismus, Reformismus) besonders verpflichtet. Diese sind aus ihrer Sicht mit den sozialdemo-

---

[44] Die AKP erzielte auch bei den Parlamentswahlen 2007 einen Wahlsieg mit einem Anteil von 46,6 %.

kratischen Prinzipien von Freiheit, Gleichheit und Solidarität kompatibel (vgl. CHP 1993).

Wesentlich für die türkische Nation ist aus Sicht der CHP ihre fortschreitende Entwicklung und Anpassung. Dazu ist Freiheit ebenso wichtig für die individuelle wie für die gemeinschaftliche Entwicklung (CHP 1993):

> Özgürlük, insan kişiliğinin, düşüncesinin ve kavrayışının, insan yeteneklerinin ve yaratıcılığının engelsiz ve sürekli gelişebilmesi için başta gelen koşuldur. İnsanın da, toplumun da kendini aşabilmesinin gereğidir.

(„Die Freiheit ist die wichtigste Bedingung für die ungehinderte und kontinuierliche Entwicklung der menschlichen Persönlichkeit, des Denkens, der Auffassung, der menschlichen Fähigkeiten und Kreativität. Sie ist notwendig, damit sowohl der Mensch als auch die Gesellschaft über sich hinauswachsen können.")

Die CHP schöpft ihr Menschen- und Nationenbild aus einer gemäßigten kemalistischen Perspektive und steckt hier einen engeren Rahmen ab als die Regierungspartei AKP. Entsprechend einer *kemalistisch-sozialdemokratischen Synthese* strebt der Mensch aus seinen Traditionen heraus zu einem aufgeklärten, modernen Leben. Nationale Traditionen wie der türkische Republikanismus, den die CHP in ihrer Geschichte entscheidend beeinflusst hat, haben dabei Priorität vor kulturell und ethnisch bestimmten Brauchtümern (vgl. Çaha 2003: 100).

Die potentielle Wählerschaft der CHP besteht vor allem aus der streng laizistisch orientierten Bevölkerung des Landes und dem sozialdemokratisch orientierten Teil der kemalistischen Staatselite, deren mächtigste Akteure „die Führungsschicht der Ankaraner Bürokratie, die vor 1980 großgewordene wirtschaftliche Elite Istanbuls, das Militär und die Presseholdings" (Seufert 2002: 9) ausmachen. Die CHP konkurriert um diese Wählerschaft mit der nationalistischen Milliyetçi Hareket Partisi (MHP, Partei der Nationalistischen Bewegung), die bis 2002 in einer links-nationalistischen Koalition regierte und von 2002 bis 2007 nicht ins Parlament gewählt wurde. Die MHP lehnt einen Beitritt der Türkei zur Europäischen Union aufgrund eines befürchteten Souveränitätsverlustes kategorisch ab, für die CHP hingegen verkörpert der Beitrittsprozess die westliche Orientierung der Türkei. Die sozialdemokratische Partei vertritt die Meinung, dass sich das Land aufgrund seiner Anpassungsbemühungen das historische Recht erworben hat, als ein gleichwertiges Mitglied der westlichen Welt aufgenommen zu werden. Der Staatenbund sollte jedoch nicht zum Ziel an sich werden, sondern vor allem ein Mittel zur eigenen Demokratisierung (Uçan 2003: 28):

> However, it is also evident that the historical heritage of the CHP considers and designates the economic, technical and administrative regulations necessitated by EU-accession only as a 'means' to extend the space of human rights and freedoms.

Im Allgemeinen schließt sich die Partei der sogenannten „Politik des dritten Weges" der Europäischen Sozialdemokraten an, die im Kern die Verträglichkeit moderner Marktwirtschaft und sozialer Gerechtigkeit beinhaltet. Für die CHP bedeutet ein Beitritt die Stärkung türkischer Arbeitnehmer durch Sicherung von Arbeitsplätzen und die Schaffung neuer Arbeitsplätze in der Türkei durch die Stabilisierung der türkischen Wirtschaft. Außerhalb der Türkei erhofft sich die Partei durch die Arbeitnehmerfreizügigkeit, die abhängig Beschäftigten die Wahl ihres Arbeitsplatzes im gesamten Gebiet der EU ermöglicht, auch bessere Berufschancen für die junge türkische Bevölkerung. Der radikalere Flügel der CHP steht jedoch der als kapitalistisch wahrgenommenen europäischen Marktwirtschaft skeptisch gegenüber und interpretiert Zugeständnisse als „Ausverkauf" des eigenen Landes.[45] Diese zwar skeptische, jedoch eindeutig pro-europäische Haltung hat der CHP als einziger Partei den Rückhalt sowohl in der Staatselite als auch in der kemalistisch orientierten Bevölkerung und somit in der 22. Legislaturperiode den Sprung in die Opposition gesichert, während dies beispielsweise der nationalistisch orientierten MHP oder der links-nationalistischen Demokratik Sol Partisi (DSP) nicht gelungen war.

Aufgrund der Nähe der Partei zur kemalistischen Elite spielen *nationale Interessen* eine große Rolle. Wichtig ist besonders der Zusammenhalt des eigenen Territoriums, zu dem die Türkei auch Nordzypern zählt. Diese Interessen bringen das Land jedoch in Konflikt mit der EU und gefährden die Beitrittsverhandlungen, da die Türkei mit Nordzypern EU-Gebiet besetzt hält. Aufgrund dieser Interessenkonflikte geht die Partei im Gegensatz zur AKP auch nicht davon aus, dass die EU aufrichtig beabsichtigt, das Land als Vollmitglied aufzunehmen. Zwar ist der politische Diskurs der Partei offen für „liberalization, democratization and integration with the EU" (Çaha 2003: 100), doch aufgrund des hohen Gewichts nationaler Interessen begegnet die CHP dem Beitrittsprozess mit größeren Vorbehalten als die AKP. Wichtig für die EU-Politik wie insgesamt für die Außenpolitik der CHP ist neben der Wahrung der nationalen Interessen vor allem die *internationale Anerkennung* (CHP 1993):

> Cumhuriyet Halk Partisi, Türkiye'nin ulusal çıkarlarını korumaya, yani bağımsızlığını ve egemenliğini, ulusu ve ülkesiyle bölünmez bütünlüğünü sürdürmeyi, uluslararası saygınlığını ve etkinliğini arttırmaya yönelik barışçı bir „ulusal dış politika" izler.

(„Die Republikanische Volkspartei verfolgt eine friedvolle 'nationale Außenpolitik', die auf den Schutz der nationalen Interessen der Türkei, also ihrer Unabhängigkeit und Hegemonie, die Wahrung der unteilbaren Ganzheit von Nation und

---

[45] Zum türkischen „Euro-Scepticism" vgl. Canefe/Bora 2003.

Land und die Vermehrung ihrer internationalen Anerkennung und Wirkung ausgerichtet ist.")

Der Schutz nationaler Interessen sowie die Wahrung des internationalen Respekts kann der Weltanschauung der CHP zufolge lediglich mit der *sicheren Aussicht* auf einen vollwertigen Beitritt gewahrt werden, was sich in ihrer *Position* wiederspiegelt:

Die Aufnahme von Beitrittsverhandlungen ist von Vorteil für die Türkei. Die EU wird jedoch die für sie selbst vorteilhafteste Lösung anstreben. Es ist im nationalen Interesse, wenn sich die Türkei nicht zu kompromissorientiert verhält und nur eine Vollmitgliedschaft akzeptiert.

Die Kernargumente der CHP sind:

- Der EU-Beitritt ist ein Weg zu MEHR DEMOKRATISIERUNG UND WIRTSCHAFTLICHER STABILITÄT.
- Die Türkei hat BEREITS EINE EUROPÄISCHE IDENTITÄT und verdient die Anerkennung der EU.
- Die Türkei hat der EU gegenüber HINREICHEND VIELE ZUGESTÄNDNISSE gemacht.
- Die EU ist aufgrund EIGENER INTERESSEN der Türkei gegenüber NICHT AUFRICHTIG.

7.2 Selbststärkung der Regierung

7.2.1 Positive Argumentation und Ablenkung

Die Regierungserklärung Erdoğans ist betont positiv gestimmt und stärkt in der angespannten Situation kurz vor der Entscheidung des Rates der Stärkung der *Moral der Öffentlichkeit*. Mit einem Handlungsbericht über seine kürzliche Europareise steigt der Premier in seine Rede ein. Die Beschreibung wird ausgedehnt zu einer rhetorischen *Topographie* europäischer Institutionen als wohlgesonnene Freunde. Der Redner legt dar, wie er sich mit europäischen Vertretern getroffen, über die Lage der Türkei gesprochen hat, dass er sich über die kooperative Atmosphäre freut und wie zufrieden der Rat mit den Fortschritten des Beitrittskandidaten ist (vgl. RTE 011-046). Erdoğan umgeht damit zunächst ein politisch relevantes, jedoch für die AKP unbequemes Thema. Vollkommen außer Acht gelassen wird die Verhandlung eines heiklen Punktes mit dem damaligen EU-Erweiterungskommissar Günter Verheugen, der eine positive Bewertung im EU-Fortschrittsbericht in Gefahr gebracht hätte. In der türkischen Strafrechtsreform 2004 sollte ein Paragraph erscheinen, der in Anlehnung an islamisches Recht Ehebruch strafbar macht. Dieser sog. *Zina*-Paragraph (arab. *Zina* – dt. „Unzucht"), hat nahezu eine Krise zwischen dem radikalen und gemäßigten Lager der AKP ausgelöst und ist von der EU als Zeichen mangelnder Beitrittsreife kritisiert worden.[46]

Die positive Atmosphäre, die diese Beschreibung schafft, hat neben der Verdrängung negativer Aspekte die Funktion, das Hauptargument der ERFÜLLUNG DER POLITISCHEN KRITERIEN einzuleiten, das nicht explizit formuliert, sondern durch zwei Feststellungen gestärkt wird: Erstens die *positive Aussage* der Europäischen Kommission und zweitens die *Wertschätzung* der türkischen Fortschritte durch den Europarat. Der Redner bezieht sich indirekt auf die im Oktober 2004 gemeinsam mit dem jährlichen Fortschrittsbericht erschienene „Empfehlung der Europäischen Kommission zu den Fortschritten der Türkei auf dem Weg zum Beitritt" (Kommission der Europäischen Union: 2004). Der Redner konzentriert das gesamte Empfehlungsdokument auf eine positive Grundaussage:

050	RTE	[biçimde değerlendirildikten sonra, üye ülkelere,] Türkiye
051		ile müzakerelerin başlatılması yönünde net bir tavsiyede
052		bulunulmuştur; bunu, açıkça görüyoruz.

(„In Richtung des Beginns der Verhandlungen mit der Türkei wurde offensichtlich eine klare Empfehlung gegeben, dies sehen wir eindeutig.").

Gestützt wird die Feststellung durch die beschriebenen *positiven Bewertungen* der türkischen Fortschritte durch die europäischen Repräsentanten, die als Indiz für eine positive Einstellung gedeutet werden:

038	RTE	Muhataplarımız, Avrupa Konseyinin etkin bir üyesi olan
039		ülkemiz ile Avrupa Konseyi arasındaki işbirliğinden ve Hü-
040		kümetimiz döneminde insan hakları, demokratikleşme
041		konusunda atılan adımlardan duydukları memnuniyetleri
042		ifade ettiler ve bundan, tabiî ki, bizler de memnun olduk.

(„Unsere Gesprächspartner haben ihre Zufriedenheit mit der Zusammenarbeit zwischen dem Europarat und unserem Land als einem aktiven Mitglied genauso wie mit den Fortschritten, die im Bereich der Menschenrechte und Demokratisie-

---

[46] Vgl. Artikel „Die diffuse Angst vor einem neuen Jahr 1683", Robert Luchs, In: Das Parlament Nr. 41/42, 4.10.2004.

rung während unseres Regierungszeitraums gezeigt und dies hat uns selbstverständlich auch mit Zufriedenheit erfüllt.")

Der AKP-Politiker führt auch im weiteren Verlauf der Rede lediglich die Argumente der eigenen Seite aus, zu denen neben den POLITISCHEN FORTSCHRITTEN auch der POSITIVE WANDEL DER TÜRKISCHEN BEVÖLKERUNG gehört. Einer möglichen Gegenargumentation greift der Premier auf möglichst risikolose Weise vor, indem er eine mögliche gemeinsame Revision mit den EU-Vertretern nur sehr vage andeutet:

072	RTE	[...] Bu süreci de başlatmış bulunuyoruz. Zira, bu
073		değerlendirme ve önerilerin, daha önceki uygulamalardan
074		farklı olarak, Türkiye için ayırımcılık anlamına gelecek özel
075		koşullar oluşturacak şekilde yorumlanmaması için böyle bir
076		mesainin çok yararlı olacağını düşünüyorum; onun için de,
077		bu görüşme sürecini başlatmış bulunuyoruz. [...]

(„Diesen Prozess haben wir auch in Gang gesetzt. Damit diese Auswertungen und Vorschläge, anders als die vorherigen Maßnahmen, nicht als Sonderbedingungen gedeutet werden, die für die Türkei eine Diskriminierung bedeuten würden, denke ich, dass eine solche Anstrengung sehr nützlich sein wird; deswegen haben wir auch diesen Begegnungsprozess begonnen.")

Die gegnerische Position wird aus dem Aufmerksamkeitsfokus gedrängt, indem der Redner auf sie anspielt und sie sofort abwertet:

115	RTE	Tabiî, zamanla ilgili olarak çok değişik ifadeler kullanılıyor;
116		efendim, askıya alınmak; efendim, işte, tarih verilmedi,
117		**şudur budur gibi**. Bence bunlara pek iltifat etmenin anlamı
118		yok. Müzakereye başlayan bir ülke tam üye olma sürecine

(„Natürlich werden im Zusammenhang mit dem Beitrittszeitraum unterschiedliche Aussagen gemacht, 'Verehrteste/r, auf die lange Bank geschoben, Verehrteste/r, also, es wurde kein Datum gegeben', **so wie dies oder das**. Meiner Meinung nach hat es keinen Sinn, dem besondere Beachtung zu schenken.")

7.2.2   Darstellung des Beitritts als Heilung der Nation

Ins Zentrum der Aufmerksamkeit bringt Erdoğan jetzt die türkische Bevölkerung, die er als Nation anspricht. Die positive Tendenz des vorliegenden Berichtes wird als *Sieg* und somit als *Leistung des Volkes* bewertet:

```
062    RTE         sadece Parlamento içinde bizlerin başarısı değil, aslında,
063                bu, milletimizin de bu sürece katkısıdır ve milletimizin
064                zaferidir.
```

(„das ist nicht nur unser Erfolg in diesem Parlament, sondern eigentlich auch der Anteil unserer Nation an diesem Prozess und der **Sieg unserer Nation**.")

Der Redner stellt hier einen Konsens her, indem er *symbolisch* den Erfolg von Parlament und Regierung an das Volk weitergibt. Die Nation wird im Folgenden personifiziert und so als einheitliches Subjekt angesprochen, das in der gegenwärtigen Situation einem Mangelzustand ausgesetzt ist und dessen materielle Bedürfnisse als *Volkskörper* und spirituellen Ziele als *Volksseele* zu befriedigen bzw. zu erfüllen sind. Für den Volkskörper setzt der Premierminister das Wohlergehen bzw. den *Wohlstand* als oberste Priorität, dabei wird durch gezielte Wortwahl dem Beitrittsprozess die positive Eigenschaft des Nutzens zugeschrieben:

```
073    RTE         değerlendirme ve önerilerin, daha önceki uygulamalardan
074                farklı olarak, Türkiye için ayırımcılık anlamına gelecek özel
075                koşullar oluşturacak şekilde yorumlanmaması için böyle bir
076                mesainin çok yararlı olacağını düşünüyorum; onun için de,
```

(„Ich denke, dass eine solche Anstrengung sehr **förderlich** sein wird, damit diese Bewertungen und Empfehlungen, anders als bei vorherigen Durchführungen, nicht als besondere, eine Diskriminierung der Türkei bedeutende Bedingungen interpretiert werden, [...]")

Mit dem adaptiven Zitat „uzun ince bir yoldayız" (RTE 098, dt. „wir sind auf einem langen schmalen Weg") bezieht sich der AKP-Politiker auf ein sehr bekanntes *Lied* des Volksdichters Aşık Veysel, „Uzun ince bir yoldayım" (dt. „Ich bin auf einem langen schmalen Weg"), das metaphorisch den Weg der Seele durch das Leben aus der Perspektive des Individuums beschreibt.[47] Erdoğan

---

[47] Das Lied Veysels ist ein „Türkü", eine in der türkischen Bevölkerung sehr beliebte Liedform und die einzige originär türkische Poetikform (vgl. Gibb 1900: 95).

erklärt den Beitrittsprozess des Landes in die Europäische Union zum Weg der Nation zu ihrer Bestimmung. Dies gibt der Rede eine *übermenschliche, spirituelle Dimension*, die sich an die ländlich und religiös geprägte Bevölkerungsschicht der Türkei wendet. Das genaue Ziel des Weges wird nicht präzise beschrieben, so dass zwei Deutungen möglich sind: Die Identität der an ihrem Ziel angekommenen Nation kann sowohl eine westlich-aufgeklärte, als auch eine östlich-religiöse sein.

7.2.3 Lob des Parlaments zur Stärkung der eigenen Partei

Erdoğan wendet sich explizit an das nationale Parlament und spricht ein Lob im Namen eines Kollektivs aus. Das lobende Agens erschließt sich hier nur indirekt über die Prädikation. Zunächst ist ein inklusives *edebiliriz* (RTE 105) (dt. „wir können tun") ausgeführt, das den Redner einschließt und darüber hinaus die eigene Fraktion, das Parlament selbst und die gesamte Öffentlichkeit beinhalten kann:

| 104 | RTE | [ortaya çıkacaktır,] bunları da süratle yerine getirmeye |
| 105 | | muktedir bir Parlamentomuz var, **bununla iftihar edebiliriz**. |

„[...] um auch diese Ansprüche zügig zu erfüllen haben wir ein fähiges Parlament, **auf das wir stolz sein können**."

Mit seinem Lob erkennt der Premier die Leistung des Parlaments an und erhebt sich gleichzeitig als Autorität über das Plenum als gelobtes Patiens. Dass der Politiker hier als Vertreter seiner traditionell geprägten Wählerschaft auftritt, zeigt sich durch die nähere Analyse eines verwendeten arabischen Lexems.[48] In das Lob ist das Adjektiv *muktedir* (RTE 105) (dt. „fähig") als *arabisches Lehnwort* integriert. Erdoğan benutzt *muktedir* und nicht das geläufigere türkische Synonym *yetenekli*. Dazu ist anzumerken, dass der islamisch-konservative Mittelstand tendenziell eher auf den hochsprachlichen arabischen Wortschatz zurückgreift und die ärmere ländliche und städtische Bevölkerung umgangssprachliche arabische Lexeme bevorzugt. Der Gebrauch des Wortes *muktedir* ist eher hochsprachlich und evoziert die osmanisch-orientalische Tradition der Türkei.

---

[48] Fast die Hälfte der türkischen Lehnwörter stammt aus dem Arabischen und ist vor allem zur Zeit des Osmanischen Reiches in den Wortschatz aufgenommen worden. Seit der kemalistischen Sprachreform 1923, in deren Zug auch die arabische Orthografie durch die lateinische ersetzt worden ist, werden für Lehnwörter jedoch kontinuierlich türkische Synonyme (re-)konstruiert (vgl. Steuerwald 1963). Viele arabische Lexeme bestehen im Wortschatz trotz türkischer Synonyme mit derselben kognitiven Funktion weiter.

Die Wortwahl verbindet auf lexikalischer Ebene das Subjekt *Parlament* als laizistische Institution mit einer orientalisch definierten Zuschreibung. Das Volk ermächtigt über die Zuweisung einer Eigenschaft das Parlament.
Der türkischen Bevölkerung wird über gezielte Wortselektion die Rolle einer *prüfenden Autorität* zugewiesen: Erdoğan drückt die Verbalphrase seines Lobes mit der Mehrworteinheit *iftihar edebiliriz* (RTE 105) (dt. „können wir stolz sein") aus, die aus dem arabischen *iftihar* (dt. „Stolz") und dem in der Möglichkeitsform konjugierten türkischen Verb *etmek* (dt. „tun") zusammengefügt ist. Diese Äußerungsform legt nahe, dass die Handlungen des Parlaments von der Öffentlichkeit aktiv und rational geprüft und anerkannt werden. Die Gesellschaft wird aktiv vertreten, sowohl von ihm als auch allen anderen politisch handelnden Subjekten. Diese aktive Funktion, angedeutet mit „hep birlikte" (RTE 056) (dt. „alle zusammen"), wird allen am Anpassungsprozess beteiligten Akteuren zugewiesen:

109	RTE	[Bu bir süreçtir; bu zihniyet değişimini,] hep birlikte, en
110		batıdan en doğuya, en kuzeyden en güneye, 70 000 000
111		vatan evladına kabul ettirecek şekilde bunun çalışmasını
112		**yapmak durumundayız**. Bunu ne kadar büyük ölçüde

(„...; **wir sind in der Lage**, an diesem Mentalitätenwandel zu arbeiten, in einer Form, in der alle zusammen, von Westen nach Osten, von Norden nach Süden, 70 000 000 Kinder des Vaterlandes dies werden akzeptieren können....")

Mit dieser Feststellung stellt der Redner einen Konsens zwischen Regierung und Opposition her. Die Nennung des gesamten türkischen Territoriums weist implizit auf Bereiche wie den türkischen Osten hin, in dem sich die Modernisierung des Landes weit langsamer vollzieht. Das Agens ist in der Verbalphrase als erste Person Plural formuliert, so dass neben dem Sprecher alle Angesprochenen eingeschlossen sind. Die jeweils dem Volk und seinen Vertretern zugewiesenen Verbalphrasen sind qualitativ voneinander unterschieden: das der Bevölkerung zugeschriebene *kabul ettirecek şekilde* (RTE 111) (dt. „in einer akzeptablen Form") ist als passive Phrase, das den handelnden Politikern zugeschriebene *yapmak durumundayız* (RTE 112) (dt. „wir sind in der Lage") als aktive Phrase konstruiert. Erdoğan weist somit Parlament und Regierung implizit die Funktion zu, aktiv im Auftrag der gesamten Bevölkerung zu handeln. Diese Verdeutlichung des Machtgefüges und des zugrundeliegenden Konsenses zwischen Nation und Parlament ist deswegen so wichtig, da die Zugeständnisse, die die Regierung an die EU macht, von der Opposition stark kritisiert werden.

7.2.4 Zusicherungen an Nation und EU

Auf dem als Weg dargestellten Reformprozess spricht der Redner die rational erfassbaren *Schwierigkeiten* der praktischen Umsetzungen durch die Türkei nicht explizit an, sondern prädiziert diese *emotional* als Unbehagen, das mit einem seelisch und körperlich negativen Zustand assoziiert ist:

106	RTE	ve bunun yanında, tabiî, uygulamaya yönelik atılacak
107		adımlar vardır ki, zaten, biliyorsunuz **sıkıntı** buradadır.

(dt.: „es gibt ohnehin Schritte, die in Richtung Durchführung zu machen sind, Sie wissen, dass das **Unbehagen** hier liegt.")

Die Nation als Volkskörper bzw. -seele wird auf dem Weg zu den letzten und schwierigsten Schritten in Richtung Beitritt symbolisch gestärkt. Die letzten Schritte bestehen in der Durchführung der Anpassungsgesetze, die von der Exekutive und Legislative des Staates ausgehen. Sie werden zunächst als *Avrupa Birliği müktesebatı* (vgl. RTE 101) (dt. „Besitzstand der Europäischen Union") sowie als *uyum* (RTE 102) (dt. „Anpassung") prädiziert. Derselbe Sachverhalt wird mit der Feststellung „bu bir zihniyet değişimidir" (RTE 108) (dt. „Das ist ein Mentalitätenwandel") mit der türkischen Seite identifiziert.

Der IDENTIFIKATIV bewertet die gesellschaftliche Einstellung als *den* einflussreichen Faktor im weiteren Beitrittsprozess. Mithilfe des Arguments des MENTALITÄTENWANDELS sagt der Redner die Überwindung der letzten Schritte voraus und bewertet sie als enorme kulturelle Leistung des Volkes. Der Identifikativ kann demnach gleichzeitig als *Feststellung* eines gegenwärtigen Prozesses und als *Voraussage* eines zukünftigen Wandels interpretiert werden. Mit diesem Argument stärkt der Redner die Position der Türkei im Beitrittsprozess, da das europäische Beitrittskriterium einer aktiven demokratischen Zivilgesellschaft als erfüllbar wenn nicht sogar als erfüllt dargestellt wird. Im folgenden modalen Wahrheitsanspruch werden die Außmaße des Wandels und die Geschwindigkeit des Beitrittsprozesses als kausales Ursache-Wirkungs-Schema dargestellt:

112	RTE	yapmak durumundayız. Bunu **ne kadar** büyük ölçüde
113		gerçekleştirirsek, inanıyorum ki bu süreç **o kadar**
114		hızlanacaktır.

(„…Ich glaube daran, dass **in dem** großen Maße, in dem wir das verwirklichen würden, dieser Prozess (**in dem Maße**) beschleunigt werden wird.")

Der Mentalitätenwandel wird zum Motor des weiteren Beitrittsprozesses: Das Ausmaß der Verwirklichung ist als Bedingung im Konditional formuliert: „**ne kadar** ...gerçekleştirirsek" (RTE 112f.) (dt. „in dem großen Maße, in dem wir das verwirklichen würden"). Diese Bedingung wird hier vom Sprecher mit den Postpositionen *ne kadar – o kadar* (dt. „wie viel" – „so viel") in einer direkten Relation als Antrieb dargestellt. Der Konditional des Verbs ist als *gerçekleştirirsek* (dt. „wenn wir das verwirklichen") im Aorist formuliert, so dass die Allgemeingültigkeit dieses Mechanismus hervorgehoben ist. Erdoğan indiziert hier grammatikalisch, dass die Größen *Mentalitätenwandel* und *Beitrittsgeschwindigkeit* direkt zusammenhängen und aktiv beeinflusst werden können. Der Premier sichert so gleichzeitig seiner Nation den Beitritt und der EU den Wandel zu.

7.3 Offensive der Opposition

7.3.1 Evokation eines Gerichtsverfahrens

Elekdağ vertritt die CHP, aus deren Perspektive die im Fortschrittsbericht formulierten Bedingungen und Schutzklauseln nicht akzeptabel sind. Seine Argumentation basiert vor allem auf der Darstellung von *Symptomen*: Es werden Anzeichen aufgereiht, die darauf hinweisen, dass DIE EU VON EINEM BEITRITT DER TÜRKEI ABWEICHENDE ABSICHTEN VERFOLGT. Somit liegt seinen Ausführungen der dialogische Zweck zugrunde, sein Publikum für die oppositionelle Gegenposition zu gewinnen:

Es ist zweifelhaft, ob die EU beabsichtigt, Beitrittsverhandlungen aufzunehmen, dies ist von Nachteil für die Türkei.

Es sollten nur Verhandlungen mit dem eindeutigen Ziel des Beitritts als vollwertiges Mitglied geführt werden.

Ebenso wie sein Vorredner bezieht sich Elekdağ auf die mit dem jährlichen Fortschrittsbericht erschienene Empfehlung der Europäischen Kommission. Der CHP-Politiker schaut sich das Dokument jedoch demonstrativ weit genauer als der Premier an. Nach dem Prinzip der distanzierten Zitation arbeitet der Parlamentarier die unterschiedlichen Paragraphen der Empfehlung für die im Dezember anstehende Entscheidung des Europäischen Rates *textnah und kritisch* ab. Er eröffnet seine Argumentation mit der Feststellung einer zweiteiligen Struktur des Berichtes, der sich mit dem Verhandlungsbeginn und der Beitrittsprozedur befasse: „Değerli arkadaşlarım, bu rapor, esasında iki bölümden mürekkeptir."

(ŞME 012f.) (dt. „Verehrte Freunde, dieser Bericht ist im Grunde aus zwei Teilen zusammengesetzt.").
Der Redner teilt das zu beurteilende Schriftstück in seine wesentlichen Gesichtspunkte auf. Eine solche der eigentlichen Argumentation vorgeschaltete *divisio* kommt hauptsächlich in der Gerichtsrhetorik vor (vgl. Kolmer/Rob-Santer 2002: 43). Damit evoziert der CHP-Politiker eine gerichtliche Beweisführung, die eine große Gewissenhaftigkeit der *Prüfung des Sachverhalts* und der „wahren" Interessen der EU beinhaltet. Gekoppelt an die kommunikative Haltung eines „Anwalts der Türkei" lautet der Appell an das Plenum, selbst kritisch zu prüfen und ein Urteil zugunsten der Interessen der Türkei zu fällen.
Hier folgt Elekda zunächst der *Argumentation des Premiers.* Im ersten Teil wird ausdrücklich der Absatz im dritten Paragraphen zitiert, in dem die Kommission den Beitritt des Landes empfiehlt:

026	ŞME	maddesinde aynen şu ifadeler yer alıyor: "Komisyon, Tür-
027		kiye'nin gerçekleştirdiği tüm ilerleme ve reformları göz
028		önünde tutarak ve 1 inci maddede sözkonusu olan yasaları
029		uygulamaya geçirmesi durumunda, Türkiye'nin üyelik için
030		gerekli siyasî kriterleri yerine getirdiğini düşünmektedir ve
031		üyelik müzakerelerinin başlamasını tavsiye eder."

(„Die Kommission denkt in Anbetracht aller von der Türkei realisierten Fortschritte und Reformen und unter der Voraussetzung, dass alle im 1. Paragraphen angesprochenen Gesetze auch umgesetzt werden, dass die Türkei die für eine Mitgliedschaft erforderlichen Kriterien erfüllt und empfiehlt den Beginn der Beitrittsverhandlungen.")

Da die angeführten Gesetzesänderungen so gut wie erfüllt wären, sei die Empfehlung positiv als *evet* (dt. „Ja") zu interpretieren: „Bu itibarla, Avrupa Birliği Komisyonu raporunda Türkiye'ye 'evet' denilmekte..." (ŞME 037f.) („In dieser Hinsicht wird in dem EU-Kommissionsbericht 'Ja' zur Türkei gesagt"). Mit der Paraphrasierung durch das Lexem *evet* fokussiert der Redner wie sein Kontrahent die Handlungsfunktion der EU-Empfehlung auf eine positive Zusage und blendet die Bedingungen der Kommission zunächst aus.

7.3.2 Vom Misstrauen zum Verdacht

Mit der Darstellung des ersten Berichtsteils als EINDEUTIGE ZUSAGE DER EU führt Elekdağ die Verhandlungsposition der Türkei zunächst auf ein sehr starkes Fundament. Diese scheinbare Sicherheit wird zur Ausgangslage für Ver-

dächtigungen und Warnungen. Das *zentrale Argument* Elekdağs ist die EXIS-
TENZ DES 5. PARAGRAPHEN, der die Aussetzung der Beitrittsverhandlungen
regelt und somit auch ermöglicht (ŞME 086-090). Dies ist eine Bedingung, die
erstmalig für die Türkei angewandt wird:

091	ŞME	Değerli arkadaşlarım, böyle bir koşul, diğer aday ülkelerin
092		hiçbiri için ileri sürülmemişti. İlk defa Türkiye için ileri sürü-
093		lüyor ve o bakımdan, **bu bir ayırımcılık, tabiatıyla doğru**
094		**değil, burada, bir çifte standart var.**

(„Verehrte Freunde, solch eine Bedingung wurde keinem der anderen Beitritts-
länder gestellt. Zum ersten Mal wird sie der Türkei gestellt und aus dieser **Perspektive ist das eine Diskriminierung, selbstverständlich nicht in Ordnung,
hier wird mit zweierlei Maß gemessen.**")

An die Behauptung der *Doppelmoral* führt der CHP-Politiker langsam heran,
indem er *Misstrauen* weckt – eine Emotion, die gekennzeichnet ist durch die
Vermutung, dass das Gegenüber nicht aufrichtig ist: Jemand enthält entweder
situativ die Wahrheit vor oder verhält sich *generell* nicht ehrenhaft bzw. wohl-
wollend. Misstrauen ist gekoppelt an die Befürchtung, dass dieses Verhalten
einen negativen Weltzustand für den anderen verursacht.
     Elekdağ lenkt die Aufmerksamkeit des Plenums auf die erste mögliche
„Hintertür" des Dokumentes, das dieses im Vergleich zum Bericht aus dem Jahr
2002 aufweise: Hier habe noch gestanden, dass im Falle der Erfüllung der Bedingungen „gecikmeden" (ŞME 045) (dt. „unverzüglich") mit den Verhandlungen zu beginnen sei. Das Fehlen dieser Formulierung legt er noch positiv für die
Kommission aus. Er rekonstruiert das Gegenargument, es sei der Kommission
offensichtlich darum gegangen, DEM RAT EINE UNVOREINGENOMMENE
ENTSCHEIDUNG ZU ERMÖGLICHEN. Mit dem Möglichkeitsinterfix
-meyebil legt er die Unsicherheit seiner Vermutung in die Konzession selbst
hinein: „ancak, bu eksikliği olumsuz olarak yorumlamak **doğru olmayabilir**"
(ŞME 048f.) (dt. „lediglich **kann es möglicherweise nicht richtig sein**, dieses
Fehlen negativ zu interpretieren").
     Als untergeordnetes Symptom wird das VERHALTEN FRANKREICHS
beschrieben. Zwar sei aufgrund der Empfehlung eine positive Entscheidung
wahrscheinlich (vgl. ŞME 057f.), jedoch sei schon das Datum des Verhandlungsbeginns unsicher, da, so behauptet der Redner, das Mitgliedsland Frankreich aufgrund eigener Interessen öffentlich gegen dieses Datum arbeite:

060	ŞME	garantisi yoktur. Fransa, [Avrupa Birliği Anayasasına ilişkin

061	referandumu 2005 sonbaharında yapacağından,] Türki-
062	ye'yle müzakerelerin başlama tarihinin 2006'ya ötelenmesi
063	hususunda kulis yapmaktadır; [ancak,]

(„Frankreich, [...], **macht** Werbung für eine Verschiebung des Verhandlungsbeginns mit der Türkei auf das Jahr 2006; [...]")

Der Offensichtlichkeit eines solchen Verhaltens von Frankreich verleiht er in dieser Äußerung durch das Hilfsverbsuffix *-dır* besonderen Nachdruck. Die Aktivitäten einzelner französischer Diplomaten werden dargestellt als *bewusstes Handeln* der französischen Nation. Dieser wird durch das rhetorische Mittel der *Personifikation* eine eigene Identität beigegeben: „Fransa ... kulis yapmaktadır,..." (dt. „Frankreich macht Werbung für..."). *Kaprisler* (dt. „Kapricen") sind Stimmungsschwankungen, die Frauen zugeschrieben werden. Somit erscheint Frankreich als Frauentyp der unberechenbaren, launischen *Diva*. Die Rolle des männlichen Gegenstücks, von dem erwartet wird, dass es die Frau zügelt, kommt hier der EU zu. Welche Wirkung die Diva Frankreich auf den Staatenbund haben wird, ist Elekdağ zufolge äußerst unsicher. Er formuliert diese Überzeugung als Bestätigung seines Wissens über das unterstellte geheime Kräftespiel der EU, indem er sie mit dem Hilfsverbsuffix *-dır* kennzeichnet: „bir şey söylemek mümkün değil**dir**" (ŞME 065f.) (dt. „es ist nicht möglich, darüber etwas zu sagen"). Als Einleitung für die weitere Argumentation erscheint ein für den Verhandlungsbeginn unsicher gewordenes EU-Parkett, für das der inkonsequente Umgang mit den Stimmungsumschwüngen seiner Mitgliedsländer symptomatisch ist. Die textliche Hintertür und das symptomatische Verhalten Frankreichs liefern den Boden, auf dem der Politiker einen konkreten – ebenfalls textlich abgestützten – *Verdacht* einbringt. Zunächst erhöht er die Aufmerksamkeit des Publikums durch grammatischen Moduswechsel vom *-dır*-Modus bzw. der „generellen Gegenwart" in die sog. „aktuelle Gegenwart" Er verwendet diesen Wechsel, um anzuzeigen, dass er eine sichere Welt verlässt. Der Zuhörer wird auf einen wichtigen argumentativen Punkt – eine entscheidende Schwachstelle im EU-Fortschrittsbericht – hingewiesen:

066	ŞME	söylemek mümkün değil**dir**.
067		**Şimdi**, Komisyonun almış olduğu kararın ikinci bölümüne
068		geli**yor**um.

(„[...]Jetzt komme ich zum zweiten Teil der von der Kommission getroffenen Entscheidung".)

Der Redner bedauert die gegenwärtige Haltung der EU, die er als diskriminierend und doppelmoralisch brandmarkt:

073	ŞME	Değerli arkadaşlarım, maalesef, bu konuda, Komisyon
074		raporunda, "Sonuçlar ve Tavsiyeler" bölümünde, Avrupa
075		Birliğinin tamamen ayırımcı ve çifte standartlı bir yaklaşım
076		benimsediğini görüyoruz. Türkiye' nin Avrupa Birliğiyle

(„Werte Freunde, **leider** sehen wir, dass sich die Europäische Union in dieser
Angelegenheit, dem Kommissionsbericht, im 'Schlussfolgerungen und Empfeh-
lungen'-Teil einen vollkommen **diskriminierenden** und **doppelmoralischen**
Ansatz zu eigen macht.")

Mithilfe der Verbalphrase *görüyoruz* (ŞME 076) (dt. „wir sehen") wird die Of-
fenkundigkeit seiner Bewertung nochmals hervorgehoben. Darauf drückt er –
mit „izlenimi uyanıyor" (ŞME 083f.) (dt. „wird der Eindruck erweckt") unpersönlich und sehr vorsichtig – den *Verdacht* aus, dass der eigentliche Zweck der
Bedingungen ein Misslingen der Verhandlungen ist:

080	ŞME	Değerli arkadaşlarım, evet, raporun "Sonuçlar ve
081		Tavsiyeler" bölümünde müzakere sürecine ilişkin **öyle**
082		şartlar ileri sürülüyor ki, bunların, Türkiye'yle müzakerelerin
083		bir çıkmaza sürüklenmesi amacıyla düzenlendiği izlenimi
084		uyanıyor.

(„Werte Freunde, ja, im 'Schlüsse und Empfehlungen'-Teil des Berichts werden
im Zusammenhang mit 'dem Verhandlungsprozess **derartige** Bedingungen angeführt, dass der Eindruck erweckt wird, dass sie mit dem Ziel aufgestellt worden
sind, die Verhandlungen mit der Türkei in eine Sackgasse zu ziehen.")

Der Übergang vom *Bedauern zum Verdächtigen* wird mit einem Wechsel vom
dir-Modus zur „aktuellen Gegenwart" unterstrichen. Der zentrale Verdacht ist in
der Gegenwartsform und damit als nachweisbare *Tatsache* formuliert: „öyle
şartlar ileri sürülü**yor** ki, [...] uyanı**yor**" (ŞME 081-084) (dt. „es werden derartige
Bedingungen angeführt, [...] erweckt wird.").
Die ERSTMALIGE ANWENDUNG DER SCHUTZKLAUSEL wird im Ver-
gleich mit vorherigen Beitrittskandidaten als sichtbares *Faktum* für die Diskri-
nierung der Türkei angeführt:

| 091 | ŞME | Değerli arkadaşlarım, böyle bir koşul, diğer aday ülkelerin |
| 092 | | hiçbiri için ileri sürülmemişti. İlk defa Türkiye için ileri |

| 093 | süürülüyor ve o bakımdan, bu bir ayırımcılık, tabiatıyla |
| 094 | doğru değil, **burada, bir çifte standart var.** |

(„Verehrte Freunde, solch eine Bedingung wurde keinem der anderen Beitritts-
länder gestellt. Zum ersten Mal wird sie der Türkei gestellt und aus dieser Perspektive ist das eine Diskriminierung, selbstverständlich nicht in Ordnung, **hier
wird mit zweierlei Maß gemessen.**")

Zwar gesteht er der EU zu, dass sie in Anbetracht der EINZIGARTIGKEIT des
Landes andere Bedingungen setzt:

095	ŞME	Diyelim ki, Türkiye'nin yolunun biraz uzun olduğunu
096		düşünerek, bu konuda bazı koşullar ileri sürmek
097		zorunluluğu duydular; [fakat, bunu, bu şekilde, böyle]

(„Wir können sagen, sie haben daran gedacht, dass die Türkei einen etwas länge-
ren Weg haben wird und haben es deswegen für notwendig befunden, dass in
diesem Zusammenhang manche Bedingungen gesetzt werden müssen.")

Dieses *Gegenargument* wird auch von der AKP im Rahmen ihrer pro-
europäischen Position angeführt. Seine *indirekte Konzession* an die gegnerische
Partei macht der Redner jedoch sofort wieder zunichte, indem er feststellt, dass
hier mit einer einfachen Mehrheit schon Veto eingelegt werden kann:

098	ŞME	yapmamaları gerekirdi; yani, Türkiye'nin müzakere
099		sürecinin askıya alınmasının oybirliğiyle olması gerekirdi.
100		Halbuki, burada nitelikli çoğunluk var.

(„Also, für eine Verzögerung des Verhandlungsprozesses mit der Türkei hätte
hier eine Einstimmigkeit vorliegen müssen. Aber hier liegt eine einfache Mehrheit vor.")

Mehrmals wechselt der CHP-Politiker in dieser Art zwischen dem Anbringen
von Indizien für eine nachteilige Entscheidung der EU, der Entkräftung dieser
Indizien durch antizipierte Erklärungen, wie sie von der EU zu deren Entlastung
hätten geäußert werden können und der erneuten Wiederlegung dieser Zugeständnisse an die EU durch stärkere Indizien für eine abgewandte Haltung. Aus
Sicht der CHP ist der eigentliche Beweggrund für derlei verwinkelte Formulierungen im Fortschrittsbericht quasi nachgewiesen: Die EU hat gar nicht die *Absicht*, die Türkei als Vollmitglied aufzunehmen.

7.3.3 Bedrohung der türkischen Hoffnungen

Das unter diesen gegenwärtigen Indizien zu erwartende nachteilige Verhand-
lungsergebnis und die damit einhergehende *Verletzung der nationalen Würde*
wird zunächst mit dem Argument aufgewogen, dass die Türkei das POTENTIAL
hat, alle Hindernisse dieser Art zu überwinden. Diese Vorhersage legt der Redner als fiktive Haltung dem Plenum in den Mund:

```
108    ŞME      Netice itibariyle, Türkiye, bunların da üstesinden gelir;
109             Türkiye, bu zorlukların da üstesinden gelir derseniz, ben
110             size katılırım. [Evet, hep beraber bu sorunların üstesinden]
```

(„Wenn Sie hinsichtlich des Resultats **sagen**, dass die Türkei auch damit fertig
wird, mit diesen Schwierigkeiten **fertig wird**, schließe ich mich Ihnen an. [...]")

Mit der zugeschriebenen Gewissheit in der Lage zu sein, selbst schwierigste
Hindernisse zu überwinden, appelliert der Redner an den Stolz des Publikums.
Der *nationale Stolz* auf die eigene Kraft in der Überwindung großer politischer
Hindernisse ist eine der Grundfesten des türkischen Demokratieverständnisses
(vgl. Kapitel 3.5.2). Diese Fähigkeit wird mit dem Möglichkeitsinterfix *-ebil-*
und dem im Aorist formulierten „üstesinden gelebiliriz" (ŞME 110f.) (dt. „wer-
den wir mit [...] fertig") als kollektiv und generell dargestellt, sofern sie von allen
Beteiligten als gemeinsame Kraftanstrengung unternommen wird:

```
110    ŞME      [size katılırım.] Evet, hep beraber bu sorunların üstesinden
111             gelebiliriz.
```

(„[...] Ja, **alle zusammen werden** wir mit diesen Problemen fertig.")

Elekdağ setzt diesem Argument des generellen Potentials das stärkere Gegenargument entgegen, dass sich die EU mit dem achten Paragraphen der Ergebnisoffenheit der Verhandlungen eine RÜCKZUGSMÖGLICHKEIT offen hält. Diese
mögliche Situation kontrastiert er gegen Ende der Rede mit den Hoffnungen, die
in der Vergangenheit mit einem Beitritt verbunden wurden. Sie werden nicht als
Möglichkeit, sondern als *kausale Ursache-Wirkungs-Kette* beschrieben: der
Beitritt wird einen Stimmungswechsel verursachen, der einhergeht mit einer
Imageverbesserung, die zu wirtschaftlichen Vorteilen und somit auch zur Verbesserung anderer Bereiche führen würde (vgl. ŞME 214-227). Die Hoffnungen
sind mit der ersten Person Plural, *Biz* in „Biz ne düşünüyorduk" (ŞME 219) (dt.
„Was dachten wir") als vergangener, kollektiver Konsens gekennzeichnet. Sie
verbleiben in der Vergangenheit, so dass Ängste vor einer Gefährdung der Vor-

teile geweckt werden. Die selbst erzeugte generelle Welt, die man mit der Aussage *Die Türkei überwindet alle Hindernisse* zusammenfassen kann, wird durch ein Faktum verunsichert:

113	ŞME	Fakat, bunun arkasından ikinci bir madde var; ikinci,
114		rahatsız edici bir madde var. Orada, 6 ncı maddede

(„Aber dahinter **existiert** ein zweiter Paragraph, **existiert** ein zweiter, **störender Paragraph.**") [49]

Die EU-Klausel der Ergebnisoffenheit der Beitrittsverhandlungen bedeutet *faktisch* eine Einschränkung des Selbstvertrauens der Türkei: „Türkiye'ye özgüven sağlamıyor bu" (ŞME 218f.) (dt. „das sichert der Türkei kein Selbstvertrauen"). Sie ist nach seiner Einschätzung eine Gefahr für diese Hoffnungen: „8 inci maddedeki husus bunlara gölge düşürmekte**dir**" (ŞME 228f.) (dt. „der Punkt im achten Paragraphen wirft einen Schatten darauf"). Indirekt warnt der Redner vor einem großen Hoffnungsverlust bei Eintreten einer negativen Wende dieser Art.

7.3.4 Aufdecken eines Vorteils für die EU

Das Argument, dass die für die Türkei herausgearbeiteten Bedingungen eine Form der DISKRIMINIERUNG sind, ist aufgrund der Sonderlage des Landes nur schwer zu halten. Teil von Elekdağs Misstrauensstrategie ist dementsprechend auch die Freilegung angeblich wahrer Interessen der EU. Der zweite zentrale Teil der Argumentation besteht also in der Gefahr einer Begünstigung dieser Interessen durch das Verhalten der Türkei. Diese werden durch die offiziellen Formulierungen in der Empfehlung geschützt, wenn die Türkei die Bedingungen akzeptiert. Der Redner leitet dies mit folgender Verbalphrase ein:

012	ŞME	Değerli arkadaşlarım, bu rapor, esasında **iki bölümden**
013		**mürekkeptir**. [Bunlardan birinci bölümü, Türkiye'nin Avrupa]

(„Verehrte Freunde, dieser Bericht ist eigentlich **aus zwei Teilen zusammengesetzt.**[...]")

„İki bölümden mürekkep olmak" hat die deutsche Bedeutung „aus zwei Teilen zusammengesetzt sein", *mürekkep olmak* (mit Ablativ) bedeutet „aus ... zusam-

---

[49] Im Deutschen kann *var* auch mit *ist* wiedergegeben werden, wird jedoch hier als *existiert* der eigentlichen Bedeutung *existent* näher übersetzt, um den Wahrheitsanspruch des Redners zu verdeutlichen.

mengesetzt sein", *mürekkep* bedeutet wörtlich „Tinte". Zunächst verwendet Elekdağ die Phrase in der ersten, neutralen Form. Diese zweiteilige Struktur des Berichtes ist für jeden geschulten Leser offensichtlich und müsste von dem Politiker nicht eigens hervorgehoben werden. Er erklärt, was im ersten und im zweiten Teil des Berichtes vorgefunden werden kann. Elekdağ sagt jedoch bewusst „esasında iki bölümden mürekkeptir" (ŞME 013f.) (dt. „ist **in Wirklichkeit** aus zwei Teilen zusammengesetzt"), d. h. er meint eine andere, nicht offensichtliche Art der Zweiteiligkeit. Elekdağ spielt hier mit der *Mehrdeutigkeit* der Verbalphrase: Dass das vorliegende Dokument in zwei Teile gegliedert ist, ist offensichtlich, der Redner legt mit dieser Formulierung jedoch nahe, dass auch *die Tinte*, mit der das Dokument *geschrieben* ist, aus zwei Teilen besteht, d. h. das ganze Dokument ist mehrdeutig. Die implizite Behauptung, das EU-Dokument verberge eine rechtliche *Hintertür*, arbeitet er im Folgenden heraus:

Die Lexeme *Şimdi* und *dikkate almak* signalisieren die Notwendigkeit besonderer Aufmerksamkeit: „**Şimdi**, Komisyonun almış olduğu kararın ikinci bölümüne **geliyorum**." (ŞME 067f.) (dt. „**Jetzt komme ich** zum zweiten Teil der Entscheidung, die die Komission getroffen hat.") Der CHP-Politiker verwendet mehrmals das Lexem *dikkat* (dt. „Aufmerksamkeit, Vorsicht"): „bakın, **dikkatle** izleyin" (ŞME 150f.) (dt. „seht her, folgt mit Aufmerksamkeit"), „**Şimdi**, arkadaşlarım, burada iki noktayı **dikkate almak** durumundayız." (ŞME 155f.) (dt. „Jetzt, Freunde, sind wir in der Situation, dass wir hier zwei Punkte besonders aufmerksam betrachten müssen"). Er wiederholt das Temporaladverb *Şimdi* (dt. „jetzt; in diesem Augenblick)" in diesem Zusammenhang auffällig häufig, um die Aufmerksamkeit auf diesen für ihn wichtigen Punkt zu lenken. Das Plenum soll sich (geistes-)gegenwärtig mit der Frage der schriftlichen Fixierung im EU-Dokument befassen, da es so eine große Relevanz für die Zukunft hat:

172	ŞME	arkadaşlarım. Nedenini sorarsanız; bu yaklaşımlar kabul
173		edildiği takdirde, Türkiye, müzakere süreci döneminden
174		beklediği faydaları sağlayamayacak ve şimdiden üye
175		olmama alternatifini de gündeme getirmiş olacaktır; **çünkü,**
176		**bu, yazılıdır.**

(„Um Euch den Grund zu erklären: Wenn diese Punkte akzeptiert werden, wird die Türkei keine Vorteile aus den Beitrittsverhandlungen ziehen können und es wird jetzt schon die Alternative auf den Tisch gelegt, dass sie kein Mitglied wird; **weil es (fest-) geschrieben ist**".)

Mit der kausalen Konjunktion *çünkü* (ŞME 175) (dt. „weil; aus diesem Grund") leitet er ein institutionelles Schlussprinzip ein, das für die folgende Vorwurfsstrategie besondere Bedeutung hat: *weil es (fest-)geschrieben ist*.

7.3.5 *Indirekter Vorwurf der Kooperationszusage*

Elekdağ führt ein historisches Beispiel an, um den zuvor eingebrachten Wahrheitsanspruch seines Arguments der RÜCKZUGSMÖGLICHKEIT der EU zu untermauern und die damit verbundene Notwendigkeit der türkischen Standhaftigkeit in der aktuellen Verhandlungssituation hervorzuheben: Er erinnert sein Publikum an den Gipfel von Helsinki und das dortige Verhalten des ehemaligen türkischen Ministerpräsidenten Bülent Ecevit[50]. Elekdağs Darstellung des vergangenen Ereignisses legt den Schluss nahe, dass die Zypernfrage vor allem aufgrund von Ecevits Verhalten Eingang in die gesamte Beitrittsdiskussion gefunden hat. Daraus folgt einerseits eine rational orientierte Warnung an die Regierung, zukünftig vorsichtiger zu handeln. Andererseits ist dieser *Vorwurf* auch als *Angriff* auf das Verhalten der EU und der von Ecevit vertretenen Demokratik Sol Partisi (DSP) bzw. Demokratischen Linkspartei zu lesen, die als zweite große Partei der linken Mitte der größte Konkurrent der CHP ist.

Zunächst beginnt der Redner mit einer positiven Erinnerung an den Gipfel: „Helsinki'de Türkiye'ye adaylık statüsü verildi" (ŞME 180) (dt. „In Helsinki wurde der Türkei der Kandidatenstatus verliehen."). Ein Etappensieg für die Türkei - ihr damaliger Wollensanspruch wurde von der EU erfüllt. Mit der direkt folgenden Konjunktion *fakat* (ŞME 180) (dt. „aber") wird diese positive Übereinstimmung eingeschränkt, einmal durch die Beitrittsbedingungen, dann durch die Zypernfrage. Als neuralgischer Punkt der Beziehungen zwischen der Türkei und der EU fungiert *Kıbrıs konusu* (ŞME 185) (dt. „Zypern-Thema") als ein wichtiges *Schlüsselwort* für Elekdağs Argumentationsgang. Ecevit war damals die politisch verantwortliche Person für die türkische Besetzung des nördlichen Inselteils, weshalb er mit diesem Bedeutungskomplex sehr eng verbunden ist. Elekdağ charakterisiert Ecevits zunächst standhafte Haltung durch ein adaptives Zitat:

187	ŞME	"ben bunu kabul edemem, böyle bir önşart olmaz; bu,
188		Türkiye'ye karşı ayırımcılıktır" dedi. [unun üzerine,]

(dt. „'Ich kann das nicht akzeptieren, solch eine Vorbedingung kann nicht sein, das ist eine Diskriminierung gegenüber der Türkei', sagte er.")

Dieser Haltung stellt er die *taktische Zermürbung* Ecevits in der Verhandlung mit den EU-Vertretern gegenüber: Nach Erhalt eines Briefes des EU-

---

[50] Mustafa Bülent Ecevit war eine bedeutende politische Persönlichkeit in der Geschichte der türkischen Demokratie und bekleidete insgesamt fünf Mal das Amt des türkischen Ministerpräsidenten. Er verstarb am 5. November 2006 im Alter von 80 Jahren.

Ratspräsidenten Ahtisaari habe Ecevit doch eingelenkt, später sei das Schriftstück mit der Zusicherung Ahtisaaris beiseite gelegt worden und man habe sich an das Verhandlungsdokument gehalten, wodurch Zypern sein heutiges Gewicht für den Beitrittsprozess erhalten habe.

Elekdağ greift weder die EU-Repräsentanten noch den türkischen Politiker direkt an. Er stellt den damaligen türkischen Ministerpräsidenten Ecevit als genuin standfesten Mann dar, dessen zu großes Vertrauen menschlich war: „Bunun üzerine, Sayın Başbakan da, **tabiî**, Ahtisaari'nin bu mektubuna güvendi." (ŞME 201f.) (dt. „Hierauf hat der verehrte Ministerpräsident, **natürlich**, diesem Brief von Ahtisaari vertraut."). Die Kritik am Verhalten der EU wird mithilfe einer Passivkonstruktion *unpersönlich* vorgenommen, so dass sie sich gegen kein Subjekt richtet: „Fakat, mektup bir tarafa **konuldu**" (ŞME 203) (dt. „Aber der Brief **wurde** beiseite **gelegt**."). Trotzdem passen persönliche Zusage und unbestimmte Folgehandlung der EU nicht zusammen. *Garanti* ist in diesem Zusammenhang ein zentrales Schlüsselwort – die Garantie, die Ahtisaari gegeben hat, war zwar aufgrund seiner institutionellen Rolle legitim, jedoch hätte auch Ecevit als politisch erfahrenem Menschen deutlich sein müssen, dass sie nur in einem inoffiziellen Versprechen bestand.

Dass hier viel stärker auf die Geltung eines *allgemeinen institutionellen Schlussprinzips* hätte geachtet werden müssen, formuliert Elekdağ explizit:

203	ŞME	Fakat, mektup bir tarafa konuldu; **çünkü, belgede yazılı**
204		**olan şeye itibar edilir daima.** O belgede yazılı olan hususa

(„Es wird stets auf das im Dokument Festgeschriebene geachtet.")

Dieses Prinzip ist im Deutschen auch mit der institutionellen Formel *Es gilt das geschriebene Wort* übersetzbar, das DEKLARATIV und somit weltschaffend der Verpflichtung durch ein schriftliches Dokument Priorität vor einer mündlichen Äußerung verleiht. Seine persönliche Überzeugung von der generellen Gültigkeit dieses Satzes unterstreicht die Formulierung der Verbalphrase *itibar edilir* (ŞME: 204) (dt. „es wird geachtet") in der Zeitform des Aorist. Der Redner setzt das Prinzip als Ankerpunkt einer *Ursache-Wirkungs-Kette*: Es wurde – selbstverständlich – dem Dokument gefolgt und nicht dem persönlichen Versprechen. Daraus ergab sich, dass die Zypernfrage zur Bedingung und damit zum Streitpunkt werden konnte, der heute noch die Beitrittsverhandlungen maßgeblich beeinflusst: „ve Kıbrıs konusu bir koşul oldu Türkiye için ve bu son beş senede bununla uğraşıldı." (ŞME: 205f.) (dt. „...und die Zypernfrage ist für die Türkei eine Bedingung geworden und man hat sich in diesen letzten fünf Jahren damit abgemüht.") Ein vermeidbarer Fehler hat eine Verkettung unerwünschter Ereignisse nach sich gezogen.

7.3.6 Zusammenfassung

In seiner Erklärung nutzt Erdoğan den Fortschrittsbericht der EU zur Stützung seiner Position, die EU *beabsichtige* die Entscheidung für die Aufnahme von Beitrittsverhandlungen. Im Zentrum der Strategie Erdoğans steht die Hinlenkung der öffentlichen Aufmerksamkeit auf die positiven Beiträge der Nation und ihrer Repräsentanten in Richtung EU-Beitritt. Da seine institutionelle Position ihm zwar Macht verleiht, auch religiöse Interessen seiner Wählerschaft zu verfolgen, sein Handlungsspielraum jedoch durch die laizistische Verfassung der Türkei sehr stark begrenzt ist, verfolgt der AKP-Politiker zum Zwecke seiner Selbstbehauptung ein *komplexes Ziel*, das sich in seiner Rhetorik widerspiegelt: Er konzentriert sich auf die *traditionelle Orientierung* seiner Wählerschaft, seine Argumentation *respektiert* jedoch gleichzeitig die laizistischen Staatsprinzipien. Da diese kommunikativen Ansprüche miteinander konfligieren, *deutet* Erdoğan religiös-traditionelle Interessen, die von der Staatselite negativ wahrgenommen werden können, lediglich an und *verdeckt das Konfliktpotential* zwischen Interessen des Volkes und des Staates durch die Konzentration der Wahrnehmung der Zuhörerschaft auf politische Erfolge.

Dementsprechend stützt sich seine Argumentation auf die *Erfüllung der politischen Kriterien* seitens der Türkei und somit auf ein Grund-Folge-Schema. Dies wird nicht bewusst ausgesprochen, sondern auf Grundlage der Feststellung der positiven Empfehlung und einer positiven Atmosphäre nur implizit nahegelegt. Von internen Interessenkonflikten, die sich aus der personellen Vereinigung der Interessen der AKP und der institutionellen Funktion als Premier ergeben, wird ebenso abgelenkt wie von der *Möglichkeit*, dass die Entscheidung des Europäischen Rates negativ ausfallen könnte.

Der Premier setzt vor allem auf *Konsensorientierung*. Oppositionelle Gegenargumente werden sofort aus dem Fokus gedrängt. Die eigene Partei wird indirekt durch die ausgedrückte Wertschätzung des türkischen Parlaments und seiner Mitglieder gestärkt. Aus der Position des Volkes lobt der Premier dessen Volksvertreter, die über Eigenschaftszuweisungen als Repräsentanten des Volkes und somit der eigenen Wählerschaft dargestellt werden. Indem er die Leistungen des Parlamentes lobt, erhebt sich der Redner gleichzeitig als Autorität über die Institution. Die *Kongruenz der Interessen* von AKP und türkischem Staat kann der Redner deswegen überzeugend darstellen, da er seine Vorhersagen nur bis zu einem Vollbeitritt des Landes präzisiert. Die weiteren politischen Konsequenzen werden lediglich angedeutet. Somit lässt die Argumentation Raum für Hoffnungen seiner eigenen Wählerschaft in Richtung einer größeren Einflussnahme traditionell orientierter Kräfte im Land im Falle des Beitritts, ohne dabei die kemalistisch orientierte Staatselite misstrauisch zu machen.

Diese selbststärkende Strategie ist auch auf der lexikalischen Ebene festzustellen: Die prädizierende Funktion lexikalischer Einheiten wird zur *interessenorientierten Selektion* zwischen türkischen und arabischen Synonymen genutzt. Der Premier setzt sich mit der Bevorzugung arabischer Lexeme der türkischen Sprachpolitik entgegen, kann sich dabei jedoch auf das kemalistische Prinzip des *halkçılık* (Volksnähe) berufen. Seine positive Argumentationsstrategie gibt Erdoğan viel Raum, die volksnahe Politik der eigenen Partei als identisch mit den Werten, Handlungen und Zielen der Europäischen Union darzustellen und diese Position positiv zu bewerten. Die Bevölkerung wird als Nation definiert und als einheitliches Subjekt beschrieben, das in der gegenwärtigen Situation einem Mangelzustand ausgesetzt ist. Er mobilisiert seine Zuhörerschaft, indem er dem Beitritt heilende Wirkung zuschreibt und dem Volk eine *aktive Rolle* im Beitrittsprozess zuweist. Die Mobilisierung dient der Vorbereitung seines Hauptarguments: Mit der Identifikation eines Mentalitätenwandels stellt er die *Wandelbarkeit* der Kognition einer ganzen Nation fest und stärkt so seine Position gegenüber der Europäischen Union.

Während der Premier sich nur mit einer einfachen Bewertung auf den Fortschrittsbericht bezieht, lenkt Oppositionsredner Elekdağ die Aufmerksamkeit direkt auf *Zitate des schriftlichen Dokuments*, die nach dem Prinzip der distanzierten Zitation herangezogen werden, um die unterliegenden *Wahrheitsansprüche und ihre Implikationen* genau zu beurteilen. Es werden Indizien angeführt, die darauf hinweisen, dass die EU gegenüber der Türkei von einem Beitritt abweichende Absichten verfolgt. Die Orientierung an dem Schlüsseldokument erhöht die Plausibilität der Argumente, die gegen eine AUFRICHTIGE AUFNAHMEABSICHT der EU sprechen. Zunächst betont der CHPler den *Konsens* mit seinem Vorredner, indem er eingesteht, dass eine positive Empfehlung ausgesprochen worden ist. Dieser scheinbare Konsens wird zur Ausgangslage für *Verdächtigungen* und *Warnungen*. Der Redner greift die EU direkt an. Das Verhalten französischer Statusträger wird als symptomatisch für das unberechenbare innere Beziehungsgeflecht der Europäischen Union beschrieben. Die Zitation des Schlüsseldokumentes wird unter Hinziehung der Gegenargumente der pro-europäischen AKP demonstrativ einer Prüfung unterzogen. Seine Konzessionen an die Argumentation der AKP entkräftet der Redner immer wieder durch noch stärkere Gegenargumente, die für eine türkeifeindliche Grundhaltung der EU sprechen.

Ausgehend von den Zitaten wird der *Verdacht* aufgebaut, dass der eigentliche Zweck der Bedingungen ein Misslingen der Verhandlungen sei. Die Situation, die durch die Akzeptanz der Bedingungen entstehen würde, kontrastiert der Redner mit den Hoffnungen, die die türkische Nation mit einem Beitritt bisher verbunden hat. Er deutet die düstere Vision eines großen Hoffnungsverlustes bei Eintreten seiner Befürchtungen an. Die rational orientierte Warnung an die Regierung, zukünftig vorsichtiger zu handeln, ist verknüpft mit einem Angriff auf das Verhalten der EU und der von Ecevit vertretenen Demokratischen Linkspartei. Das Verhalten des Vertreters der Konkurrenzpartei wird nur indirekt angegriffen und der Respekt vor der politischen Persönlichkeit in hohem Maße gewahrt. Das ist auch erklärbar durch die langjährige Zugehörigkeit Ecevits zu Elekdağs Partei CHP bis zum Verbot seiner Regierungsarbeit mit der militärischen Intervention von 1980.

Das zunächst positive, bei näherem Hinsehen jedoch auch als Täuschung interpretierbare Verhalten der EU setzt Elekdağ als Beispiel für ein gegenüber der Türkei typisches Verhalten der Organisation ein. Dieses Exempel ist gleichzeitig die Grundlage für Elekdağs Hauptargument der RÜCKZUGSMÖGLICH-KEIT, das von der Geltung eines allgemeinen institutionellen Schlussprinzips flankiert wird: *Es gilt das geschriebene Wort.* Die Warnung vor übermäßiger Kooperationsbereitschaft zum eigenen Nachteil ist durch die Erfahrung in Helsinki legitimiert.

Nach diesem ersten Dialog zwischen Regierung und Opposition stehen sich beide Lager in einer zunächst unentschiedenen *Pattsituation* gegenüber.

7.4 Verteidigungen der Standpunkte

7.4.1 Stärkung der Position des Premiers

Çelik tritt als zweiter Redner der AKP an. Er stärkt Erdoğans Argumentation und hebt dabei als Kernargumente die MODELLFUNKTION DER TÜRKEI sowie das UNERWARTETE REFORMTEMPO hervor. Der Redner betont bereits zu Beginn die historische Besonderheit des türkischen Parlaments, das am 23. April 1920 in Ankara während des türkischen Widerstands gegen die Besatzungsmächte im Osmanischen Reich gegründet wurde. Der Redner bewertet die Ereignisse aus *kemalistisch geprägter Perspektive*: Der nationale Freiheitskampf wurde durch das neu entstandene Parlament vom Volk legitimiert und damit auch an dessen Souveränität geknüpft.

Die Modellfunktion des türkischen Parlaments als souveräne und wehrhafte Institution stiftet seine Identität. Der Redner personifiziert das Parlament, es wird zu einem nationalen Körper, der durch seine Besonderheit belebt wird: „Bu Meclise **ruh veren** ayrıksılık" (ÖÇ 009f.) (dt. „Die diesem Parlament ihre **Seele gebende** Einzigartigkeit"). Das Partizip *veren* (dt. „gebend") hebt die Kontinuität dieser Identität hervor. Die Einzigartigkeit des Parlaments wird zur Vorlage für das Argument der Modellfunktion. Sie wird als Gegenmodell zum gegenwärtigen *Kampf der Kulturen* in einen symbolischen Zusammenhang gebracht. Dabei wird die Funktion der Türkei präzise eingeordnet:

043	ÖÇ	taşıyor. Bunların en önemlilerinden bir tanesi, 11 Eylül
044		olayları sonrasında ortaya çıkan ve dünyanın nereye
045		gittiğinin anlaşılamadığı çeşitli gelişmeler karşısında
046		herkesin tedirgin olduğu bir dönemde, **medeniyetlerarası**
047		**savaştan, değerlerarası soğuk savaştan** bahsedildiği, hatta
048		**Birinci Dünya Savaşı, İkinci Dünya Savaşından**
049		bahsedildikten sonra, soğuk savaşın **üçüncü dünya savaşı**
050		olarak kaydedildiği ve 11 Eylülden sonra dünyada ortaya
051		çıkan koşulların kimi stratejistler tarafından **dördüncü**
052		**dünya savaşı** olarak adlandırıldığı bir dönemde, Türkiye
053		gibi bir ülke, medeniyetlerarası **köprü** işlevi gören,
054		kıtalararası, ülkelerarası geçiş noktası olan, kavşak
055		noktası olan bir ülkenin, bir yandan bir eliyle Doğu derinliğini
056		**tutarken**, öte yandan Batı perspektifini elinin
057		altında **tutarak** büyük bir sentez ve **büyük bir model** ortaya
058		koyması, Doğu derinliği içerisinde Batı'da temsil edilen
059		evrensel değerler konusundaki reform sürecini son derece
060		ciddî bir biçimde ilerletmesi, bütün dünyanın önünde,
061		dünyanın kötü gidişine sebep olan koşulların dışında
062		başka türlü modellerin de ortaya çıkabileceğini göstermesi
063		bakımından çok önemli olmuştur.

(„Eine der Wichtigsten ist, dass in einer Zeit, in der alle durch Entwicklungen, die nach den Ereignissen des 11. Septembers in Erscheinung getreten sind und niemand weiß, wohin die Welt sich bewegen wird, verunsichert sind, in der von einem 'Kampf der Kulturen', von einem 'Kalten Krieg zwischen den Werten' gesprochen wird, dass in einer Ära, in der nach dem Ersten Weltkrieg, dem Zweiten Weltkrieg sowie dem Kalten Krieg als dem Dritten Weltkrieg die Bedingungen nach dem 11. September sogar von einigen Strategen als Vierter Weltkrieg benannt werden, ein Land wie die Türkei, das die Funktion einer Brücke zwischen den Kulturen, ein interkontinentaler und internationaler Durchgangspunkt, ein Knotenpunkt, das, während es auf einer Seite mit einer Hand die Tiefe des Ostens hält, auf der anderen Seite die Perspektive des Wes-

tens unter der Hand **haltend**, eine große Synthese und ein **großes Modell** dar-
legt, ist [...] sehr wichtig geworden.")

Mit der Aufzählung realer und symbolischer Weltkriege, des *11. September* als
symbolisches Datum sowie des politischen Schlagworts des *Kampfes der Kultu-*
ren baut Çelik ein Schreckensszenario auf. Zwei Weltkriege haben als
furchtbarste internationale Konflikteskalationen Geschichte geschrieben. In diese
Chronologie reiht er mit dem Kalten Krieg und dem kulturellen Konflikt zwischen islamischer und westlicher Welt zwei virtuelle Kriege ein. Über diese
Einordnung setzt der Redner konkrete und symbolische Kriege gleich und bewertet damit die gegenwärtige politische Situation als Ausnahmezustand. Diesen
kontrastiert er mit den friedensstiftenden Funktionen der Türkei, die mit den
Metaphern des Knotenpunktes oder der Brücke präzisiert werden. Diese positive
Funktion wird durch die Kontrastierung verstärkt, negative Aspekte sind vollkommen ausgeblendet.

Zur Präzisierung der Brückenfunktion setzt der Redner eine besondere Ver-
balkonstruktion ein: „bir yandan bir eliyle Doğu derinliğini **tutarken**, öte yandan
Batı perspektifini elinin altında **tutarak**" (ÖÇ 054-056) kann ins Deutsche ungefähr mit „während es auf einer Seite mit einer Hand die Tiefe des Ostens **hält**,
auf der anderen Seite die Perspektive des Westens unter der Hand **haltend**"
übersetzt werden. Die Konstruktion verstärkt die Gleichzeitigkeit, mit der das
Land die östliche und westliche Denkweise verbindet. Dabei wird der östlichen
Identität das temporale Funktionswort *tutarken* zugewiesen, der westlichen Identität das Verbaladverb *tutarak*, die beide in gleicher Weise ein Begleitgeschehen
zur übergeordneten Verbalphrase „büyük bir sentez ve büyük bir model ortaya
koyması" (ÖÇ 056f.) (dt. „eine große Synthese und ein großes Modell zustande
bringen") ausführen.

Mit dieser grammatischen Konstruktion macht der Redner auch deutlich,
dass die Türkei neben den *mit Händen gehaltenen* westlichen und östlichen Identitäten über einen eigenen übergeordneten Charakter verfügt, der sich nicht kau-
sal aus diesen ableitet, sondern von diesen begleitet und unterstützt wird. Im
Licht dieser einzigartigen – „bugüne kadar görülmemiş" (ÖÇ 039f.) (dt. „bis
heute nicht gesehen") – symbolischen Funktion werden die Einwände der Opposition als technische Marginalitäten indirekt zurückgewiesen: „teknik
ayrıntılarını tartışabileceğimiz birçok konunun" (ÖÇ 038f.) (dt. „viele Themen,
deren technische Einzelheiten wir diskutieren können").

7.4.2 Relativierung der Konzessionen

Çelik gesteht ein, dass die gegenwärtige Haltung der EU *keine angemessene Anerkennung* für die Rolle der Türkei darstellt. Sie solle jedoch nicht als Anmaßung verstanden werden. Er plädiert für Verständnis der europäischen Seite: Die positive Entwicklung in der Übernahme des europäischen Wertesystems sei aus Perspektive der EU unerwartet schnell in Gang gekommen. Um die Opposition zu beschwichtigen, gesteht Çelik Vorurteile auf europäischer Seite zu, erklärt diese aber für unbedeutend:

| 110 | ŞME | tartışmaların, aslında, Türkiye'nin bu güçlü iradesi |
| 111 | | karşısında **hiçbir** önemi yoktur. Bundan on sene öncesini |

(„dies hat im Angesicht dieser starken Willenskraft der Türkei **keinerlei** Bedeutung.").

Um deren Bedeutungslosigkeit hervorzuheben, kontrastiert er die Diskussionen in Europa mit der dortigen Begeisterung für die *sessis devrim* (ÖÇ 120f.) (dt. „stille Revolution").

Der Redner macht der Opposition gegenüber die *Konzession*, es gäbe Mängel im Bericht, *erklärt* diese jedoch durch ein Prinzip der Dynamik: „bu kadar büyük hiçbir değişim, kuşkusuz, pürüzsüz olmaz" (ÖÇ 133f.) (dt. „Keine Veränderung dieser Größe kann ohne Sorgen, Hindernisse erfolgen"). Diese Konzession *relativiert* er im Folgenden durch ein Verfahrensprinzip, das in dynamischen Situationen anzuwenden sei:

134	ÖÇ	değişim, kuşkusuz, pürüzsüz olmaz. Bu tip olaylarda, bu
135		tip sosyal olaylarda **bakılması gereken şey**, ana gövdenin
136		ve asıl ağırlığın nereye doğru kaydığı yönündedir. Burada

(„Bei Ereignissen dieser Art, bei sozialen Ereignissen dieser Art **sollte man generell** darauf schauen, in welche Richtung der Hauptbestandteil und der Schwerpunkt geht.")

Dieses Verfahren wird durch das Partizip *gereken* (dt. „ist es nötig/sollte man") als Norm gekennzeichnet. Der Fortschrittsbericht beinhalte eine positive Zusage, ein *Evet* (ÖÇ 141) (dt. „Ja"). Somit setzt der Redner diese positive Handlung der EU mit dem angesprochenen Schwerpunkt implizit gleich bzw. lässt das Plenum diese Gleichsetzung vollziehen.

Zur weiteren Beschwichtigung der Skeptiker bezieht sich Çelik wie der oppositionelle Vorredner auf den fünften Paragraphen des Berichtes, der die Ergebnisoffenheit und somit die Möglichkeit einer Aussetzung der Verhandlungen beinhaltet. In der Argumentation Elekdağs hatte dieser als „Diskriminierungsparagraph" einen zentralen Stellenwert. Den Dissens deutet der Redner der AKP jedoch nur sehr vage an: „Burada, kuşkusuz, bazı eleştiriler var." (ÖÇ 143) (dt. „Hier gibt es ohne Zweifel einige Kritikpunkte.") Diese Schwachstelle wird abgewertet, indem die Verfahrensweise als *selbstverständlich* dargestellt wird: Şimdi, bu, aslında işin tabiatı gereği olan bir şeydir, işin doğasında bu vardır." (ÖÇ 145f.) (dt. „Jetzt ist dies eigentlich etwas, das im Wesen der Sache liegt, in der Natur der Sache liegt.").

Der Redner schwächt die Erwartung der Gegenseite, dass die EU in Zukunft weiter Kritik übt oder den Beitritt blockiert: Er räumt diesen Erwartungen zwar eine Möglichkeit ein, indem er sie als *konditionalen* Wahrheitsanspruch formuliert, gibt jedoch für den Fall, dass dieser Weltzustand eintritt, die Empfehlung, diese nicht auf sich zu beziehen:

174	ÖÇ	Ayrıca şunu söylemek gerekir: Eğer bir eleştiri
175		getirilecekse, ortaya bir tavır koyulacaksa, bu, bizim şu
176		anda hiçbir şekilde üzerimize alınmamamız gereken bir
177		meseledir; çünkü, demokratikleşme, çağdaşlaşma ve
178		Türkiye'yi daha ileriye götürme, Türkiye'deki insanların
179		insan hak ve hürriyetlerinden daha çok faydalanması
180		konusunda milletin tam iradesi vardır, Meclisin tam iradesi
181		vardır.

(„Außerdem sollte dieses gesagt werden: Falls eine Kritik herangetragen werden sollte, ein Verhalten zutage treten sollte, sollten wir dies zu diesem Zeitpunkt auf keine Weise auf uns beziehen; denn in der Frage von Demokratisierung, Modernisierung und dem Voranbringen der Türkei, der weiteren Erschließung von Menschenrechten und Freiheiten für die Menschen in der Türkei hat die Nation den ganzen Willen, das Parlament den ganzen Willen.")

7.4.3 Intervention und reaktive Bedeutungsminimierung

Diese Abwertung der Konzessionen an die EU erscheint der Opposition verdächtig. Das Plenum reagiert hier zum ersten Mal in dieser Debatte mit Zwischenrufen. Zwei Abgeordnete der CHP verstehen die Ausführungen Çeliks als *Vorbereitung* auf weitere Zugeständnisse an die EU. Sie versuchen Druck auf den Redner auszuüben. Der CHPler Yüksel Çorbacıoğlu versucht, den Redner mit einer rhetorischen Frage festzulegen:

189	YÜKSEL ÇORBA- CIOĞLU	(Önemli değilse niye çıkarılmadı?!)

(„Wenn sie [die Schutzklausel] nicht so wichtig ist, weshalb wurde sie nicht herausgenommen?!")

Der Angriff von Çorbacıoğlu kann Çelik in ein Dilemma bringen: Entweder muss der Redner erklären, weshalb die EU an einer unwichtigen Klausel festhält oder weshalb die Regierung eine Entfernung der Klausel nicht durchsetzen konnte.

Er steht hier in einem *Konflikt* zwischen dem Interesse der Regierung, die Verhandlungen mit der EU voranzutreiben und dem Interesse der parlamentarischen Opposition, diese Zugeständnisse nicht zu erfüllen. Çelik versucht *auszuweichen*, indem er das geringe Gewicht der gegenwärtigen Vereinbarungen unterstreicht, auf ihre Veränderbarkeit hinweist und den Verhandlungsgegenstand sehr vage darstellt:

190 191	ÖÇ	**Bu** ortaya çıkan **şey**, her şeyin zemin olduğu bir dönemeç değildir, bundan daha iyisi de olacaktır.

(„**Diese Sache**, die hier zutage getreten ist, ist nicht das Maß aller Dinge, es wird auch etwas Besseres als dieses geben.")

Mit diesem Hinweis auf die Veränderbarkeit der aktuellen Formulierungen verschiebt Çelik die Auseinandersetzung der Regierung mit der EU auf einen unbestimmten Zeitpunkt in der Zukunft. Der Redner bringt erneut eine Verhaltensnorm ein: „Burada yapılması **gereken**, **hoşlanmadığımız** maddelerin düzelmesi için uğraşmak" (ÖÇ 195f.) (dt. „Hier sollte man sich dafür engagieren, dass die Paragraphen, die **uns nicht gefallen**, verbessert werden"). Diese bezieht er mit dem Plural in *hoşlanmadığımız* (dt. „die **uns** nicht gefallen") auf das gesamte Kollektiv, nimmt also auch die Opposition in die Pflicht. Damit lenkt der Redner von der Verantwortung der AKP als Regierungspartei ab.

Zur weiteren Abschwächung der Bedeutung der Schutzklausel vergleicht der Politiker den Fall Türkei mit den Verhandlungszeiträumen anderer Länder, die gegenwärtig Mitglieder der Union sind:

202 203 204	ÖÇ	[bahsedildiği zaman,] unutmamak gerekir ki, İrlanda, İngiltere, Danimarka, bütün bu ülkelerin -şu anda Avrupa Birliği içerisinde son derece önemli olan ülkelerin-

205   neredeyse oniki yıla varan müzakere süreçleri olmuştur.

(„[...] sollte man nicht vergessen, dass Irland, England, Dänemark, all diese Länder – die zum jetzigen Zeitpunkt in der Europäischen Union von größter Wichtigkeit sind –Verhandlungsprozesse von zwölf Jahren gehabt haben.")

Die Opposition lässt sich von diesen Argumenten nicht beschwichtigen und insistiert auf dem Dissens. Der Einwand von Çorbacıoğlu wird von seinem Parteifreund Kemal Anadol zweimal flankiert. Dieser wandelt die Frage Çorbacıoğlus in eine *Aufforderung an die Regierung* um, dafür zu sorgen, dass die Klausel herausgenommen wird:

237   KEMAL   (Bu madde çıksın!)
      ANADOL

(„Diese Klausel soll entfernt werden!")

Der Redner reagiert nicht auf den im *Imperativ* formulierten Zwischenruf. Er erwidert den DIREKTIV weder mit einer Zu- noch einer Absage. Der AKPler versucht erneut die Geltung der Klausel zu minimieren, indem er sie in einer *Paraphrase* mit einer Absurdität gleichsetzt:

238   ÖÇ   Mesela, şöyle bir şey gibidir: "Avrupa Birliği ülkeleri
239   içerisinde, belli bir zaman diliminde demokrasiyi askıya
240   almak mümkündür" ifadesi ne kadar mantıksızsa, bu ifade
241   de o kadar uygulanamaz bir ifadedir; çünkü, temel
242   değerlerine aykırıdır.

(„Das ist ungefähr so: So wie der Ausdruck 'in den Ländern der Europäischen Union ist es möglich, nach einer bestimmten Zeit die Demokratie auszusetzen' unlogisch ist, ist dies auch ein Ausdruck, der nicht angewandt werden kann, denn er widerspricht den Grundwerten.")

Die Versuche des AKP-Abgeordneten, die Bedeutung der Klausel abzuwerten, schlagen fehl. Die Opposition akzeptiert den Hinweis auf eine NACHTRÄGLICHE VERÄNDERBARKEIT ebenso wenig wie das Argument des LOGISCHEN WIDERSPRUCHS.

Nachdem Anadol nochmals mit "Ne işi var orada?!" (ÖÇ 244) (dt. „Was hat der da zu suchen?!") auf dem Dissens insistiert, weicht der Redner wieder aus. Die Verantwortung der Regierung bzw. der AKP die Verantwortung für den Beitrittsprozess und somit auch für daraus entstehende negative Konsequenzen wird *delegiert*:

248	ÖÇ	eleştirilerin hiçbiri... Avrupa Birliği süreci, bizim partimizin
249		ya da bizim hükümetimizin özel malı değildir; bu milletin
250		ortak iradesinin ve bu Meclisin ortak iradesinin ürünüdür.

(„Der Prozess in die Europäische Union ist nicht das Eigentum unserer Partei oder unserer Regierung, sondern das Produkt des gemeinsamen Willens unseres Volkes und des gemeinsamen Willens dieses Parlaments.")

Die letzte Autorität und somit auch die Verantwortung für alle Entwicklungen weist der Abgeordnete dem Volk zu, da der Beitrittsprozess auf dem Konsens des Parlaments und des Volkes beruhe. Abschließend schwächt er die Einwände der Oppositionellen, indem er Regierung und Opposition als *Handelnde für das Volk* miteinander gleichgesetzt:

254	ÖÇ	Bunun için, yapılması gereken siyasî çalışmaları da, yine
255		kendi ortak irademizle, hem iktidar olarak hem muhalefet
256		olarak yapacağız.

(„Dafür werden wir die nötigen politischen Bemühungen wieder mit unserem eigenen gemeinsamen Willen sowohl als Regierung als auch als Opposition vornehmen.")

Çelik erinnert hier das gesamte Parlament an den grundlegenden Konsens, denn trotz unterschiedlicher Interessen sind alle Fraktionen grundsätzlich *Beitrittsbefürworter*. Gleichzeitig legt er die Opposition implizit auf den Willen der Regierung fest, den er mit dem Willen des Volkes identifiziert. Indem er als Reaktion auf den eingebrachten Dissens jetzt für die Opposition spricht, macht er indirekt seine gehobene Position als Mitglied der Regierungspartei geltend.

7.4.4 Abwägung der Argumente durch Ağar

Mehmet Kemal Ağar erhält vom Parlamentspräsidenten als fraktionsloser Abgeordneter das Wort. Zur Zeit der Rede ist Ağar Vorsitzender der *Doğru Yol Partisi* (DYP, *Partei des rechten Weges*). Die DYP, die mit der AKP um die traditionell orientierte Wählerschaft konkurriert, ist im Jahr 2004 nicht als Fraktion im Parlament vertreten. Ağar tritt hier neben seiner Funktion als Parteienvertreter vor allem als *institutionelle Autorität* auf, zumal er im Laufe seiner politischen Karriere u. a. Innenminister in der Zeit der Koalition von DYP und der islamistischen *Refah Partisi* (RP, *Wohlfahrtspartei*), einer Vorgängerpartei der AKP, war. Seine Partei vertritt demnach Interessen, die mit denen islamischer Parteien *kompatibel* sind, versteht sich jedoch als konservative Partei, die das kemalistische Erbe in höchstem Maß respektiert. Gerade deswegen steht der Redner unter hohem Erfolgsdruck, da er die Chance nutzen muss, die Autorität konservativer Parteien geltend zu machen und gegen die AKP durchzusetzen. Der Redner vertritt eine rigide Position:

Die EU ist <u>verpflichtet</u> Beitrittsverhandlungen mit dem Ziel der Vollmitgliedschaft aufzunehmen.

Der Redner behauptet, dass die Zusage in Helsinki eine *Verpflichtung* der EU ist:

034	MKA	Kaldı ki, Avrupa Birliği, o gün imzalamış olduğu taahhütle
035		meseledeki **mükellefiyetini** ortaya koymuştur. Avrupa Birliği
036		açısından bakıldığında, ahde vefa ve hukukun üstünlüğü
037		gibi temel ilkelerin hiçbir zaman gözardı edilmeyeceği
038		ortaya konulduğunda, Türkiye Cumhuriyetinin Avrupa
039		Birliğine tam üyeliği, **Avrupa'nın haysiyetidir, Avrupa'nın**
040		**namusudur.** Avrupa, 1999'da Helsinki'de imzaladığı bu
041		taahhüdün aksine bir davranışta bulunma **hakkına sahip**
042		**değildir.** O zaman, biraz evvel dinlediğimiz Sayın

(„Es bleibt, dass die Europäische Union mit der Unterzeichnung der Zusage an diesem Tag **ihre Verpflichtung** in dieser Sache dargelegt hat. Wenn aus Sicht der Europäischen Union bekundet wird, dass Grundprinzipien wie Vertragstreue und Vorherrschaft des Rechts niemals missachtet werden, ist die Vollmitgliedschaft der türkischen Republik in der Europäischen Union **die Würde Europas, die Ehre Europas.** Europa **hat nicht das Recht**, sich entgegen dieser Zusage zu verhalten, die 1999 in Helsinki unterzeichnet wurde.")

Die Bewertung der Unterzeichnung der Zusage als VERPFLICHTUNG ist für den DYPler Argument dafür, dass die EU die Türkei als Mitglied aufzunehmen *beabsichtigt*. Die Nichterfüllung ihrer Zusage setzt der DYP-Politiker mit dem *Verlust von Ehre* auf Seiten der EU und somit auch von Respektverlust durch die Türkei gleich.

In diesem Zusammenhang bringt der Redner die historischen Bemühungen konservativer türkischer Politik für den Beitritt ins Spiel. Einführend werden die Erfolge in Zeitfenstern von Regierungen dargestellt, wobei die angesprochenen Autoritäten – Menderes, İnönü, Özal, Ecevit (vgl. MKA 021-033) – und die mit

Schlagwörtern wie *gümrük birliği* (MKA 028) (dt. „Zollunion") oder „Helsinki zirvesi" (MKA 031f.) (dt. „Gipfel von Helsinki") angedeuteten politischen Entwicklungen generell mit gemäßigt-konservativer Politik assoziiert werden. Ağar wägt die Argumente der Vorredner aus den Reihen der Regierung und Opposition ab. Dabei nimmt der Redner eine *Gewichtung* zwischen den Argumentationen der beiden Redner Erdoğan und Elekdağ vor. Ağar stärkt den Redner der Opposition, indem er dessen Kritik ausdrücklich *lobt*:

043	MKA	Elekdağ'ın fevkalade yetkin ve çok iyi niyete dayalı
044		ikazlarını gözden ırak tutmama gereği vardır. [Nihayetinde]

(„Elekdağs außerordentlich kompetente und von gutem Willen gestützte Ermahnungen sollte man nicht vom Auge fern halten.")

Demgegenüber *bestätigt* Ağar lediglich das Argument Erdoğans, „bu bir zihniyet değişimidir" (RTE 108) (dt. „dies ist ein Mentalitätenwandel"), ohne es explizit als Argument des Premiers zu kennzeichnen:

068	MKA	Elbette, Türkiye açısından **büyük bir zihniyet değişikliğidir,**
069		Türkiye açısından bir değişimdir ve bu değişimden,
070		toplumun her kesiminde var olanlar nasiplene nasiplene
071		yollarına devam edeceklerdir. Bugün, Türkiye ne kırk sene

(„Natürlich ist dies aus Sicht der Türkei **ein großer Mentalitätenwandel,** aus Sicht der Türkei eine Veränderung und an dieser Veränderung wird jeder Teil der Gesellschaft Anteil nehmen und seine Wege fortsetzen.")

Das Phänomen *Mentalitätenwandel* wird als offensichtlich *festgestellt*, was auch der *dir*-Modus in *değişikliğidir* (MKA 068) (dt. „Wandel") verdeutlicht, mit dem der Redner seine Überzeugung nachdrücklich äußert. Parallel dazu wird der Geltungsbereich des Einstellungswechsels erweitert:

086	MKA	Bizdeki zihniyet değişiminin ve deviniminin belki bir diğeri de
087		Avrupa Birliğinde **olmaktadır, olmalıdır** da ve Avrupa
088		Birliğindeki bu değişime öncülük etmek, yardımcı olmak
089		konusunda Türkiye'de var olan herkesin üzerine düşen
090		**görevler** vardır.

(„Neben unserem Mentalitätenwandel und unserer Bewegung **gibt** es, **sollte** es vielleicht auch einen weiteren bei der Europäischen Union **geben** und um bei dieser Veränderung in der Europäischen Union Feder zu führen, zu helfen, gibt es gewisse **Pflichten**, die auf alle fallen, die in der Türkei sind.")

Der Redner wendet hier ein *Gerechtigkeitsschema* an: Ebenso wie für die türkische Seite ist es eine Pflicht für die EU den Wandel voranzutreiben. Für die EU wird der Wandel jedoch ebenso festgestellt wie verlangt: In der Äußerung

086	MKA	Bizdeki zihniyet değişiminin ve deviniminin belki bir diğeri de
087		Avrupa Birliğinde **olmaktadır, olmalıdır** da ve Avrupa

(„Neben unserem Mentalitätenwandel und unserer Bewegung **gibt es, sollte es** vielleicht auch einen weiteren bei der Europäischen Union **geben**")

spielt die Verbalphrase *olmaktadır, olmalıdır* eine besondere Rolle. Mit *olmaktadır* ist *olmak* (dt. „sein, werden") zuerst im *Kontinuativ* bzw. Verlaufspräsens formuliert, mit dem das ausgedrückte Ereignis hervorgehoben und aktualisiert wird. Es wird angezeigt mit dem Suffix *–makta* in *olmaktadır*.

Angeschlossen ist das Verb im *Nezessitativ* bzw. der Notwendigkeitsform, die angezeigt wird mit dem Suffix *-malı* in *olmalıdır*.[51] In dieser verbalen Konstruktion werden demzufolge KONSTATIV und NORMATIV kombiniert. Der Abgeordnete folgt zwar den Annahmen des Oppositionspolitikers Elekdağ, dass den im Fortschrittsbericht formulierten Bedingungen eine negative Haltung der EU zugrunde liegt. Er folgt jedoch nicht dem Verdacht der Diskriminierung, sondern stellt eine Verhaltensänderung sowohl auf europäischer als auch auf türkischer Seite fest *und* fordert sie gleichzeitig.

7.4.5 Einschwören auf den Wandel

Wie Erdoğan *personifiziert* auch Ağar die Türkei zur Veranschaulichung der Intensität des Konsenses, mit der das Land sich an die EU anpasst. Sie wird mit *kendi* (MKA 097) (dt. „ihrer eigenen") mit einem *Selbst* und mit *bünyesinde* (MKA 101) (dt. „in ihrem Körperbau") mit einem Körper ausgestattet. So werden menschliche Eigenschaften auf sie übertragen:

097	MKA	Türkiye, artık **kendi** iç dinamikleriyle, dış dinamiklerin
098		zorlaması olmadan, yüksek standartlı demokrasie de,
099		insan haklarına da, demokratik açılımlara da ve yaşayan
100		dünyanın değerlerine uygun, ekonomik, sosyal değişimleri
101		de **bünyesinde yaşaya yaşaya** yoluna devam edecektir;

---

[51] Zu Kontinuativ und Nezessitativ vgl. Ersen-Rasch 2004: 150, 167.

102   **bundan bir kuşkumuz yoktur.**

(„Die Türkei wird mit ihrer eigenen Innendynamik, ohne einen außendynamischen Zwang, auch eine Demokratie mit hohem Niveau, auch Menschenrechte, demokratische Öffnung und entsprechend den Werten der Welt, in der sie lebt, auch wirtschaftliche und soziale Veränderungen in ihrem Körperbau immer wieder lebend auf ihrem Weg fortfahren; daran haben wir keinen Zweifel.")

Die beschriebenen demokratischen und gesellschaftlichen Fortschritte im politischen System werden mit der adverbialen Bestimmung der Art und Weise „bünyesinde yaşaya yaşaya" (MKA 101) (dt. „in ihrem Körper fortlebend") als Körperfunktionen der Türkei zugeschrieben und so dem Land *internalisiert*. *Yaşaya yaşaya* ist ein doppeltes Verbaladverb[52], dessen Duplikation der Intensivierung dient und mit „immer wieder lebend" übersetzt werden kann. Durch die Duplikation ist die Perspektive des Redners sehr stark auf den Begleitumstand *lebend* gerichtet. Das Augenmerk liegt auf der Umsetzung der Reformen *mit Leib und Seele*, was sowohl positive als auch negative Konsequenzen mit einschließt. Ağar verwendet die Körper-/Seelenmetaphorik, um die Wirklichkeitsnähe seiner Perspektive hervorzuheben. Die Beschreibung der Türkei als lebender Körper macht die Demokratisierung zum gemeinsamen Zeil der natürlichen Weiterentwicklung.

7.4.6 Zusammenfassung

Çelik stärkt seinen Premier: Er bemüht dabei vor allem ein Argumentationsschema, das die MODELLFUNKTION des Landes hervorhebt. Der Redner stellt das türkische Parlament in seiner historischen Besonderheit heraus, wobei dessen besondere Stärke in Verhältnis zur weltpolitischen Situation gebracht wird, die als Konfliktszenario dargestellt wird. Mit dem Bezug auf die historische Vergangenheit des Parlaments und der Veranschaulichung durch die Brückenmetapher verleiht der Politiker – der Programmatik der AKP folgend – der Türkei im Spannungsfeld von Krieg und Frieden eine *besondere Identität* als Friedensstifter. Der Abgeordnete folgt so der Ablenkungsstrategie des Regierungspräsidenten. Einwänden oppositioneller Abgeordneter, die vor allem eine Akzeptanz der Ergebnisoffenheit der Beitrittsverhandlungen ablehnen, weicht der AKPler aus und übt *Gegendruck* aus, indem er die Wichtigkeit des innerparlamentarischen Konsenses hervorhebt. Nachdem der Versuch fehlschlägt, den Dissens der Opposition mit Argumenten aufzulösen, wird dieser als unbedeutend abgewertet.

---

[52] Zur Verdoppelung des Verbaladverbs vgl. Ersen-Rasch 2004: 229ff.

Auf diese Weise legt der Redner implizit nahe, dass ein Dissens nicht vorteilhaft für den Beitrittsprozess und somit für die Erfüllung des Volkswillens ist.

Der letzte Redner Ağar entwickelt mit Hilfe des *Gerechtigkeitsschemas* eine *Synthese* zwischen den Positionen von Regierung und Opposition: Wenn sich die Einstellung der türkischen Bevölkerung wandele, dann werde sich auch die Einstellung der EU wandeln. Hauptargument des Abgeordneten ist die als historische VERPFLICHTUNG verstandene Zusage der EU in Helsinki. Dabei wendet der DYP-Redner die *Feststellung* des Premiers über den Einstellungswandel in der türkischen Bevölkerung zu einer *Forderung* an die EU, auch ihrerseits die Einstellung zu wandeln. Um den Konsens der türkischen Gesellschaft zu beschreiben, nutzt Ağar wie zuvor Erdoğan die Körper-Metapher. Er wandelt dabei die spirituelle Lesart Erdoğans in eine realistische Perspektive um.

Innerhalb der Abwägung der Argumentationen von Regierung und Opposition nimmt Ağar eine feine Gewichtung zugunsten des Oppositionsredners vor. Er lobt die Kritik des CHPlers ausdrücklich, stellt das Argument des Premiers jedoch ohne ausdrückliche Benennung lediglich fest. Er erweitert den Geltungsbereich des Arguments, womit er die *Autorität des Beobachters* für sich beansprucht und die politische Kompetenz des Premiers in den Hintergrund drängt.

Nach dieser zweiten Runde ist zusammenfassend zu sagen, dass sich der Redner der Regierung nur unzureichend gegen die Interventionen aus dem Plenum verteidigen konnte. Erschwerend für die AKP hat Ağar als unparteiischer Abgeordneter seine Autorität zugunsten der Opposition eingesetzt. Die Regierung steht nach dieser Debatte unter Erfolgsdruck, sie muss damit rechnen, dass die parlamentarische Opposition ihre Entscheidungen bei den weiteren Verhandlungen mit der EU weiterhin sehr kritisch beobachten wird.

8 Vergleich

Der Vergleich entlang der Linien der exekutiven Prinzipien zeigt einige prägnante Unterschiede in der Durchführung der Debatten auf deutscher und türkischer Seite[53]:

Autoritätsprinzip In der vorliegenden Debatte stärken die Redner ihre *persönliche Autorität*. Sie unterstreichen ihre fachliche Kompetenz z. B. durch die Einnahme einer Gutachterperspektive oder durch Vorhersagen. Sie versuchen ihre eigene Autorität auch zu stärken, indem sie entweder parteifremde Autoritäten radikal angreifen oder deren Standpunkte für sich vereinnahmen. Hier findet sich auch die In-Frage-Stellung der allgemeinen Rationalität von Vertretern der anderen Parteien. Durch die Aufdeckung von *Kontradiktionen* wird die Autorität in ihrer Ratio und ihrer fachlichen Kompetenz gleichermaßen geschwächt. Im türkischen Parlament legitimieren die Parteien ihre Autorität vor allem als *Vertreter des Volkes*, wobei die Redner der AKP auch sehr stark die Autorität der Mitglieder des Parlaments sowie die Autorität der Nation als solches hervorheben. Die Autorität der Antagonisten wird dabei nicht direkt angegriffen.

Konsens und Dissens Die deutschen Parteien betonen den Konsens der Partei mit der Europäischen Union. Sie versuchen vor allem den Konsens des Gegners mit der Gesellschaft zu schwächen. Außerdem werden Kontradiktionen nachgewiesen und damit interne Konflikte der gegnerischen Parteien aufgedeckt oder vorhergesagt. Die Grünen-Politikerin Roth sagt einen Interessenkonflikt der konservativen Parteien und ihrer Wählerschaft voraus. Die CDU/CSU-Fraktion versucht durch den Nachweis eines Konsenses mit den Grünen in der Frage der Menschenrechte deren Position zu schwächen. Die AKP versucht über die Betonung des Konsenses mit dem Volk und mit der Europäischen Union ihre Macht zu sichern und wertet den innerparlamentarischen Dissens ab. Beide AKP-Redner bewerten den innerparlamentarischen Konsens positiv und betonen das institutionelle Interesse aller Mitglieder des Parlaments. Den Willen der oppositionellen CHP, im eigenen Interesse trotz der Unstimmigkeiten für das Ziel des Beitritts mit der EU und der AKP zu kooperieren, verdeutlicht der Redner durch

---

[53] Die vorliegenden Ergebnisse lassen sich aufgrund der besonderen Spezifik der beiden Debatten nicht durchweg verallgemeinern, sie zeigen jedoch wesentliche Tendenzen auf, die der weiteren kontrastiven Forschung in diesem Gebiet Richtungen aufzeigen.

Zugeständnisse. Elekdağ bricht diese Zugeständnisse jedoch immer wieder auf. Er demonstriert so, dass er sich bewusst ist, dass die CHP im Interesse der kemalistischen Elite auch bereit ist im Vorfeld des möglichen Beitritts hart zu verhandeln. Der DYP-Abgeordnete bringt sich als vermittelnder Beobachter ein, der auch mit Blick auf zukünftige Wahlen den Konsens mit den möglichen Koalitionspartnern CHP und AKP sucht.

Offensive und Defensive   In den vorliegenden Debatten gehen die deutschen Redner offensiver vor als die türkischen. Dabei spitzen die Bundestagsredner Angriffe auf Parteien oftmals zu Angriffen auf bestimmte Personen in Schlüsselpositionen wie Glos oder Roth zu. Um einzelne Politiker zu provozieren, werden deren Verhaltensweisen ebenso wie deren Äußerungen herangezogen und verzerrt. In den türkischen Reden findet sich ein einziger indirekter Vorwurf, der sich auf ein historisches Ereignis bezieht und eine politische nicht mehr aktive Persönlichkeit aus einer Konkurrenzpartei in den Fokus nimmt. Elekdağ greift die Politik der Regierung an, indem er den Fortschrittsbericht der EU als Produkt von Verhandlungen zwischen den Vertretern der Türkei und der EU kritisiert. Çelik verteidigt als zweiter Redner der türkischen Regierungspartei seinen Premier ohne die Opposition anzugreifen. Offensiv handeln die Zwischenrufer aus den Reihen der Opposition indem sie direktive *Forderungen* an die Regierung einbringen, auf die der Redner Çelik mit Beschwichtigungen verteidigend reagiert.

Funktionalisierung von nonverbalen Fähigkeiten   Für die *rationalen Grundlagen* ist festzustellen, dass auf beiden Seiten bereits die Auswahl von Argumenten durch Kriterien geleitet ist, die eng mit Parteiinteressen zusammenhängen: Schäuble stellt die MODELLFUNKTION und die VERSCHIEDENHEIT der Türkei heraus, wobei die Verschiedenheit hier kulturell verstanden und negativ besetzt wird. Sie wird als nachteilig für den Beitritt bewertet. Erler pocht im Sinne seiner sozialdemokratischen Ausrichtung auf GERECHTIGKEIT im Umgang mit der Türkei. Die Grünen-Politiker Fischer und Roth betonen die Wichtigkeit von kausalen Prinzipien wie politischen ABSICHTEN UND IHREN FOLGEN, in diesem Rahmen heben sie die besondere Bedeutung der politischen Regeln der EU hervor.

Auch Erdoğan baut sein Hauptargument auf dem kausalen Prinzip von *Grund und Folge* auf, wobei er den Schluss nahe legt, dass die Kopenhagener Kriterien erfüllt sind. Dem Programm seiner Partei folgend betont er die Wichtigkeit der Menschenrechte. Als kausale Folge wird die Verhandlungszusage der EU erwartet. Çelik bezieht sich wie Schäuble und Müller auf die VERSCHIEDENHEIT der Türkei. Diese kulturelle EINZIGARTIGKEIT, die in der Vermischung islamischer Tradition und westlicher Werte liegt, versteht er als Politiker der AKP als Vorteil für den Beitritt. Auch der Sozialdemokrat Elekdağ besteht wie Erler auf das *Gerechtigkeitsprinzip* und vertritt diesen Wahrheitsanspruch vor allem gegenüber der EU. Ağar fordert einem *Grund-Folge*-Schema folgend die Einlösung des historischen Versprechens, das Europa gemacht hat. Auf dieses Schema kann er sich auch als Vertreter einer etablierten Partei beziehen.

Wahrnehmung   Über die Wahrnehmung kann für beide Seiten verallgemeinernd gesagt werden, dass es vor allem um die Hinlenkung auf eigene Stärken geht, wobei die Redner der türkischen Parteien vor allem *sachbezogene* positive Aspekte hervorheben, während die Vertreter der deutschen Parteien bevorzugt die Schwächen *politischer Subjekte* unter die Lupe nehmen. Rhetorische Mittel wie Metaphern dienen auf beiden Seiten in besonderer Weise dazu, erwünschte Aspekte der Realität auszuleuchten und unerwünschte Aspekte abzudunkeln.[54]

Emotionen   Die deutschen Parlamentarier nutzen Wut als zentrale Emotion, um ihren Dissens anzuzeigen und die Öffentlichkeit gegen die Konkurrenz aufzubringen. Zur Herstellung von Konsens wird von Schäuble der Appell an das Nationalgefühl vorsichtig angedeutet und eher ein europatriotischer Stolz antizipiert. Diesem stellt Erler durch die betonte Sachorientierung sogar eher einen *nicht*-emotionalen, bewusst rationalen Konsens entgegen.

Im Gegensatz dazu ist die Emotion, die die Interaktion im Plenum maßgeblich beeinflusst, im türkischen Parlament vor allem der Stolz. Sowohl Premier Erdoğan als auch Elekdağ von der sozialdemokratischen Opposition appellieren an den Stolz des Publikums, um den Konsens kennzuzeichnen, der im Hinblick auf den Beitritt besteht. Auch Çelik und Ağar beziehen sich auf das antizipierte Nationalgefühl des Plenums als Teil der türkischen Öffentlichkeit. Erdoğan beschreibt das positive Feedback in Europa und weckt Freude und Hoffnungen der Zuhörer, womit er seine Position stärkt, dass die EU einen aufrichtigen Aufnahmewillen hat. Reaktiv antizipiert Elekdağ Ängste, um die Hoffnungen der Öffentlichkeit zu schwächen. Der Dissens zwischen den Parteien wird emotional nur punktuell und sehr kontrolliert markiert, wie es in dem Zwischenruf des oppositionellen Politikers aus dem Plenum der Fall ist, der vom AKP-Politiker Çelik verlangt, die Schutzklausel entfernen zu lassen.

Präzision   Präzision findet sich vor allem dort, wo es um scharfe Angriffe des Gegners oder um eine besonders fundierte Verteidigung geht. Vage werden sowohl die deutschen als auch die türkischen Politiker, wenn es beispielsweise vorteilhafter ist, Begriffe allgemein zu halten. Metaphern und Vergleiche werden auf beiden Seiten zur Veranschaulichung politischer Sachverhalte, zur Stärkung der eigenen Position und zur Verdunklung unerwünschter Aspekte genutzt.

---

[54] Im Rahmen der Fragestellung konnte auf die Verwendung von Metaphern nur am Rande, auf die kulturellen Besonderheiten der Verwendung nicht eingegangen werden. Auch auf eine tiefergehende Analyse der Stilmittel wurde verzichtet.

Ebenso werden *lexikalische Mittel* interessenorientiert eingesetzt und Sachverhalte in politischen Schlagwörtern konzentriert.

Interventionschancen Sieht man sich die Interventionschancen an, die das Plenum nutzt, so ist der Dialog im Deutschen Bundestag interaktiver angelegt als in der Großen Nationalversammlung. Der Durchsetzungsdruck initiiert im deutschen Parlament Interaktionen zwischen Redner und Plenum, sodass sich neben den komplexen Argumentationen im Rahmen der Reden auch Äußerungssequenzen aus Argumenten und Zurückweisungen bzw. Gegenargumenten ergeben. Diese Interventionen aus dem Plenum sind sowohl initiativ als auch reaktiv: In der Debatte im Bundestag zielen viele Zwischenrufe darauf ab, den Redner zu stören und seine Äußerungen abzuwerten. Die Einwürfe sind jedoch auch in den Argumentationen der Redner angelegt, die diese oftmals mit Angriffen auf anwesende politische Persönlichkeiten verbinden. Persönliche Provokationen und Vorwürfe finden sich sowohl in den Zwischenrufen als auch in den Reden selbst. So kann m. E. auch eine Intiative von Seiten des Redners angenommen werden. Im türkischen Parlament entfalten sich die Argumentationen der Redner nahezu ungestört von Zwischenfragen oder -rufen. Die vorliegenden Reden beinhalten keine persönlichen Angriffe auf anwesende Personen. Stattdessen wird durchweg der gemeinsame parlamentarische Konsens heraufbeschworen.

Die Abgrenzung zwischen den Parteien findet hier in der unterschiedlichen Bewertung der Haltung der EU statt. Lediglich die Rede des AKPlers Çelik wird unterbrochen, sodass eine argumentative Interaktion initiiert wird. Dies ist auch in der großen Wichtigkeit des Wollensanspruchs begründet, den die Zwischenrufer einbringen, denn sie drängen auf die Entfernung einer Schutzklausel, die für die zukünftige Entwicklung der Türkei von großer Wichtigkeit ist. Das lässt darauf schließen, dass dem Redner in der Nationalversammlung generell dadurch Achtung erwiesen wird, dass man ihn nicht unterbricht. Auch die beschwichtigende Reaktion des Redners Çelik auf die Intervention zeichnet sich durch eine hohe Orientierung am Respektprinzip aus.

Parlamentarischer Respekt Die institutionelle Protektion des parlamentarischen Respektes ist dementsprechend im deutschen Parlament schwächer ausgeprägt als im türkischen Parlament. In der Großen Nationalversammlung wird die hohe Wertschätzung für die Institution von den Rednern immer wieder beteuert. Das Spiel Fischers mit dem Präsidium ist in dieser Form im türkischen Parlament schwer denkbar. Das hier geringe Vorkommen von Zwischenrufen kann in den offiziellen Regularien der Großen Nationalversammlung begründet sein, die strenger sind als im Deutschen Bundestag (Türkiye Büyük Millet Meclisi 1973: § 60):

Adını önceden kaydettirmeyen veya oturum sırasında Başkandan söz almayan hiç kimse konuşamaz. [...] Pek kısa bir sözü olduğunu belirten üyeye Başkan, yerinden konuşma izni verebilir

(„Wer seinen Namen nicht im Vorhinein protokollieren lässt oder vom Präsidenten während der Sitzung die Erlaubnis erhält, darf nicht sprechen. [...] Der Präsident kann dem, der signalisiert, dass er nur kurz sprechen möchte, die Erlaubnis geben, von seinem Platz aus zu sprechen.")

Sicherheit   Die deutschen Redner versuchen durch Sprechakte wie Vorhersagen die generelle Gültigkeit ihrer Argumente hervorzuheben. Zur Stärkung der Sicherheit ihrer Wahrheitsansprüche verwenden die türkischen Redner einen eigenen grammatikalischen *Modus*: Mithilfe des Hilfsverbsuffixes *–dir* am Prädikat der Äußerung wird die generelle Geltung eines Wahrheitsanspruchs angezeigt, sodass die Redner ihrer Überzeugung Nachdruck verleihen können (vgl. Ersen-Rasch 2004: 129).

9 Schluss

Die Auffassung von Argumenten als komplexe kommunikative Mittel, die sich auf kognitive Schemata beziehen und auf der Grundlage von Schlussprinzipien von den Dialogpartnern (nach-)vollzogen werden, hat sich für die Analyse als sehr hilfreich erwiesen. Mithilfe dieses dialogischen Gerüsts konnten rhetorische Strategien identifiziert werden, zu denen auch die Nutzung von Rationalität zur Durchsetzung interessenorientierter Weltsichten gegen parteiliche Gegner gehört.

Als besonders vielschichtig stellte sich der wissenschaftliche Begriff des *Interesses* heraus. Dieser konnte für die vorliegende linguistische Arbeit insofern nutzbar gemacht werden, als ausgehend von den im parlamentarischen Bereich generell relevanten Interessen der parteilichen *Selbstbehauptung* und der *Ausrichtung auf die Gesellschaft* eine Basis gefunden werden konnte, um den Interessenantagonismus im Parlament für die Analyse fruchtbar zu machen. Der Polyfunktionalität parteiorientierter Rede im parlamentarischen Dialog – im Kern bestehend aus den Zwecken des ÜBERZEUGENs im *kritischen Meinungsaustausch* und des ÜBERREDENs im *Kampf der Parteien* um politische Macht – wurde der institutionelle Respekt als umgreifende Ordnungsmacht entgegengestellt. Diese Grundstruktur konnte im analytischen Teil am Beispiel der Beitrittsfrage der Türkei mit Inhalt gefüllt werden.

Eine besondere Herausforderung bestand im deutsch-türkischen Sprachvergleich, der in dieser Form erstmalig in einer Forschungsarbeit zur sprachlichen Interaktion im parlamentarischen Bereich vorgenommen worden ist. Die kontrastive Analyse der komplexen Handlungsspiele im Rahmen der beiden Debatten zum EU-Beitritt der Türkei bestätigt, was sich in der Beschreibung der kulturellen Orientierungsräume in den theoretischen Vorüberlegungen bereits angedeutet hat:

Im Bundestag liegt eine hohe Orientierung am Prinzip der *rhetorischen Effektivität* vor. Die Redenden und das Plenum versuchen vor allem, die Interessen ihrer eigenen Partei gegen die der Gegner durchzusetzen und die Öffentlichkeit für sich zu gewinnen, indem sie ihre Gegner schwächen. Demgegenüber ist in der Großen Nationalversammlung eine hohe Orientierung am Prinzip des *Parlamentarischen Respektes* zu erkennen. Die türkischen Parteien versuchen ihre Interessen unter großer Achtung der anderen Parteien, die wie sie Teile der Institution sind, durchzusetzen. Das heißt nicht, dass sie die Interessen der anderen Parteien in gleichem Maße bewerten wie ihre eigenen Interessen. Dies würde ihrem Selbsterhaltungsinteresse zuwiderlaufen. Sie versuchen vielmehr die Öffentlichkeit für sich zu gewinnen, indem sie sich stärken und die Argumentation des Gegners schwächen, *ohne* die Achtung vor dem Antagonisten zu verlieren.

Diese *hohe Orientierung am Respektprinzip* kann im türkischen Parlament auch durch das gemeinsame Ziel des Beitritts beeinflusst sein, das bei den deutschen Parteien nicht gegeben ist. Es legt den türkischen Parteien nahe, der EU gegenüber einen demonstrativen Konsens zu zeigen. Genauso groß ist für das türkische Parlament jedoch auch die Notwendigkeit sich der politischen Welt in Europa als demokratische und somit als *konfliktfähige Institution* zu zeigen. Folglich ist die Wahrscheinlichkeit sehr hoch, dass sich in den vorliegenden Debatten diese beiden Handlungseinflüsse abgeschwächt, wenn nicht sogar vollkommen aufgehoben haben.

Um die hier vorgebrachten Ergebnisse zu bestätigen und die gewonnenen Einsichten zu vertiefen, wäre weitere linguistische Forschung im politischen Bereich zu empfehlen. So wäre es sicherlich von großem Interesse, wie stark sich die parteiliche Ausfechtung von Interessen an obigen rhetorischen Prinzipien orientiert, *bevor* diese in den nationalen Parlamenten ausgehandelt werden. Dazu könnten parlamentarische Beratungen in den deutschen Ausschüssen und türkischen Kommissionen herangezogen werden. Durch mehr Wissen über informelle Entscheidungen und deren Herbeiführung wären weitere Rückschlüsse auf den parteilichen Durchsetzungsdrang und den institutionellen Gegendruck *im* Plenum der Parlamente möglich.

Für weitere Forschungsvorhaben wäre auch ein Vergleich mit öffentlichen Debatten zum EU-Beitritt der Türkei in klassischen und neuen Medien wie Funk, Fernsehen oder Internet lohnenswert. In diesen Handlungsbereichen ist auch im Zuge der weltpolitischen Veränderungen in den letzten Jahren in beiden Nationen eine rege Debattenkultur zum Thema *EU-Beitritt der Türkei* und der damit verbundenen Frage der Vereinbarkeit von im weitesten Sinne *östlicher* und *westlicher Identitäten* entstanden. Interessant wäre hier genauer zu untersuchen, wie das Feedback der nationalen Bevölkerung auf die politischen Entscheidungen aussieht, ob auf beiden Seiten ein *Dialog* zwischen den parlamentarischen Institutionen und der Gesellschaft zur Beitrittsfrage stattfindet und wie sich hier kommunikative Mittel und verbale Interaktionen ausgestalten.

Literatur

Agai, Bekim (2004): Islam und Kemalismus in der Türkei. In: *Aus Politik und Zeitgeschichte* 33-34, 18-24.

Agamben, Giorgio (2003): *Das Offene. Der Mensch und das Tier.* Aus dem Italienischen von Davide Giuriato. Frankfurt a. M.: Suhrkamp.

AKP (eds) (2001): „Parti Programı." <http://www.akparti.org.tr/program.pdf> (13.10.2002).

Alemann, Ulrich von (1987): Organisierte Interessen in der Bundesrepublik Deutschland. Opladen: Leske und Budrich.

Alemann, Ulrich von (1995): Rororo special: Parteien. Reinbek: Rowohlt.

Alemann, Ulrich von/Forndran, Erhard (1983): Einleitung. Ulrich von Alemann/Erhard Forndran (eds.): *Interessenvermittlung und Politik: Interesse als Grundbegriff sozialwissenschaftlicher Lehre und Analyse*, 7-10. Opladen: Westdeutscher Verlag.

Alkan, Mustafa Nail (1994): Die Perzeption der Türkei im Spiegel der westdeutschen Presse von 1960 bis 1971. Dissertation Bonn.

Almond, Gabriel A./Verba, Sidney (1963): *The Civic Culture. Political Attitudes and Democracy in Five Nations.* New Jersey: Princeton University Press.

Amnesty International (ed.) (2004): „Jahresbericht 2004. Berichtszeitraum 1. Januar bis 31. Dezember 2003. Türkei." <http://www2.amnesty.de/internet/deall.nsf/c1070c04ee5add56c12567df002695be/45b279b353b7f3b2c1256e9e00421ed8?OpenDocument> (29. 12. 2004).

Amnesty International (ed.) (2004a): „Länderbericht. Übersetzung der Koordinationsgruppe Türkei." <http://www2.amnesty.de/internet/deall.nsf/51a43250d61caccfc1256aa1003.d7d38/7fb5d7012b453908c1256f69004837d1?OpenDocument> (2.3.2008).

Andersen, Uwe/Woyke, Wichard (eds.) (2003): *Handwörterbuch des politischen Systems der Bundesrepublik Deutschland.* Opladen: Leske + Budrich.

[Aristoteles] (1928): *The Works of Aristotle, Vol. I: Topica and De Sophisticis elenchis.* Translated by W. A. Pickard-Cambridge. Oxford: Clarendon Press.

[Aristoteles] (1999): *Rhetorik.* Übersetzt und herausgegeben von Gernot Krapinger. Stuttgart: Reclam.

Ateş, Şeref (2002): Der EU-Beitritt der Türkei und seine Spiegelung in der deutschen und türkischen Presse. In: *KAS-Auslands-Informationen* 10, 31-72.

Bauer, Thomas (2005): Rhetorik: Arabische Kultur. In: Gert Üding (ed.): *Rhetorik: Begriff, Geschichte, Internationalität*, 283-300. Tübingen: Niemeyer.

Bergem, Wolfgang (2003): Die Vergangenheitsprägung deutscher politischer Kultur und Identität. In: Dirk Berg-Schlosser/Gotthard Breit (ed.): *Politische Kultur in Deutsch-*

land. Abkehr von der Vergangenheit, Hinwendung zur Demokratie, 27-38. Schwalbach/Taunus: Wochenschau Verlag [Politische Bildung; Vol. 36].

Bollow, Jörn (2004): Anticipation of Public Emotions in TV Debates. In: Edda Weigand (ed.): *Emotion in Dialogic Interaction. Advances in the Complex*, 221-240. Amsterdam & Philadelphia: Benjamins [= Amsterdam Studies in the Theory and History of Linguistic Science; Vol. 248].

Bollow, Jörn (2007): *Hinterfragt. Das politische Fernsehinterview als dialogisches Handlungsspiel*. Tübingen: Niemeyer [= Beiträge zur Dialogforschung, Vol. 38].

Bündnis 90/Die Grünen (eds.) (2002): „Die Zukunft ist grün. Grundsatzprogramm von Bündnis 90/Die Grünen." <http://www.gruene.de/cms/files/dokbin/68/68425.grundsatzprogramm_die_zukunft_ist_gruen.pdf> (3.1.2004).

Bündnis 90/Die Grünen (eds.) (2003a): „Beitrittsperspektive für die Türkei." <http://www.gruene-fraktion.de> (3.1.2004).

Bündnis 90/Die Grünen (eds.) (2003b): „Die Erweiterung der EU." <http://www.gruene-fraktion.de> (3.1.2004).

Bündnis 90/Die Grünen (eds.) (2004): „Europa grün gestalten. Europawahlprogramm 2004 von Bündnis 90/Die Grünen." <http://www.gruene.de/cms/files/dokbin/35/35299.europawahlprogramm.pdf> (1.2.2007).

Bündnis 90/Die Grünen (eds.) (2005): „Claudia Roth. Ihre Vita." <http://www.claudia-roth.de/Ihre-Vita.29043.0.html> (9.7.2007).

Buri, Heinz (1992): *Argument und Parlament. Versuch der Entwicklung einer Methodologie zur Analyse dialogischer Sequenzen am Beispiel der „Nachrüstungsdebatte"*. Dissertation Zürich. München: tuduv [= tuduv-Studien: Reihe Sprach- und Literaturwissenschaften; Vol. 37].

Burkhardt, Armin (2003): *Das Parlament und seine Sprache. Studien zu Theorie und Geschichte parlamentarischer Kommunikation*. Tübingen: Niemeyer [= Reihe Germanistische Linguistik; Vol. 241].

Burkhardt, Armin (2004): *Zwischen Monolog und Dialog. Zur Theorie, Typologie und Geschichte des Zwischenrufs im deutschen Parlamentarismus*. Tübingen: Niemeyer [= Reihe Germanistische Linguistik; Vol. 250].

Çaha, Ömer (2003): Turkish Election of November 2002 and the Rise of "Moderate" Political Islam. In: *Alternatives. Turkish Journal for International Relations* (2) 1, 95-116.

Çarkoglu, Ali (2003): Who Wants Full Membership? Characteristics of Turkish Public Support for EU Membership. In: Ali Çarkoğlu/Barry Rubin (eds.): *Turkey and the European Union. Domestic Politics, Economic Integration and International Dynamics*, 171-194. London: Frank Cass.

Canefe, Nergis/ Bora, Tanıl (2003): The Intellectual Roots of Anti-European Sentiments in Turkish Politics: The Case of Radical Turkish Nationalism. In: Ali Çarkoğlu/Barry Rubin (eds.): *Turkey and the European Union. Domestic Politics, Economic Integration and International Dynamics*, 127-148. London: Frank Cass.

CDU (ed.) (1994): „CDU Grundsatzprogramm." <http://www.cdu.de/doc/pdf/ grundsatzprogramm.pdf> (5.11.2007).

CDU (ed.) (2004): „Europa-Manifest der Christlich Demokratischen Union. Beschluss des Bundesvorstands der Christlich Demokratischen Union Deutschlands am 22.

März 2004." <http://www.cdu.de/europa_2004/europa-manifest/ 22_03_04_ europa manifest.pdf> (2.11.2007).

CDU/CSU (eds.) (2004): „Für ein glaubwürdiges Angebot der EU an die Türkei. Bundestags-Drucksache   15/3949." <http://dip.bundestag.de/btd/15/039/1503949.pdf> (11.11.07).

Cho, Yongkil (2005): *Grammatik und Höflichkeit im Sprachvergleich. Direktive Handlungsspiele des Bittens, Aufforderns und Anweisens im Deutschen und Koreanischen.* Dissertation Münster. Tübingen: Niemeyer [= Beiträge zur Dialogforschung; Vol. 32].

Choi, Yong-Joo (1995): *Interpenetration von Politik und Massenmedien.* Dissertation Münster. Hamburg: Lit [= Beiträge zur Kommunikationsforschung; Vol. 7].

CHP (ed.) (1993): „Modern Türkiyede Değişimin Gücü CHP. Cumhuriyet Halk Partisi Programı." <http://www.chp.org.tr/index.php?module =chpmain&page=list_party_info&pid=146> (13.3.2006).

CSU (ed.) (1993): „In Freiheit dem Gemeinwohl verpflichtet. Grundsatzprogramm der Christlich   Sozialen   Union   in   Bayern." <http://www.polixeaportal.de/index.php/Common/Document/field/document/id/29552> (5.11.2007).

CSU (ed.) (2004): „Für ein starkes Bayern in Europa. Wahlprogramm zur Europawahl 2004."<http://www.csu.de/home/Dokumente/040216_Europawahlprogramm.pdf> (2.11.2007).

Czerwick, Edwin (1998): Parlamentarische Politikvermittlung. Zwischen „Basisbezug" und „Systembezug". In: Ulrich Sarcinelli (ed.): *Politikvermittlung und Demokratie in der Mediengesellschaft. Beiträge zur politischen Kommunikationskultur*, 253-272. Opladen: Westdeutscher Verlag.

Dahl, Robert A. (1971): *Polyarchy. Participation and Opposition.* Yale: University Press.

Dascal, Marcelo/Gross, Alan G. (1999): The Marriage of Pragmatics and Rhetoric. In: *Philosophy and Rhetoric*, 32 (2), 107-130.

Deutscher Bundestag (ed.) (2005): „Geschäftsordnung des Deutschen Bundestages." <http://www.bundestag.de/parlament/gesetze/go.pdf> (11.10. 2005).

Dijk, Teun A. van (1980): *Textwissenschaft. Eine interdisziplinäre Einführung.* Tübingen: Niemeyer.

Döhn, Lothar (1970): *Politik und Interesse. Die Interessenstruktur der Deutschen Volkspartei.* Meisenheim am Glan: Verlag Anton Hain [= Marburger Abhandlungen zur Politischen Wissenschaft; Vol. 16].

Dörner, Dietrich (1992): Die Logik des Misslingens. Strategisches Denken in komplexen Situationen. Reinbek bei Hamburg: Rowohlt Taschenbuch.

Drechsler, Hanno (ed.)(⁹1995): Gesellschaft und Staat: Lexikon der Politik. München: Vahlen.

DYP (ed.) (2002): „Ikinci Demokrasi Programı." <http://www.dyp.org.tr/ IIDemokrasi/Sayfalar/IIDemokrasi.htm> (10.9.2002).

Eemeren, Frans H. van/Houtlosser, Peter (1999): Strategic Manoeuvring in Argumentative Discourse. In: *Discourse Studies* 1 (4), 479-497.

Eemeren, Frans H. van/Grootendorst, Rob (2004): *A Systematic Theory of Argumentation. The Pragma-Dialectical Approach.* Cambridge: University Press.

Eggs, Ekkehard (2006): Die Theorie über das Argumentieren von Perelman und Olb-rechts-Tyteca. In: Josef Kopperschmidt   (ed.): *Die neue Rhetorik. Studien zu Chaim Perelman*, 135-209. München: Wilhelm Fink.

Engelkamp, Johannes/Zimmer, Hubert D. (1983): *Dynamic Aspects of Language Process-ing. Focus and Presupposition*. Berlin: Springer [= Springer Series in Language and Communication; Vol. 16].

Ersen-Rasch, Margarete I. (2004): *Türkische Grammatik für Anfänger und Fortgeschrit-tene*. Ismaning: Max Hueber.

Esser, Hartmut (1999): *Soziologie: Spezielle Grundlagen. Vol. 1: Situationslogik und Handeln*. Frankfurt a. M.: Campus.

Europäischer Rat (ed.) (1993): „Europäischer Rat. Schlussfolgerungen des Vorsitzes. 21.-22. Juni 1993." <http://ue.eu.int/pressData/de/ec/72924.pdf> (14.6.2003).

Europäische Union (ed.) (2007): „Entwurf des Vertrags zur Änderung des Vertrags über die Europäische Union und des Vertrags zu Gründung der Europäischen Gemeinschaft." <http://www.consilium.europa.eu/uedocs/cmsUpload/cg00001re01. de07.pdf> (19.11.2007).

Fiehler, Reinhard (1993): Grenzfälle des Argumentierens. 'Emotionalität statt Argumenta-tion' oder 'emotionales Argumentieren'? In: Barbara Sandig/Ulrich Püschel (eds.): *Stilistik. Vol. III: Argumentationsstile*, 149-167. Hildesheim: Georg Olms.

Fischer, Joschka (2000): „Vom Staatenverbund zur Föderation - Gedanken über die Fina-lität der europäischen Integration. Vortrag an der Humboldt-Universität zu Berlin am 12. Mai 2000." <http://www.whi-berlin.de/fischer.htm> (1.4.2007).

French, John R. P./Raven, Bertram H. (1960): The Bases of Social Power. In: Dorwin Cartwright/Alvin Zander (eds.): *Group Dynamics*, 607-623. New York: Harper & Row.

Fritz, Gerd (1977): Strategische Maximen für sprachliche Interaktion. In: Klaus Baum-gärtner (ed.): *Sprachliches Handeln*, 47-68. Heidelberg: Quelle & Meyer.

Früh, Werner (1994): *Realitätsvermittlung durch Massenmedien. Die permanente Trans-formation der Wirklichkeit*. Opladen: Westdeutscher Verlag.

Garssen, Bart (2001): Argument Schemes. In: Frans H. van Eemeren (ed.): *Crucial Con-cepts in Argumentation Theory*, 81-99. Amsterdam: University Press.

Gell-Mann, Murray (1994): *Das Quark und der Jaguar. Vom Einfachen zum Komplexen – die Suche nach einer neuen Erklärung der Welt*. Aus dem Amerikanischen von Inge Leipold und Thorsten Schmidt. München: Piper.

Gellner, Winand/Robertson, John D. (2001): Germany: The Continuing Dominance of Neocorporatism. In: Clive S. Thomas (ed.): *Political Parties and Interest Groups. Shaping Democratic Governance*, 101-117. Colorado: Lynne Riemer Publishers.

Gibb, Elias John Wilkinson (1900): *A History of Ottoman Poetry, Vol. I*. Reprint 1958. London: Lowe & Brydone Ltd.

Göztepe, Ece (2004): Die Kopftuchdebatte in der Türkei. Eine kritische Bestandsaufnah-me für die deutsche Diskussion. In: *Aus Politik und Zeitgeschichte 33/34*, 32-38.

Grünert, Horst   (1974): *Sprache und Politik. Untersuchungen zum Sprachgebrauch der 'Paulskirche'*. Berlin: de Gruyter [= Studia Linguistica Germanica; Vol. 10].

Grundgesetz für die Bundesrepublik Deutschland (GG). Textausgabe. Stand Januar 2007. <http://www.bundestag.de/parlament/funktion/gesetze/gg_jan2007.pdf> (1.2.2007).

Gumbrecht, Hans Ulrich (1978): *Funktionen parlamentarischer Rhetorik in der Französischen Revolution. Vorstudien zur Entwicklung einer historischen Textpragmatik.* München: Wilhelm Fink.

Hänsch, Klaus (2004): „EU-Beitritt der Türkei - Europäische Skepsis und europäische Erwartungen. Redigierte und erweiterte Fassung eines am 28. August 2004 in Schloss Neuhardenberg gehalteten Vortrags." <http://www.klaus-haensch.de /htcms/get_file.php4?tid=1264&ref=pdf> (20.2.2005).

Habermas, Jürgen (1981): *Theorie des kommunikativen Handelns.* Frankfurt a. M.: Suhrkamp.

Hale, William (2003): Human Rights, the European Union and the Turkish Accession Process. In: Ali Çarkoğlu/Barry Rubin (eds.): *Turkey and the European Union. Domestic Politics, Economic Integration and International Dynamics,* 107-126. London: Frank Cass.

Heinrichs, Wolfhart (1987): Poetik, Rhetorik, Literaturkritik, Metrik und Reimlehre. In: Helmut Gätje (ed.): *Grundriss der arabischen Philologie. Vol. II: Literaturwissenschaft,* 177-207. Wiesbaden: Dr. Ludwig Reichert Verlag.

Hirner, Manfred (1993): Der Deutsche Bundestag im Netzwerk organisierter Interessen. In: Dietrich Herzog & Hilke Rebenstorf & Bernhard Weßels (eds.): *Parlament und Gesellschaft. Eine Funktionsanalyse der repräsentativen Demokratie,* 138-183. Opladen: Westdeutscher Verlag [= Schriften des Zentralinstituts für sozialwissenschaftliche Forschung der Freien Universität Berlin; Vol. 73].

Högemann, Sandra (2004): *Identitätsproblematik Europas und die Europäische Einigung.* Unveröffentlichte Magisterarbeit Münster.

Huntington, Samuel P. ([3]1997): *Kampf der Kulturen: Die Neugestaltung der Weltpolitik im 21. Jahrhundert.* Aus dem Amerikanischen übersetzt von Holger Fliessbach. München: Europaverlag.

Huth, Iris A. (2004): *Politische Verdrossenheit. Erscheinungsformen und Ursachen als Herausforderungen für das politische System und die politische Kultur der Bundesrepublik Deutschland im 21. Jahrhundert.* Dissertation Münster. Münster: Lit-Verlag [= Politik und Partizipation; Vol. 3].

Jungermann, Helmut/Pfister, Hans Rüdiger/Fischer, Katrin (2005): *Die Psychologie der Entscheidung. Eine Einführung.* München: Spektrum, Akademischer Verlag.

Kalivoda, Gregor (1986): *Parlamentarische Rhetorik und Argumentation. Untersuchungen zum Sprachgebrauch des 1. Vereinigten Landtags in Berlin 1847.* Frankfurt a. M.: Peter Lang [= Kasseler Arbeiten zur Sprache und Literatur; Vol. 16].

Kammerer, Patrick (1995): Die veränderten Konstitutionsbedingungen politischer Rhetorik. Zur Rolle der Medienschreiber, der Medien und zum vermeintlichen Ende öffentlicher Rede. In: Joachim Dyck/Walter Jens/Gert Ueding (eds.): *Rhetorik. Ein internationales Jahrbuch,* 14-29. Tübingen: Niemeyer [= Angewandte Rhetorik; Vol. 14].

Kern, Peter Chr. (1975): Textproduktionen. Zitat und Ritual als Sprachhandlungen. In: Michael Schlecker/Peter Wunderli: *Textgrammatik. Beträge zum Problem der Textualität,* 186-213. Tübingen: Niemeyer [= Konzepte der Sprach- und Literaturwissenschaft; Vol. 17].

Kienpointner, Manfred (1992): *Alltagslogik. Struktur und Funktion von Argumentationsmustern.* Stuttgart: frommann-holzboog [= problemata; Vol. 126].

Kilian, Jörg (1996): Das alte Lied vom Reden und Handeln. Zur Rezeption parlamentarischer Kommunikationsprozesse in der parlamentarischen-demokratischen Öffentlichkeit der Bundesrepublik. In: *Zeitschrift für Parlamentsfragen* 3, 503-518.

Kirchner, Alexander (2005): Angewandte Rhetorik. In: Gert Ueding (ed.): *Rhetorik. Begriff, Geschichte, Internationalität*, 211-220. Tübingen: Niemeyer.

Kißler, Leo (1992): Parlament und gesellschaftliche Interessen. Die Vermittlung von Interessen und Politik durch den deutschen Bundestag. Vorabdruck des § 13 "Parlament und gesellschaftliche Interessen". In: Raban Graf von Westphalen (ed.): *Parlamentslehre. Das parlamentarische Regierungssystem im technischen Zeitalter.* München: Oldenbourg.

Klein, Josef (1989): Wortschatz, Wortkampf, Wortfelder in der Politik. In: Josef Klein (ed.): *Politische Semantik. Bedeutungsanalytische und sprachkritische Beiträge zur politischen Sprachverwendung*, 3-50. Opladen: Westdeutscher Verlag.

Klein, Josef (1996): Dialogblockaden. Dysfunktionale Wirkungen von Sprachstrategien auf dem Markt der politischen Kommunikation. In: Josef Klein/Hajo Diekmannshenke (eds.): *Sprachstrategien und Dialogblockaden. Linguistische und politikwissenschaftliche Studien zur politischen Kommunikation*, 3-29. Berlin: Walter de Gruyter.

König, Thomas (1992): *Entscheidungen im Politiknetzwerk. Der Einfluß von Organisationen auf die arbeits- und sozialrechtliche Gesetzgebung in den 80er Jahren.* Mannheim Dissertation. Wiesbaden: Deutscher Universitäts-Verlag.

Köpf, Ulrich (1989): 'Lassen Sie mich zunächst einmal sagen.' Kommunikative Strategien von Politikern in Fernsehdiskussionen. Am Beispiel der Spitzenkandidaten-Diskussion '3 Tage vor der Wahl' vom 2. 10. 1980. In: Werner Holly/Peter Kühn/Ulrich Püschel (eds.): *Redeshows: Fernsehdiskussionen in der Diskussion*, 48-63. Tübingen: Niemeyer.

Kolmer, Lothar/Rob-Santer, Carmen (2002): *Studienbuch Rhetorik.* Paderborn: Ferdinand Schöningh [= Rhesis. Arbeiten zur Rhetorik und ihrer Geschichte; Vol. 1].

Kommission der Europäischen Union (ed.) (2002): „Regelmäßiger Bericht 2002 über die Fortschritte der Türkei auf dem Weg zum Beitritt." <http:// ec.europa.eu/enlargement/archives/pdf/key_documents/2002/tu_de.pdf> (15.11.2007).

Kommission der Europäischen Union (ed.) (2004): „Empfehlung der Europäischen Kommission zu den Fortschritten der Türkei auf dem Weg zum Beitritt." <http://ec.europa.eu/comm/enlargement/report_2004/pdf/tr_recommandation_de.pdf > (16.5.2006).

Kopperschmidt, Josef ([2]1976): *Allgemeine Rhetorik. Einführung in die Theorie der Persuasiven Kommunikation.* Stuttgart: W. Kohlhammer.

Kramer, Heinz (2002): „Die Türkei und die Kopenhagener Kriterien. Die Europäische Union vor der Entscheidung." <http://www.swp-berlin.org/ de/common/ get_document.php?asset_id=759> (5.4.2007) [=SWP-Studien; Vol. 39].

Kramer, Heinz (2003): „EU-kompatibel oder nicht? Zur Debatte um die Mitgliedschaft der Türkei in der Europäischen Union." <http://www.swp-berlin.org/common/get_document.php?asset_id=155> (5.4.2007) [= SWP-Studien; Vol. 34].

Kramer, Heinz (2004): Die Türkei im Prozess der 'Europäisierung'. In: *Aus Politik und Zeitgeschichte* 33-34, 9-17.

Kurt, Cahit (1989): *Die Türkei auf dem Weg in die Moderne: Bildung, Politik und Wirtschaft vom Osmanischen Reich bis heute.* Dissertation Tübingen. Frankfurt a. M.: Lang.

Lumer, Christoph (2007): Überreden ist gut, überzeugen ist besser! In: Günther Kreuzbauer, Norbert Gratzl, Ewald Hiebl (eds.): *Persuasion und Wissenschaft. Aktuelle Fragestellungen von Rhetorik und Argumentationstheorien,* 7-33. Wien: LIT.

Mergel, Thomas (2002): *Parlamentarische Kultur in der Weimarer Republik. Politische Kommunikation, symbolische Politik und Öffentlichkeit im Reichstag.* Düsseldorf: Droste Verlag [= Beiträge zur Geschichte des Parlamentarismus und der politischen Parteien; Vol. 135].

Merten, Klaus/Westerbarkey, Joachim (1994): Public Opinion und Public Relations. In: Merten, Klaus/Schmidt, Siegfried J./Weischenberg, Siegfried (eds.): *Die Wirklichkeit der Medien. Eine Einführung in die Kommunikationswissenschaft,* 188-211. Opladen: Westdeutscher Verlag.

[Meyers Großes Konversationslexikon] ([6]1908). *Meyers Großes Konversationslexikon. Ein Nachschlagewerk des allgemeinen Wissens.* 20 Vols. Leipzig: Bibliographisches Institut.

Mikołajczyk, Beata (2004): *Sprachliche Mechanismen der Persuasion in der politischen Kommunikation. Dargestellt an polnischen und deutschen Texten zum EU-Beitritt Polens.* Frankfurt a. M.: Peter Lang [= Posener Beiträge zur Germanistik; Vol. 3].

Nohlen, Dieter / Grotz, Florian (eds.) ([4]2007): Kleines Lexikon der Politik. München: C. H. Beck.

Oberreuter, Heinrich (1997): Scheinpublizität oder Transparenz? Zur Öffentlichkeit von Parlamentsausschüssen. In: Winfried Steffani/Uwe Thaysen (eds.): *Parlamente und ihr Umfeld. Daten und Analysen zu einer herausfordernden Regierungsform,* 49-64. Opladen: Westdeutscher Verlag.

Olzog, Günter/Liese, Hans-J. ([16]1988): *Die politischen Parteien in der Bundesrepublik Deutschland: Geschichte - Programmatik - Organisation - Personen – Finanzierung.* München: Olzog [= Geschichte und Staat; Vol. 277].

Öniş, Ziya (2003): Domestic Politics, International Norms and Challenges to the State: Turkey-EU Relations in the Post-Helsinki Era. In: Ali Çarkoğlu/Barry Rubin (eds.): *Turkey and the European Union. Domestic Politics, Economic Integration and International Dynamics,* 3-34. London: Frank Cass.

Ottmers, Clemens (1996): *Rhetorik.* Stuttgart: Metzler [= Sammlung Metzler; Vol. 283].

Patzelt, Werner J. (2003): Die Deutschen und ihre politischen Missverständnisse. In: Dirk Berg-Schlosser/Gotthard Breit (eds.): *Politische Kultur in Deutschland. Abkehr von der Vergangenheit, Hinwendung zur Demokratie,* 58-74. Schwalbach/Ts: Wochenschau Verlag [= Politische Bildung; Vol. 36].

Patzelt, Werner J./Algasinger, Karin (2001): Abgehobene Abgeordnete? Die gesellschaftliche Vernetzung der deutschen Volksvertreter. In: *Zeitschrift für Parlamentsfragen* 3, 503-527.

Perelman, Chaïm (1980): *Das Reich der Rhetorik: Rhetorik und Argumentation*. Aus dem Französischen übersetzt. München: Beck [= Beck'sche schwarze Reihe; Vol. 212].

Pesch, Volker (2000): *Handlungstheorie und Politische Kultur*. Wiesbaden: Westdeutscher Verlag.

Pilz, Frank/Ortwein, Heike (^{3}2000): *Das politische System Deutschlands. Prinzipien, Institutionen und Politikfelder*. München: Oldenbourg.

Riemer, Andrea K. (2003): Die Türkei und die Europäische Union: Eine endlose Geschichte ohne Happy End? In: Andrea K. Riemer/Fred W. Korkisch (eds.): *Das Spannungsdreieck USA - Europa – Türkei*. 163-185. Frankfurt a. M.: Peter Lang [= International Security Studies; Vol. 1].

Röhring, Hans-Helmut/Sontheimer, Kurt (1970): 'Debatte'. In: *Handbuch des deutschen Parlamentarismus. Das Regierungssystem der Bundesrepublik in 270 Stichwörtern*, 48. München: Piper.

Rohe, Karl (1996): Politische Kultur: Zum Verständnis eines theoretischen Konzepts. In: Oskar Niedermayer/Klaus von Beyme (ed.): *Politische Kultur in Ost- und Westdeutschland*, 1-21. Opladen: Leske und Budrich [= KSPW-Transformationsprozesse;Vol. 3].

Rumpf, Christian/Steinbach, Udo (2002): Das politische System der Türkei. In: Wolfgang Ismayr/Markus Soldner/Ansgar Boret (eds.): *Die politischen Systeme Osteuropas*, 807-845. Opladen: Eske & Budrich.

Şen, Faruk (2001): Die Türkei zu Beginn der EU-Beitrittspartnerschaft. Politik, Wirtschaft und Gesellschaft im Wandel. In: *Aus Politik und Zeitgeschichte* 13-14, 27-38.

Şen, Faruk (2002): EU-Beitritt der Türkei als Vollendung eines Europa der kulturellen Vielfalt? Folgen eines Beitritts der Türkei für die Union. In: *Zeitschrift für Türkeistudien* 16 (1/2), 39-51.

Sarcinelli, Ulrich (1987): *Symbolische Politik. Zur Bedeutung symbolischen Handelns in der Wahlkampfkommunikation der Bundesrepublik Deutschland*. Opladen: Westdeutscher Verlag [= Studien zur Sozialwissenschaft; Vol. 72].

Sarcinelli, Ulrich (1996): Politische Kommunikation in der Medienöffentlichkeit. Kommunikationsstrukturelle Bedingungen politischer Realitätsvermittlung Josef Klein/Hajo Diekmannshenke (eds.): *Sprachstrategien und Dialogblockaden. Linguistische und politikwissenschaftliche Studien zur politischen Kommunikation*, 31-47. Berlin: Walter de Gruyter.

Sarcinelli, Ulrich & Tenscher, Jens (1998): Polit-Flimmern und sonst nichts? Das Fernsehen als Medium symbolischer Politik und politischer Talkshowisierung. In: Walter Klingler (ed.): *Fernsehforschung in Deutschland: Themen - Akteure – Methoden*, 303-317. Baden-Baden: Nomos.

Schenk, Michael (1984): *Soziale Netzwerke und Kommunikation*. Habilitation Augsburg. Tübingen: Mohr [= Heidelberger Sociologica; Vol. 20].

Schmidt, Siegfried J. (1971): Das kommunikative Handlungsspiel als Kategorie der Wirklichkeitskonstitution. In: Klaus Günther Schweisthal (ed.): *Grammatik Kybernetik*

Kommunikation. Festschrift für Alfred Hoppe, 215-227. Bonn: Ferd. Dümmlers Verlag.

Schmidt, Siegfried J. (1976): Komik im Beschreibungsmodell kommunikativer Handlungsspiele. In: Wolfgang Preisendanz/Rainer Warning (eds.): *Das Komische*, 165-189. München: Wilhelm Fink Verlag [= Poetik und Hermeneutik; Vol. VII].

Schmidt, Siegfried J. (1994): Die Wirklichkeit des Beobachters. In: Klaus Merten/Siegfried J. Schmidt/Siegfried Weischenberg (eds.): *Die Wirklichkeit der Medien. Eine Einführung in die Kommunikationswissenschaft*, 3-14. Opladen: Westdeutscher Verlag.

Schmidt, Siegfried J. (1997): Kultur und Kontingenz: Lehren des Beobachters. In: Albert Müller/Karl H. Müller/Friedrich Stadler (eds.): *Konstruktivismus und Kognitionswissenschaft: Kulturelle Wurzeln und Ergebnisse*, 173-181. Wien: Springer.

Schnöring, Stefanie (2007): *Kommunikation im Spiegel der Unternehmenskultur. Dialogisches Handeln und unternehmerische Zwecke*. Tübingen: Niemeyer [= Beiträge zur Dialogforschung; Vol. 35].

Schröder, Katy (2003): *Die Türkei im Schatten des Nationalismus. Eine Analyse des politischen Einflusses der rechten MHP*. Hamburg: summa.verlagsprojekt.

Schultze, Rainer-Olaf (²2002): Demokratie. In: Dieter Nohlen (ed.): *Kleines Lexikon der Politik*, 51-54. München: C.H. Beck.

Searle, John R. (1997): Sprechakte. Ein sprachphilosophischer Essay. Original: Speech Acts. 1969. Übersetzt von R. und R. Wiggerhaus. Frankfurt a. M.: Suhrkamp [= Taschenbuch Wissenschaft; Vol. 458].

Searle, John R. (2001): *Geist, Sprache und Gesellschaft. Philosophie in der wirklichen Welt*. Aus dem Englischen von Harvey P. Gavagai. Frankfurt a. M.: Suhrkamp.

Seufert, Günter (2002): *Neue pro-islamische Parteien in der Türkei*. Berlin: Stiftung Wissenschaft und Politik [= SWP-Studie; Vol. 6].

Seufert, Günter (2004): *Staat und Islam in der Türkei*. Berlin: Stiftung Wissenschaft und Politik [= SWP-Studie; Vol. 29].

Siegel, Achim (2007): Integration oder Konfrontation? Zur Wirksamkeit rhetorischer Strategien in politischen Fernsehduellen. In: Günther Kreuzbauer/Norbert Gratzl/Ewald Hiebl (eds.): *Persuasion und Wissenschaft. Aktuelle Fragestellungen von Rhetorik und Argumentationstheorien*, 69-80. Wien: LIT.

SPD (ed.) (2007): „Eintreten für die soziale Demokratie. 'Bremer Entwurf' für ein neues Grundsatzprogramm der Sozialdemokratischen Partei Deutschlands." <http://eintreten.spd.de/servlet/PB/show/1704066/1- Programmdebatte %20A4-Online-navi.pdf> (10.10.2007).

SPD/Die Grünen (eds.) (2004): „Die Türkei-Politik der EU verlässlich fortsetzen und den Weg für die Beitrittsverhandlungen mit der Türkei freimachen. Bundestags-Drucksache 15/4031." <http://dip.bundestag.de/btd/15/040/1504031.pdf> (28.11.2007).

Stammer, Otto/Weingart, Peter (1972): *Politische Soziologie*. München: Juventa.

Steinbach, Udo (1996): *Die Türkei im 20. Jahrhundert. Schwieriger Partner Europas*. Bergisch Gladbach: Gustav Lübbe.

Steinbach, Udo (2002): Auf dem Weg zu einer wettbewerbsfähigen Volkswirtschaft. In: *Türkei*, 49-53 [= Informationen zur politischen Bildung; Vol. 277].

Steuerwald, Karl (1963): *Die türkische Sprachpolitik seit 1928*. Berlin: Langenscheidt [= Untersuchungen zur türkischen Sprache der Gegenwart; Vol. 1].

Steuerwald, Karl (1998): *Türkisch – Deutsches Wörterbuch. Türkçe – Almanca Sözlük.* Istanbul: ABC Kitabevi.

Sumner, William Graham ([4]1960): *Folkways. A Study of the Sociological Importance of Usages, Manners, Customs, Mores and Morals.* New York: New American Library.

Suvarierol, Semin (2003): The Cyprus Obstacle on Turkey's Road to Membership in the European Union. In: Ali Çarkoğlu/Barry Rubin (eds.): *Turkey and the European Union. Domestic Politics, Economic Integration and International Dynamics*, 55-78. London: Frank Cass.

Tellenbach, Silvia (2003): „Rechtsverständnis und politischer Alltag in der Türkei. Veranstaltungsdokumentation '9. Bundeskongress für politische Bildung'." <http://www.bpb.de/veranstaltungen/> (16.1.2004).

Tenscher, Jens (1999): 'Sabine Christiansen' und 'Talk im Turm'. Eine Fallanalyse politischer Fernsehtalkshows. In: *Publizistik* 44, 317-333.

Thimm, Caja (1996): 'Power-related talk (PRT)': Argumentationsstile in einer politischen Debatte. In: Josef Klein/Hajo Diekmannshenke: *Sprachstrategien und Dialogblockaden. Linguistische und politikwissenschaftliche Studien zur politischen Kommunikation*, 123-148. Berlin: Walter de Gruyter.

Tillmann, Alexander (1989): *Ausgewählte Textsorten politischer Sprache. Eine linguistische Analyse parteilichen Sprechens*. Göppingen: Kümmerle [= Göppinger Arbeiten zur Germanistik; Vol. 513].

Toulmin, Stephen Edelston ([4]1975): *Der Gebrauch von Argumenten*. Aus dem Englischen übersetzt von U. Berk. Kronberg/Taunus: Scriptor.

Toulmin, Stephen Edelston (2001): *Return to Reason*. Cambridge: Harvard University Press.

Türkiye Büyük Millet Meclisi (ed.) (1973): „İçtüzük." <http://www.tbmm.gov.tr/ ictuzuk.htm> (11.10.2005).

Türk Sanayicileri ve İşadamları Derneği (ed.) (2004): „Meinungen aus Deutschland. Pressespiegel der TÜSIAD-Repräsentanz Deutschland." <http://www.tusiad-de.org/ vod/vodd20040303.pdf> (27.12.2004).

Uçan, Sevgi (2003): Different Images of 'European Space': From 'Imperialist Europe' to 'Social Europe'. In: *Zeitschrift für Türkeistudien* 1-2, 21-37.

Volmert, Johannes (1989): *Politikerrede als kommunikatives Handlungsspiel. Ein integriertes Modell zur semantisch-pragmatischen Beschreibung öffentlicher Rede*. München: Wilhelm Fink.

Vorländer, Hans (2003): *Demokratie. Geschichte, Formen, Theorien*. München: C. H. Beck.

Weigand, Edda (1993): Mündlich und schriftlich - ein Verwirrspiel. In: Heinrich Löffler (ed.): *Dialoganalyse IV. Referate der 4. Arbeitstagung, Basel 1992, Teil 1*, 137-150. Tübingen: Niemeyer [= Beiträge zur Dialogforschung; Vols. 5/6].

Weigand, Edda (1999): Dialogue in the Grip of the Media. In: Bernd Naumann (ed.): *Dialogue Analysis and the Media: Proceedings of the International Conference, April 2-3, 1999*, 35-54. Tübingen: Niemeyer [= Beiträge zur Dialogforschung; Vol. 20].

Weigand, Edda (1999a): Rhetoric and Argumentation in a Dialogic Perspective. In: Eddo Rigotti/Sara Cigada (eds.): *Rhetoric and Argumentation*, 53-69. Tübingen: Niemeyer [= Beiträge zur Dialogforschung; Vol. 19].

Weigand, Edda (2000): The Dialogic Action Game. In: Malcolm Coulthard/Janet Cotterill/Frances Rock (eds.): *Dialogue Analysis VII: Working with dialogue*, 1-18. Tübingen: Niemeyer.

Weigand, Edda (2002): The Language Myth and Linguistics Humanized. In: Roy Harris (ed.): *The Language Myth in Western Culture*, 55-83. Richmond, Surrey: Curzon Press.

Weigand, Edda (²2003): *Sprache als Dialog. Sprechakttaxonomie und kommunikative Grammatik.* Tübingen: Niemeyer [= Linguistische Arbeiten; Vol. 204].

Weigand, Edda (2004): Emotions: the Simple and the Complex. In: Edda Weigand (ed.): *Emotion in Dialogic Interaction: Advances in the Complex*, 3-21. Amsterdam & Philadelphia: Benjamins [= Amsterdam Studies in the Theory and History of Linguistic Science; Vol. 248].

Weigand, Edda (2004a): Empirical Data and Theoretical Models.In: *Pragmatics & Cognition*, Vol. 12 (2), 375-388. Amsterdam & Philadelphia: Benjamins.

Weigand, Edda (2006): Argumentation: The Mixed Game. In: *Argumentation* 20 (1), 59-87.

Weigand, Edda (2006a): Principles of Dialogue. With a Special Focus on Business Dialogues. In: Liliana Ionescu-Ruxandoiu/Liliana Hoinarescu (eds.): *Cooperation and Conflict in Ingroup and Intergroup Communication. Selected Papers from the Xth Biennial Congress of the IADA Bucharest 2005*, 35-51. Bukarest: Editura universitatii.

Weigand, Edda (2009): The End of Certainty in Dialogue Analysis. In: Sebastian Feller (ed.): *Language as Dialogue. From Rules to Principles in Dialogue Analysis.* Amsterdam & Philadelphia: Benjamins.

Willms, Bernard (1970): Institutionen und Interesse. Elemente einer reinen Theorie der Politik. In: Schelsky, Helmut (ed.): *Zur Theorie der Institution*, 43-57. Gütersloh: Bertelsmann Universitätsverlag [= Interdisziplinäre Studien; Vol. 1].

Windhoff-Héritier, Adrienne (1991): Institutions, Interests, and Political Choice. In: Roland M. Czada/Adrienne Windhoff-Héritier: *Political Choice: Institutions, Rules and the Limits of Rationality*, 27-52. Boulder, Colorado: Westview Press.

Windhoff-Héritier, Adrienne/Czada, Roland M. (1991): Introduction. In: Roland M. Czada/Adrienne Windhoff-Héritier (eds.): *Political Choice: Institutions, Rules and the Limits of Rationality*, 9-23. Boulder, Colorado: Westview Press.

Winter, Thomas von (1997): *Sozialpolitische Interessen. Konstituierung, politische Repräsentation und Beteiligung an Entscheidungsprozessen.* Habilitation Marburg. Baden-Baden: Nomos.

Wolf, Georg (1998): *Parteipolitische Konflikte. Geschichte, Struktur und Dynamik einer Spielart der politischen Kommunikation.* Dissertation Münster. Tübingen: Niemeyer [= Beiträge zur Dialogforschung; Vol. 18].

Yazıcıoğlu, Ümit (2000): *Das Asylgrundrecht und die türkisch-kurdische Zuwanderung.* Dissertation Speyer. Frankfurt a. M.: Lang [= Europäische Hochschulschriften: Reihe 2, Rechtswissenschaft; Vol. 2930].

Yeşilyurt, Zuhal (2000): *Die Türkei und die Europäische Union. Chancen und Grenzen der Integration.* Dissertation Bonn. Osnabrück: Der andere Verlag.

Zentrum für Türkeistudien (ed.) (2003): „Die Einstellung der deutschen Bevölkerung zum EU-Beitritt der Türkei. Ergebnisse einer telefonischen Befragung im Auftrag der Botschaft der Republik Türkei in Deutschland." <http://www.zft-online.de/ deutsch.php> (27.12.2004).

Zier, Matthias (2005): *Nationale Parlamente in der EU.* Göttingen: V & R unipress.